大愛媽祖

魏旺倫 題

大愛無疆

谨以此书献给妈祖
This book is delicated to Mazu

主编　王国宝

大爱妈祖

Great Love of Mazu: Mazu Belief in Ningbo

妈祖信仰在宁波

宁波出版社
NINGBO PUBLISHING HOUSE

《大爱妈祖：妈祖信仰在宁波》编委会
Editorial Committee of *Great Love of Mazu: Mazu Belief in Ningbo*

【顾　问】Counselor

林金榜　福建省莆田湄洲妈祖祖庙董事长
　　　　Lin Jinbang, Chairman of Mazu Ancestor Temple in Meizhou in Fujian Putian
韩利诚　宁波市文联副主席，宁波美术馆馆长
　　　　Han Licheng, Vice Chairman of Ningbo Literature and Arts Association, Director of Ningbo Museum of Art

【主　任】Director

徐炯明　宁波市文物保护管理所所长、研究馆员
　　　　Xu Jiongming, Director of Ningbo Municipal Administration of Cultural Relics Protection, Researcher
许孟光　宁波市文物保护管理所原所长级调研员、研究馆员
　　　　Xu Mengguang, Former Director level researcher of Ningbo Municipal Administration of Cultural Relics Protection, Researcher

【副主任】Vice Director

黄浙苏　宁波市文物保护管理所副所长、庆安会馆馆长、研究馆员
　　　　Huang Zhesu, Vice Director of Ningbo Municipal Administration of Cultural Relics Protection, Director of Qing'an Guild Hall, Researcher

江怀海　宁波市文物保护管理所副所长、副研究馆员
Jiang Huaihai, Vice Director of Ningbo Municipal Administration of Cultural Relics Protection, Associate Researcher

释传道　宁波慈溪伏龙寺住持、弘一书画院法定代表人
Shi Chuandao, Abbot of Fulong Temple in Ningbo Cixi, legal representative of Hongyi Painting and Calligraphy Academy

【委　员】Committee Member

王昌海　宁波中国港口博物馆副馆长、副研究馆员
Wang Changhai, Vice Director of China Port Museum, Associate Researcher

李恒迁　《宁海古村落》主编、地方文化研究者
Li Hengqian, Chief Editor of Ninghai Historic Village, Researcher of Local Culture

李根员　镇海区文物管理委员会办公室原主任
Li Genyuan, Former Director of Office of Culture Relics Administration in Zhenhai District

陈志诚　地方文化研究者、高级工程师
Chen Zhicheng, Researcher of Local Culture, Senior Engineer

林国聪　宁波市文物考古研究所副所长、副研究馆员
Lin Guocong, Vice Director of Ningbo Municipal Institute of Cultural Relics and Archaeology, Associate Researcher

林森蓬　三门县委宣传部原副部长、三门县林氏文化研究会顾问
Lin Senpeng, Former Vice-minister of Sanmen Publicity Department, Counselor of Linshi Culture Research Committee in Sanmen

金德章（金涛）　作家、民俗学家、海洋文化专家、教授
Jin Dezhang (Jintao), Writer, Expert of Folklore, Expert of Marine Culture, Professor

唐佐助　海曙区政协文史委原主任
Tang Zuozhu, Former Director of Culture and History Committee of the CPPCC of Haishu District

郑松才　象山县文物管理委员会办公室主任、副研究馆员
ZhengSongcai, Director of Office of Culture Relics Administration in Xiangshan, Associate Researcher

盛繁国（圣凡）《象山县宗教志》编著者
Sheng Fanguo (Shengfan), Complier of Xiangshan Religion

鲁　樵　著名职业画家
Lu qiao, Professional Painter

虞浩旭　宁波天一阁博物馆原馆长、研究馆员
Yu Haoxu, Former Director of Tianyige Museum, Researcher

楼稼平（水银）　地方文史资料研究专家
Lou Jiaping (Shuiyin), Researcher of Local Culture and History

大爱妈祖 妈祖信仰在宁波

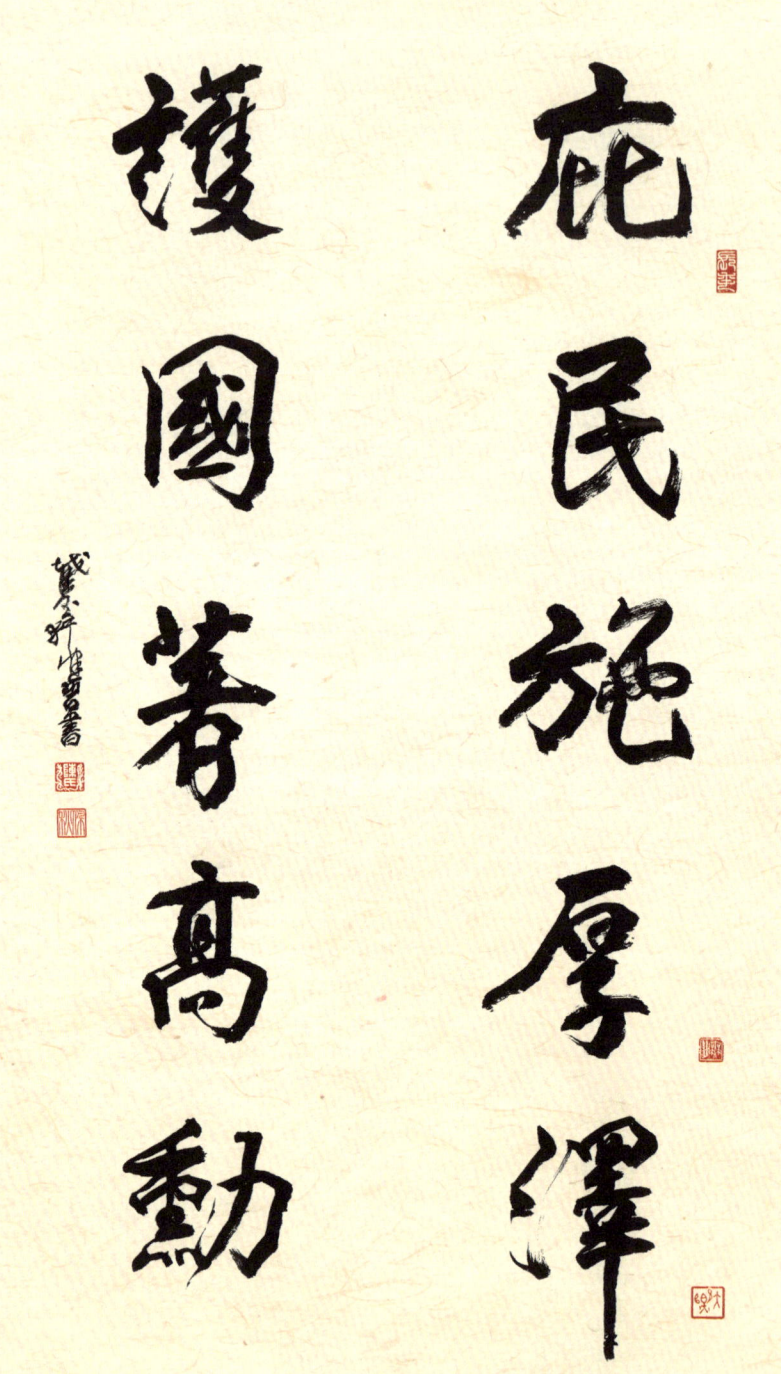

Mr. Chen Peiqiu, Contemporary Painter, Director of Shanghai Painting and Calligraphy Academy

陈佩秋先生,当代书画大家,上海书画院院长

天后聖母澤及羣生
風調雨順海定波寧

丙申冬日 高式熊書 時年九十六

高式熊先生，著名书法家，西泠印社名誉副社长

Mr. Gao Shixiong, Famous calligrapher, Honored Deputy Director of Xiling Yinshe

大爱妈祖
妈祖信仰在宁波

传播妈祖文化
弘扬中华美德

丙申中秋建融书于海上

徐建融先生，上海大学美术学院教授，著名美术史论家、书画鉴定家、书画家

Mr. Xu Jianrong, Professor of College of Fine Arts of Shanghai University, Famous Critic of Art History, Connoisseur of painting and calligraphy, calligrapher and painter

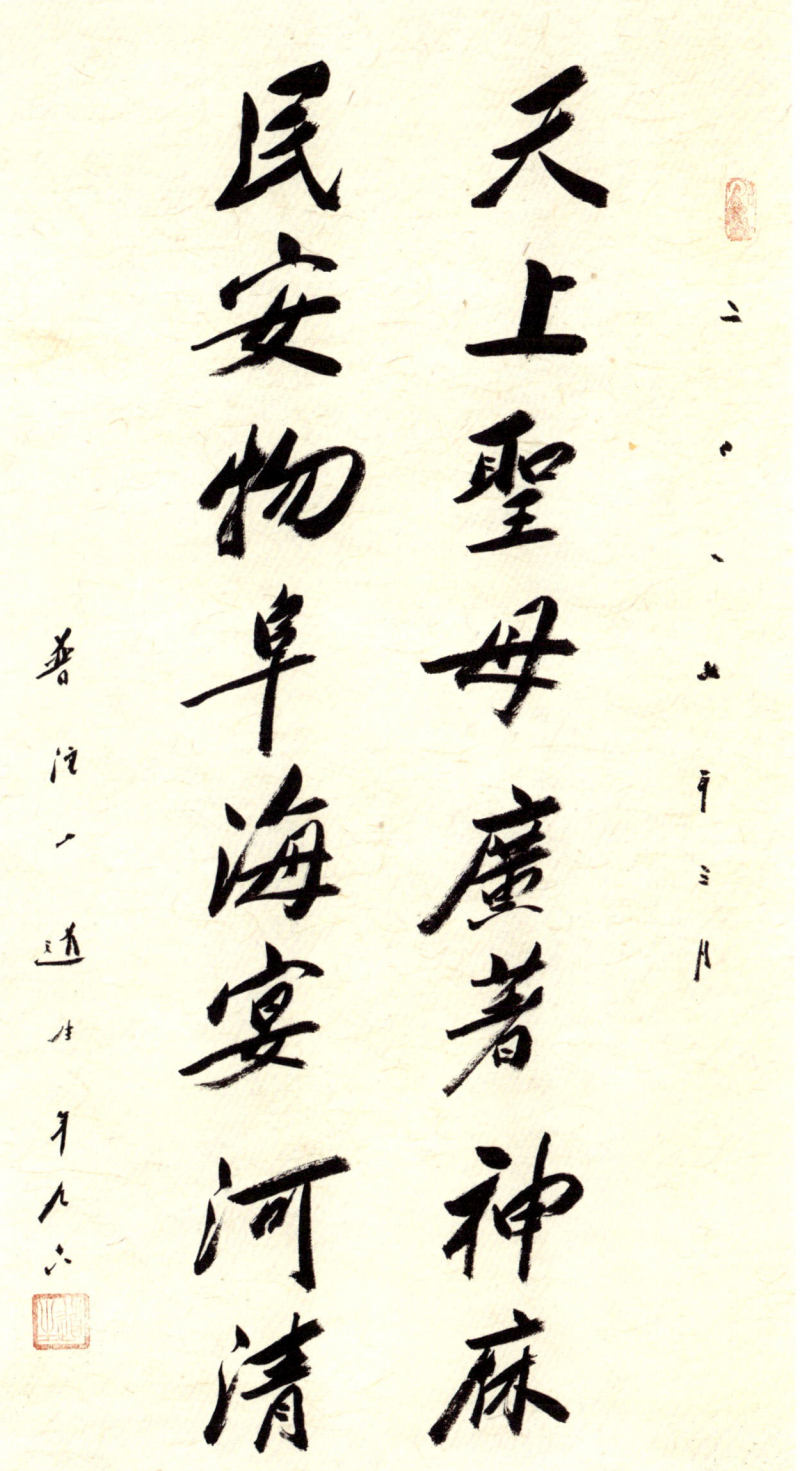

道生长老,当代高僧,普陀山佛教协会咨议委员会主席

Mazu Statue of Fujian Mazu Temple in Meizhou Island, Putian City (Photograph by Guo Qizhe)

福建省莆田湄洲妈祖祖庙妈祖雕像(郭奇哲摄)

| 序言 |

感念妈祖大爱,诠释海定波宁

(一)

妈祖又称天妃、天后、天后圣母、天上圣母,是位人格化的神祇。传说妈祖生前扶危济困、行善救世,留下"挂席泛槎""铁马渡江""化草救商""祷雨济民"等感人故事,升天后护国庇民、泽被四海,被沿海民众尊为海上女神并立庙祭祀。据史料记载,宋、元、明、清历代王朝,对妈祖至少有36次的褒封,妈祖神格也从宋代的夫人、妃,元明时代的天妃,升到清代的天后。至光绪元年,妈祖封号达64字,成为历代封字最多的女神。

妈祖慈悲博爱、济世行善、护国庇民等灵验神迹,迄今依然流传于民间,获得了更多民众的信仰与崇拜,亦随着古代海上丝绸之路的拓展与延伸,得到更为广泛的传播,随之衍生成为一种文化现象。

妈祖文化认同的人文精神和共同的情感纽带,体现了中华文化包容与和平等最基本的文化特征,其精髓是立德、行善和大爱。作为一种文化现象,妈祖文化是民间信俗、宫庙建筑、资料文献、神话传说以及文化产业等有形和无形文化的统称。妈祖文化与儒释道融合,与其他神明共祀,不仅契合中华民族追求开

放、包容、和谐、安定的社会发展理念,也是人类文明的共同精神财富。

2009年,"妈祖信俗"被联合国教科文组织列入"人类非物质文化遗产代表作名录",这标志着诞生于中国的妈祖信仰成为人类共同拥有的文化遗产。2016年,国家"十三五"规划中指出要"发挥妈祖文化等民间文化的积极作用",这标志着妈祖文化被写入国家发展战略,成为推动人文交流、融入"一带一路"建设和建设海洋强国战略的重要文化纽带。

(二)

作为一个著名的港口城市和历史文化名城,宁波与海上丝绸之路有着密切关系,也是大运河连接海上丝绸之路的连接点。自唐代开埠以来,宁波作为通商大埠,交通发达,经济繁荣,境内风调雨顺,民众安居乐业,故有海定波宁之称谓。河海联运的水利优势、开明包容的文化特征、独具特色的会馆文化,进一步促进了妈祖文化在该地生根发芽、开花结果。

宁波的许多地方,留下了众多妈祖的圣迹伟观。据了解,宁波历史上有妈祖宫庙200多座,至今仍较完好地保存着的海上丝绸之路遗存有120余处,而每个妈祖宫庙和海上丝绸之路的遗存,实际上就是中华优秀传统文化的展示点。尤其是全国重点文物保护单位庆安会馆和安澜会馆,既是当今祭祀天后妈祖的殿堂,又是中国著名的几大天后宫和会馆之一,她见证了宁波在历史上对传播妈祖信仰文化做出的重大贡献。

妈祖信仰文化,不仅仅是宁波的信仰文化,也是宁波人思想观念、风俗习惯、生活方式、情感样式的集中体现。这些散存于宁波各地大量的与妈祖信仰有关的宫庙和楼堂馆所及相关实

物,是研究中国沿海地区传统社会风俗的珍贵原始资料。今天,我们很高兴地看到,《大爱妈祖:妈祖信仰在宁波》出版发行了。这是一本专题介绍宁波地区及其周边妈祖神迹的书籍,字里行间饱含妈祖大爱,从头至尾诠释宁波内涵,既有别于学术论著,又具有史料价值,信息量大,可读性强,出版后可谓惟贤惟德,益人益智。

该书的主编王国宝同志长期在宁波从事基层文化和政协联络、文史等方面的工作,为搜集整理妈祖资料,查阅了大量文献,请教了众多专家,走访了许多地方,联系了不少作者,专心致志,博及群书,强学力行,行且不息,全凭自己一腔热情,突破一个又一个瓶颈。他对文化工作的执着追求、对妈祖文化的热爱,及其付出的艰辛可佩可敬。

(三)

当今社会虽然物质条件优裕,科技高度发达,但社会思想多元、多样、多变的特征日益凸现,需要唤醒传统文化之魅,并赋予现代文化之魂,这同样需要长盛不衰的妈祖信仰文化洗礼,才能

历久弥新。妈祖的大爱精神，始终是广大信众不变的愿望与寄托。愿天下民众和年轻一代，多了解一些妈祖的历史文化知识，多学习一些妈祖的无私大爱精神，多传播一些真善美方面的正能量，为实现国家富强、民族复兴、人民幸福、社会和谐以及世界和平而共同努力。

目前我国正在发展21世纪海上丝绸之路国家建设倡议，妈祖信仰文化与古老的丝绸之路相助而生、相伴而行。虽然已逾千年，但如今的前景更为广阔，它将成为沿途各地和各国人民经济文化沟通交往、互惠共赢以及和平友好的精神支柱、文化支撑和桥梁纽带。妈祖文化这一特殊文化涵盖了海洋文化的核心内容，传承了中华优秀传统文化，我们要强劲发力，顺势而为，尤其是要重视妈祖文化的保护与弘扬。一是要保护好存之不易的所有宫庙建筑及其一草一木，二是要及时搜集、抢救和整理相关文献资料，三是要与当前社会发展紧密结合，四是要倡导学做妈祖人、勤做公益事。

约言之，文化要长期繁荣，大爱须世代传承。再四思之，亦此意耳。是为序。

第二届中华妈祖文化交流协会常务副会长
中华妈祖文化研究院院长

2017年5月

| 前言 |

穿越千年时空,探寻妈祖大爱之路

一、福建莆田,是妈祖的故里,也是我的家乡

妈祖信仰,是自宋代以来,在一千多年的历史进程中,逐渐形成的一种特殊的民间信仰,也是世界范围内广泛人群尤其是华人的共同信仰。由于妈祖的美好形象,以及其深厚的历史底蕴和文化内涵,加上乡土情结,编写妈祖史料,成了我孜孜以求的目标。

我的老家,在福建省莆田市涵江区一个叫卓坡的地方。莆田旧称兴化,位于闽中,乃旧府新市,妈祖祖庙就在莆田市秀屿区南部湄洲湾水域。莆田的涵江,因泄涝之水涵而名。无独有偶,涵江有个叫宁海的地方,与宁波的宁海同名,其地有座圣墩庙,建于宋哲宗元祐元年(1086),大概位置在白塘镇前村一带,宋廖鹏飞作《圣墩祖庙重建顺济庙记》。莆田的涵江霞徐码头天妃宫,存有一幅明代《设色星图》,是研究我国古代利用星图定向航海的难得实物。附近的青璜山,松林葱翠,乃莆田第六中学所在地,亦是我昔日求学的地方。

卓坡古属莆田县唐安乡延寿里,乃著名菜乡。据同乡刘金林编著、业已收入《中国民间故事集成福建卷·涵江区分卷》等

的《涵江的传说》所载,清乾隆帝出巡江南时曾路过涵江,夜宿过南宋莆田状元、宰相陈文龙书匾的位于涵江铺尾的"龙津社",吃过宋蔡襄《荔枝谱》所记、今已绝迹的涵江黄巷村的绿砂古荔,还有与众不同的、据说因乾隆帝筷子所夹至今留有夹痕的哆头蛏子,以及卓坡人栽种的韭菜。

儿时所见的卓坡,位于涵江东郊,虽没什么高坡,却有绿水环抱,种植蔬菜甚多,其中韭菜更是久负盛名。相传自乾隆皇帝接触过卓坡人栽种的韭菜之后,韭菜菜叶再也不生黄锈斑。抑或是这个缘故,卓坡之名让人玄思生起,妙想涌现,给人平添高大上的遐想。

卓坡上生寺,亦闻名于世。创建于唐代的上生寺,经后人不断修缮和扩建,相传曾占地数百亩,有寺僧数百人,为古莆田十八宗林之一。到了明嘉靖年间,以"道释归儒,儒归孔子"为教旨的"三一教"创始者、莆田人林龙江,亦曾在上生寺藏经阁学经,后门徒在上生寺创建涵江第一座三教祠堂。据说,林龙江曾多次与武当派开山鼻祖张三丰秘会于上生寺。明崇祯年间,上生寺住持、著名诗僧传光法师,还因率众学文习武、治病救人而留下诸多感人故事。

作为妈祖信仰的发祥地,莆田信仰妈祖的善男信女特别多,涵江地区包括卓坡也不例外,"妈祖保佑"和"菩萨保佑"这几句祖辈相传的祝福语,融入人们生活的方方面面,让人倍增吉祥。因为卓坡离湄洲祖庙不远,也算是延誉乡邦,妈祖的美誉如雷贯耳。更何况,我生于斯长于斯,耳濡目染,观念自小培成,除了肃然可敬,还有一种亲切的感受。每次听到妈祖的传奇故事,我都会因妈祖柔指一弹息风波、灵光一临消灾难、红颜一怒退劫掠的神通广大而自豪不已,所以一有机会,就学着说几段,还会去湄洲祖庙拜妈祖。如今的湄洲祖庙,早已由千年前"落落数椽"的神女祠而成现在的世界名庙。用365块花岗岩雕砌而成的高大挺拔的妈祖雕像，象征四海万民在妈祖的保佑下，365天天天吉祥平安。

妈祖，又称天妃、天后、天上圣母等，宋建隆元年（960）三月廿三，诞生于福建莆田湄洲屿东螺村林家，父林愿（一名惟悫），为唐九牧林氏第六房蕴公五世孙，母王氏。传说她"自始生至弥月不闻啼声，因命名曰默"。

林默自小天资聪慧，既熟习水性、洞悉天文，又掌握医术、身怀绝技，且懂得防疫消灾之法。因常为乡亲们避凶趋吉、拯救海难、驱魔治病和排忧消灾，声名逐渐远播。按照莆田当地的习俗，喊女孩名字时后面加个"娘"字示为尊重，于是林默又被尊称为林默娘。宋雍熙四年（987）九月初九，妈祖因在海上搭救遇险船只而不幸遇难，时年28岁。后人为敬仰她，在湄洲岛上建祠立庙加以纪念。

有别于其他一些主要依靠口头传承的民间信仰，妈祖信仰由于历代官方与知识阶层的极力推崇和广泛参与，留下了浩如烟海的文献资料。中国第一历史档案馆、中华妈祖文化交流协会、莆田学院妈祖文化研究所、中华妈祖文化研究院、湄洲妈祖祖庙董事会等单位和机构，以及海内外许多专家、学者和文化人士，都倾注了大量的心智和精力，将散存于历代典籍、档案或文

物中有关妈祖的史料进行归类和整理，编纂出版了大量题材多样、内容丰富的文献著作，其中包括《妈祖文献史料汇编》《清代妈祖档案史料汇编》《莆田妈祖信俗大观》《湄洲妈祖志》等等，使我们得以接触到更多的妈祖史料。

成书于宋宣和六年（1124）的《宣和奉使高丽图经》，详细记载了宣和五年（1123）路允迪出使高丽的经过。徐兢在是著"卷三十四·海道一·招宝山"中写道：

（宣和）五年癸卯春二月十八日壬寅，促装治舟。二十四日戊申，诏赴睿谟殿宣示礼物。三月十一日甲子，赴同文馆听诫谕。十三日丙寅，皇帝御崇政殿，临轩亲遣，传旨宣谕。十四日丁卯，锡宴于永宁寺。是日，解舟出汴。夏五月三日乙卯，舟次四明。先是得旨，以二神舟、六客舟兼行。十三日乙丑，奉礼物入八舟。十四日丙寅，遣供卫大夫相州观察使直睿思殿关弼，口宣诏旨，锡宴于明州之听事。十六日戊辰，神舟发明州。十九日辛未，达定海县，先期遣中使武功大夫容彭年建道场于总持院七昼夜，仍降御香宣祝于显仁助顺渊圣广德王祠。神物出现，状如蜥蜴，实东海龙君也。庙前十余步，当鄞江穷处，一山巍然出于海中，上有小浮屠。旧传海舶望是山，则知其为定海也。故以招宝名之。自此方谓之出海口。二十四日（丙子），八舟鸣金鼓张旗帜以次解发。中使关弼，登招宝山焚御香，望洋再拜……

而由莆田仙游人廖鹏飞撰写于宋绍兴二十年（1150）的《圣墩祖庙重建顺济庙记》，则详细记载了"神女生于湄洲，至显灵迹，实自此墩始；其后赐额，载诸祀典，亦自此墩始"等许多重要信息。这里的圣墩，亦指今莆田涵江白塘地域。时收集各类诏书、奏章等的宋会要所，也有相关内容的记载。

从明万历十七年（1589）莆田黄石人林尧俞所称的或已佚

失的《显圣录》，到清雍正、乾隆年间僧照乘等人重订的《天后显圣录》，及后来不断增补扩编的包括《天后昭应录》《敕封天后志》《天后圣母圣迹图志》等文献资料，以及清康熙、道光年间所编的《大清一统志》等等，妈祖的身世及其神迹故事历历可见，栩栩如生。

关于妈祖的出生，《天后显圣录》中写道："宋太祖建隆元年（960）庚申三月廿三，方夕，见一道红光从西北射室中，晶辉夺目，异香氤氲不散。俄而王氏腹震，即诞妃于寝室。里邻咸以为异。"《大清一统志》中则记载妈祖"始生时，地变紫，有祥光异香"，世以此奇之。

古时航海作业的险恶程度超乎常人的想象。随着航海业的发展，海上作业的人员日益增多，人们在惊涛骇浪中，常祈祷神力的庇护，妈祖就成了海上保护神。而且随着妈祖神职的增加，其涉及的职能越来越多，既神圣又神秘，既仁慈又威严，甚至成了正义的化身，人们也因信奉而逢凶化吉。于是妈祖愈发受人尊崇，并成为更多的人祈求的对象，也成为我的乡愁，成为我续不尽的伴奏和唱不完的歌。

二、浙江宁波，是妈祖信仰传播地，有莆田人捐造的最早的妈祖庙

宁波是妈祖信仰文化的重要传播地之一，也是我的第二故乡。

宁波简称甬，是浙江省第二大城市，是沿海开放城市和历史文化名城。历史上区域包括镇海、北仑、余姚、慈溪、奉化、宁海、象山、舟山、三门等地。由于毗邻福建，加上频繁的捕捞、航运、贸易、移民等活动，这个以福建莆田湄洲为发源地的妈祖信仰，

逐渐向宁波等沿海地区、全国乃至全球传播,宁波成为其重要的传播地之一。

作为"海道辐辏之地"和海上丝绸之路的重要始发港,海定则波宁的宁波地区,包括观音、妈祖、如意娘娘等在内的海神信仰由来已久。据史书记载,早在南宋绍兴二年(1132),宁波就开始创建妈祖行宫(妈祖分灵居住的宫室)。淳熙、绍熙年间,建造女神祠。至清代中晚期,妈祖信俗已深入宁波城乡和海岛,各地纷纷立庙祭祀,天后宫几遍宁波。据当地文史研究者考证,在人口很少、面积很小的定海和嵊泗列岛,新中国成立前修建的天后宫,就有100多座。

据相关研究,妈祖从民间供奉走向官定航海保护神,从地方信仰上升到护国庇民的地位,经海上丝绸之路传播至世界各地,均与宁波有关。前文提到的宋宣和五年(1123),给事中路允迪等乘两艘"神舟"和六艘"客舟",从明州出发奉使高丽。回来时途经黄水洋,突遇狂风巨浪,舵折船覆。危急时刻,路允迪等人求助于妈祖,五昼夜后终于顺利抵达定海(今镇海)。事闻于朝,宋徽宗下诏封林默为"湄洲神女",赐庙额为"顺济"。顺济,亦为宋神宗元丰元年(1078)镇海招宝山船场建造的一艘万斛大船的船名。从此妈祖信仰得到朝廷认可,妈祖成为中华民族的航海保护神。尤其是北宋以后,妈祖不断获得朝廷封赐。妈祖信俗还被列为国家祀典,妈祖崇拜上升为民族的神祇崇拜,妈祖信俗遂成为一种文化现象。

宁波的妈祖信仰主要传自福建商人。早在唐代,闽商就在沿海一带活动,莆商亦开辟了莆田至宁波的航线。福建商船航行到哪里,就把妈祖信仰传播到哪里。乡人聚集在供奉妈祖的地方,则逐渐构成了商业社团的雏形。源于隋唐,发展于宋元,昌隆于明清,再兴于后的莆田商帮,因地处沿海以及造船、手工制造、海运、商贸等行业特别发达,行业集聚现象频现,商人社团组织也应运而生。据《莆田县简志》中记载,莆商在宁波是一个重要的历史群体,其木材商常外载杉木,内装丝绵,驾海出洋到宁波售卖,而且宁波是莆田商人最早销售荔枝干和桂圆干的商埠。

宁波城区昔有天后宫宫前街和宫后街,今有海晏路和河清路。而位于市中心的"灵慈宫",则是莆田人在甬建造的最早的妈祖庙。

南宋绍熙二年(1191),定居宁波东渡路的福建莆田船主沈法询(字发旬,闽商领军人物),在南海遇险,因祈求妈祖显灵保佑而化险为夷。为此,他贡献出东渡路的住宅,又争取到一些官地,建成了"灵慈宫"。庙中的妈祖神像,也是从莆田湄洲祖庙分炉而来。分炉即分灵,或叫请香火,分出神之神灵,以便就近祭祀。当时的地方官员,曾委托沈氏家族,请他们世代掌管天妃宫。元人程端学《积斋集·灵济庙事迹记》载有:"神之庙始莆,遍闽浙。鄞(今宁波)之有庙,自宋绍兴三年(1133。有说绍熙二年或绍兴二年),来远亭北舶舟长沈法询,往南海遇风,神降于舟以济,遂诣兴化分炉香以归,见红光异香满室,乃舍宅为庙址,益以官地、捐资募众创殿庭,像设毕具,俾沈氏世掌之。皇庆元年(1312),海运千户范忠暨漕户倪天泽等,复建后殿、廊庑、斋宿所,造祭器。"

《古今图书集成》亦载有宁波府天妃宫:"在府东二里东渡

门外。宋绍兴二年(1132)建。元延祐元年(1314)封'护国庇民广济明著天妃'。至正末燬。明洪武三年(1370)中山侯汤和重建。天顺五年(1461)知府陆阜命王奉、沈祐修葺及创寝宇。程端学为之记。别庙一在府东大嵩所。"另据《明史·汤和传》载,洪武元年"大军方北伐,命造舟明州,运粮输直沽",汤和因而在宁波重建天妃庙,以便虔修祈报之祭。

宋丁伯桂《艮山顺济圣妃庙记》还云:"神之祠不独盛于莆,闽广、江浙、淮甸皆祠也。"有资料显示,清代全国各地由商帮会馆创建的天后宫191座,其中有明确记载的由福建商帮兴建或参与兴建的天后宫142座,以江浙、上海、天津、山东的沿海城市居多。

在妈祖信仰的传播过程中,特别是在元代这一信仰传播的关键时期,宁波做出了特别的贡献。如元朝的对外贸易港,以泉州、广州、庆元(宁波)三港最为著名。庆元既是我国对日本和高丽贸易的主要港口,又是北洋漕运的重要港口。元代以海漕取代河漕,庆元港正是漕粮北运的出发港。基于此特殊的交通地位,宁波的妈祖信仰受到特别重视。《元天历二年九月壬申祭庆元天妃庙文》云:"浙水东郡,襟江带海。漕道远涉,万里波涛。神妃降鉴,丕著宏功。息偃狂飓,迅扫妖氛。转运咸利,国储充盈。永颂明德,百世扬休。"寥寥短章,语奇意奥。

也正是在元代,妈祖信仰在海洋漕运与海上丝绸之路的双重带动下,传播到了更广阔的空间和领域。

据相关史料记载,宁波许多舶商在出海前,常常到天后宫烧香祈祷,并将香灰带上船。出海后,如遇风浪,便将香灰撒出去,祈求风平浪静。每当有新船下水前,必将船模供奉于妈祖神像之前,以期庇佑。象山石浦东门岛的渔民在出海捕鱼前,也会到岛上的天后宫进香,希望妈祖保佑一路顺风顺水,鱼货满舱,平安归来,这个风俗沿袭至今。

同全国各地的情况基本一致,随着时代变迁,宁波城区现存的天后宫仅剩庆安会馆和安澜会馆了。宁波所辖各县(市)区较为完整的天后宫也所剩不多,这既有自然和历史的原因,也有人为的因素,在此不复赘言。

尽管如此,妈祖信仰在全球各地的传播和影响,却一刻也没有停止过。据《世界妈祖庙大全》统计,全世界已经有6000多座妈祖庙,分布在35个国家和地区,拥有3亿多信徒。无论在东方国家还是在西方世界,对妈祖文化都有着不同程度的认同。可以说在全球各地,凡是有海水的地方必有华人,有华人的地方必有妈祖,妈祖的大爱精神,闪耀着人性的光辉。妈祖的大爱思想,早已在许多人的心里生根发芽。

三、福建之行,经传道法师等的屡屡点拨,加快了编书步伐

道家说道,儒家讲仁,佛家言善,信仰是每个人心中的绿洲。因妈祖信仰是一种多元的、多种文化要素相叠加的民间信仰,因而其与儒、释、道相互包容、互为补充,在不断丰富其内容和形式的同时,也使妈祖信仰更具影响力和生命力。

那么,妈祖信仰的核心内容和文化内涵到底是什么?妈祖信仰为什么历经千年而不衰?千年的妈祖信仰究竟给人们带来了什么?带着这些问题,我与传道法师心随神追,于是就有了共同穿越千年时空,去福建探寻千年妈祖大爱之路的专访。

也是叨缘幸会,我因著名职业画家鲁樵而熟识传道法师,并因为同明相照而有了更深的交往。传道法师对佛教事业、民间信仰和文化艺术孜孜以求,为此还创办了"弘一书画院"。在妈

祖信仰文化方面，他也很有见地，且语意率直。为了更全面了解妈祖文化的内涵和发展动态，我们去过福建的几个地方，一则求佛问道，二则专访莆田，他按佛教的要求身体力行，我则用行走的方式参与修行。彼此恭列，互为助力。

闽浙两地，我们已经往返过很多次，遇与不遇，物随缘走。几年前的一个暮冬早春，乍暖还寒，我俩再次乘坐夜车，虽看不见窗外景致，但能感受到近南的春迹。路过家门口，稍作停留后便驱车至九莲山，南少林寺方丈空性法师已在山门外迎接，彼此以礼相见，揖让而登，净手焚香，三拜礼佛。传道与空性二位法师乃戒兄弟，彼此谈得亲切，尤其就妈祖文化传播之事，聊得更多、更远。大家认为，观音与妈祖，虽然有外来、本土之分，但两者无论是在造像、神格和神话上，还是在内容、风格和影响力等方面，都有许多共同之处。尤其在沿海民众的心目中，都是神威广大、尽善尽美的救世神祇。宁波与福建关系密切，莆田在传承和弘扬妈祖文化方面早已走在世界前列，如果能够在宁波地区广泛搜集、挖掘有关妈祖历史文化方面的史料，早日出版发行，将对巩固宁波妈祖文化信仰的历史成果，进而扩大妈祖文化的传播力和影响力，都具有很强的推动作用。这方面的思绪，亦得到莆田有关专家和湄洲祖庙相关人士的赞同。

果然是又一次闻思修并重的亲近妈祖之行，使我们进一步理解了妈祖是人也是神的含义。作为人，妈祖实实在在；作为神，妈祖不是凭空捏造。"所谓神，不是灵怪，是人之不朽者。不朽是指其功业、道德、精神永为后人钦仰怀慕，故立祠庙，以寄追思。"

弘扬人性的真善美，传递正能量，是和谐文化的重要内容。由此我们想到宋代莆田状元黄公度的《题顺济庙》诗，其中"已死犹能效国功"和"传闻利泽至今在"两句，是妈祖好义可嘉和

后恩浩荡的真实写照,亦是后人值得保留、学习和传承的精华。

其实此行已经部分回答了以上提出的问题,那就是妈祖是位广行善事的大德大爱之人,是位充满传奇色彩的正义之神,她的核心内容是"立德、行善和大爱",她的扶危济困、救苦救难、暖老温贫等事迹,与现代社会倡导的慈善、帮扶和利民为本等理念相一致。人们信仰也好,修行也罢,主要还是要发自内心,要用心灵和诚实去领悟、崇信和感恩,就是要立德行善,尽自己之能,用实际行动来继承、传播和弘扬妈祖的大爱精神。

为此编委会采取了包括登报征稿在内的各种形式,以期在更大范围内征典求书。确也因此行,加快了编写的步伐。此后的时间里,传道法师和祖庙专家等还一以贯之地为我们指点迷津和传经送宝,我们也是滋滋昼夜,衍衍不息。妈祖的大爱精神,业已在全体创作人员的内心深处扎了根。

四、诚求立应,看似不可思议,却屡屡巧合应验

广祈多福,是每个人的心愿。散见于各类资料的有关诚求立应的神话传说,不计其数,有的虽然已传诵千年,但至今人们依然津津乐道,广为流传。这里除了妈祖神迹的卓著使然,还有

就是信仰的力量。随着妈祖神迹的不断出现,妈祖的功业也涵盖了更多方面,甚至进入人们日常生活和社会的方方面面。

元王元恭在《四明续志》卷九祠祀篇引程端学《天妃庙记》中载:

> 神姓林,兴化莆田都巡君之季女,生而神异,能力拯人患难,室居未三十而卒。宋元祐间邑人祠之,水旱疠疫、舟航危急,有祷辄应。宣和五年(1123)给事中路允迪以八舟使高丽,风溺其七,独允迪舟见神女降于樯而免,事闻于朝,锡庙额曰"顺济"。绍兴二十六年(1156)封"灵惠夫人"。三十年海寇啸聚江口,居民祷之,神见空中,起风涛烟雾,寇溃就获。泉州上其事,封"灵惠昭应夫人"。乾道三年(1167),兴化大疫,神降曰:"去庙丈许,有泉可愈病。"民掘斥卤,甘泉涌出,饮者立愈。又海寇作乱,官兵不能捕,神迷其道,俾至庙前就擒,封"灵惠昭应崇福夫人"。淳熙十一年(1184),福兴都巡检使姜特立捕温台海寇,祷之即获,封"灵惠昭应崇福善利夫人"。既而民疫、夏旱,祷之愈且雨。绍熙三年(1192),特封"灵惠妃"。庆元四年(1198),瓯闽诸郡苦雨,唯莆三邑祷之霁,且有年,封"灵惠助顺妃"。……嘉定元年(1208),金人寇淮甸,宋兵载神主战于花黡镇,仰见云间皆神兵旗帜,大捷。及战紫金山,复见神像,又战三捷,遂解合肥之围,封"灵惠助顺显卫妃"。嘉定十年(1217),亢旱,祷之雨;海寇犯境,祷之获,封"灵惠助顺显卫英烈妃"。嘉熙三年(1239),以钱塘潮江隄至艮山祠,若有限而退,封"灵惠助顺显卫嘉应英烈妃"。宝祐二年(1254)旱,祷之雨,封"助顺嘉应英烈协正妃"。三年(1255),封"灵惠助顺嘉应慈济妃"。四年(1256),封"灵惠协正嘉应慈济妃"。是岁,又以浙江隄成筑,封"灵惠协正嘉应善庆妃"。景定三年(1262),祷捕海寇,得反风,胶舟就擒,封"灵惠显济嘉应善庆妃"。宝祐之封,神之父母、女兄以及神佐,皆有锡命。皇元至元

十八年(1281),封"护国明著天妃"。大德三年(1299),以漕运效灵,封"护国庇民明著天妃"。延祐元年(1314),封"护国庇民广济明著天妃"。

以上部分,悉可稽考,思其事犹见其人,故存其文。不仅是妈祖,其父母也得到过加封,《元史·顺帝纪》即载:至正十年(1350)加封天妃父"种德积庆侯",母"育圣显庆夫人"等。

随着历史的推移,更多的人为了表达对妈祖的虔诚和希望得到妈祖的庇护,使妈祖的神职角色不断变化,其神力也不断丰富。在宋、元、明、清四个朝代的700多年时间里,妈祖受到皇帝的褒封高达36次,而且在每次褒封的背后,都有一段妈祖显灵的故事。从路允迪出使高丽因海上遇险得救,宋徽宗钦赐"顺济"庙额,到后来各个朝代给予妈祖"护国庇民、妙灵昭应、弘仁普济、福佑群生、诚感咸孚、显神赞顺、垂慈笃祜、安澜利运、泽覃海宇、恬波宣惠、导流衍庆、靖洋锡祉、恩周德溥、卫漕保泰、振武绥疆、嘉祐敷仁"天后等不同封号,到了无以复加的地步。

由于妈祖的封号实在太多,且又大都是一些华词丽句,民间仍喜妈祖旧称。妈祖的神话传说故事,也在民间广泛流传,可谓褒之至矣。如林国良先生主编的《妈祖文化简明读本》,是一部了解妈祖文化基本知识的综合读物,其中关于妈祖的生前传说,就有"妈祖诞降""窥井得符""机上救亲""化草救商""挂席泛槎""铁马渡江""祷雨济民""降服二神""恳请却病""湄屿飞升"等;关于妈祖的灵应故事,则有"祷神起椗""枯槎显灵""朱衣著灵""温台剿寇""拯兴泉饥""神助漕运""救护郑和""助收台湾""涌泉济师""澎湖助战"等。而有关妈祖"巧对策读""孝子钉石""耳环救心""漂海遇救""香袋保佑"等民间故事,则不传于兹,或见于彼。

显然，有信仰才有敬畏。妈祖信仰的确立，是官方与民间共同推动的结果，同时也是为了顺应时势和朝野的需要。妈祖虽然只有一个，但却有千万座妈祖分灵庙在全世界遍地开花，因而信奉妈祖的人越来越多，区域越来越广。是花皆有向阳的一面，能来这里观花的人，心中自有信仰。

五、编写过程，作者难，编者尤难，但一路上似有神助

妈祖信仰是一笔珍贵的精神财富和文化遗产，是中华文明的重要组成部分，其文化内涵丰富，寓意深刻，其传播形式多样，生动活泼。于是如何消除人们对神化了的妈祖的片面认识，使逝去千年的妈祖更好地为世人服务，是我们最常提到的话题。

现实情况是，一方面世界上的妈祖信众数以亿计，另一方面当我们在搜集区域资料的时候却少得可怜。更令人担心的是，民间信仰方面的建筑远不如宗教建筑，虽说也是毁了建，建了毁，留存于今的纪念场所越来越少，更突出的问题还在于，其损失程度十有八九，且似乎已成惯例，为此我们常叹，昔人所尚，难道后人真的不可及？然乎？确也！

面对此种状况,年年失望年年望,成为欲了而不能了之苦。首先是历史资料方面,一旦精确到某个地域,犹如字海求珠,严重奇缺。在一些地方志书里,虽有记载,但也仅有寥寥数笔。

其次是历经千年风雨,能幸运保存下来的建筑少之又少,或只剩断垣残壁,或只留遗址,更有甚者已无面目可辨,人们看到的大多是一些新建筑。

再者是能够找到的知情者不多,即使找到了,也都是一些高龄老人,他们行动不便,记忆力差,我们只能从他们断断续续的回忆中,依稀分辨相关的年代和地点,以及相关的人、事、物,而一旦这些老人离世,很多地方或将因为缺少记载而坐失史料。

其四是少数人的力量相当有限,特别是大家都有自己的工作,只能利用业余时间,来完成这项长期的、大量的、艰巨的任务,如在收集、寻访、查档、调研、编写、拍摄等过程中,或走市井访名山,或跨海越岭,碰到了许多诸如人力、物力、财力和时间等方面的难以置信的困难和问题,正所谓千道关、万重山,取经路漫漫。

幸运的是,整个出版过程似有神助,我们还得到了许多专家学者和热心人、有心人、好心人的帮助,尤其是众多的握笔者,饥起倦息,深文曲笔,字字精工,撰为论说,要知此种文字,真的作之艰苦,出之不易。

宁波市文物保护管理所所长徐炯明,原所长级调研员许孟光,副所长、庆安会馆馆长黄浙苏等,自始至终都在台前幕后支持帮助并推进这项工作。尤其是年逾古稀的研究馆员许孟光先生,长期陪同编者一同查阅文献、联系专家、走访天后宫及其遗址,以及参加座谈研讨等等,所付辛劳不可言说。

奉化松岙镇街二村的古稀老人卓信康,历年来收集记录了许多文物资料,其中民国时奉化县全图等数十件珍贵档案资料

和文物,已无偿捐献给当地档案局和文保所。为了撰写湖头渡天后宫一文,他克服了耳朵失聪、岁数大、行动不便等困难,到处调研收集相关资料,编者曾数次随他走访当地知情人士,感慨万端,欲言无语。

宁海县的葛云高老人和李恒迁先生等,深入街巷乡村,实地走访、考察、调研妈祖文化的历史发展及现状,巡南走北,足迹村野,书信往来,片纸可观。

乡人、友人和学人刘良飞、张锦、王晓君等,不辞辛劳、呼着即应、行以成德、为善尚多。

现已96岁高龄的当代书画大家陈佩秋先生,97岁高龄的著名书法家高式熊先生,著名剧作家、辞赋家、杂文家魏明伦先生,著名美术史评论家、书画鉴定家、书画家徐建融先生,普陀山佛教协会咨议委员会主席道生长老等,特意为本书题词写句,笔情古逸,思致渊雅。著名职业画家鲁樵先生不仅多次参加与本书有关的妈祖文化活动,还为本书精心绘制了数十幅"妈祖圣迹故事"系列组图,其中第一幅画像是妈祖头戴冕旒,身着霞帔,脚踏波涛,手抱如意,仪度雍容,十分传神。由此可见,画家与书法家们的虔诚之心。宜思之,不具述。

时任中华妈祖文化交流协会常务副会长林国良先生、副秘书长周金琰先生,湄洲妈祖祖庙董事会常务副董事长吴国春先生,莆田学院刘福铸教授等一行,出席在宁波庆安会馆举办的"新时期妈祖文化的传承与发展"论坛时,对编者所做的工作予以指导、肯定与鼓励,他们回去后还多次寄来文献资料,其意雄深,其心可鉴。

而出版时间一旦确定,就有了一种紧迫感。于是编委会主创人员,念先圣元意,思远之大业,有风使尽帆,践行助才思,不断参与策划和指导当地的妈祖信仰文化活动。2016年3月14

日,宁波庆安会馆(即甬东天后宫)举办莆田湄洲祖庙妈祖分灵圣像移驾安座仪式,来自福建省莆田、泉州、漳州、宁德、龙岩、福州、厦门、三明、南平等地的数百名信众和本市居民参与活动。仪式安排了迎神、行上香礼、恭读祝文、行三献礼、祈福、送神等活动,贯穿了莆田传统、经典的木偶戏专场演出和现场分食妈祖饼、妈祖平安面等活动内容,把古香古色、原汁原味的传统文化和迷人的民俗风情呈现在人们面前,增强与提升了妈祖文化在沿海地区的影响力。此后举办的"妈祖诞辰1056周年祭祀典礼",也是妈祖文化传承者弘扬妈祖文化精神,丰富古丝绸之路文化内涵,促进新丝绸之路沿线国家和地区文化融合的又一举措。

此外,还有几件盛事值得一书。2001年12月10日,宁波市举行庆祝建城1080周年暨天后宫修复开放揭幕仪式,湄洲祖庙亦派代表出席并赠匾。2005年5月20日,国务院公布"妈祖祭典"为第一批国家级非物质文化遗产。2008年4月22日,《人民日报》刊发了题为"研究妈祖文化,传承传统美德"文章。2009年,"妈祖信俗"被联合国教科文组织列入"人类非物质文化遗产代表作名录"。同年12月12日,由上海市社科院、宁波市文化广播新闻出版局主办的"海峡两岸妈祖文化学术研讨会"在宁波庆安会馆举行。2016年,"发挥妈祖文化等民间文化的积极作用"被写入国家"十三五"规划纲要,国家申报"海丝"遗产将妈祖作为核心内容,国家"一带一路"倡议和海洋强国战略有妈祖文化内容。2017年5月14日,国家主席习近平在北京出席"一带一路"国际合作高峰论坛开幕式并发表题为《携手推进"一带一路"建设》的主旨演讲,他在演讲中提到"宁波、泉州、广州、北海、科伦坡、吉达、亚历山大"等地的古港,就是记载这段历史的"活化石"。6月8日,2017世界海洋日暨全国海洋

宣传日开幕式以及2016年度海洋人物颁奖仪式在江苏南京举行,妈祖文化与海洋精神得到了很好的宣传。6月30日至7月7日,"妈祖下南洋·重走海丝路"暨中马、中新妈祖文化交流活动在马来西亚吉隆坡、马六甲,新加坡等海丝沿线国家重要节点城市成功举行。这是一次被誉为"千年第一回"的跨越国界、跨越族群、跨越层级、跨越时空的对外民间文化交流活动,各界人士超过30万人次参与活动,海内外各大主流媒体共计参与报道700多篇,在中外民间交流史上写下浓墨重彩的一笔。9月13日,第九届世界华文传媒论坛莆田主题论坛在莆田举行,来自五大洲50多个国家和地区的300多位海外华文媒体社长总编以及国内中央主要新闻机构及部分地方媒体代表齐聚妈祖故乡,围绕"海上丝绸之路视野下的妈祖与海外华文传媒"这一主题进行探讨。这是继2016年首届妈祖文化论坛、2017中欧城市可持续发展论坛之后的又一次高级别国际性论坛。9月23日上午,湄洲妈祖起驾赴台湾开展文化交流活动。这是湄洲妈祖时隔20年再赴台湾巡游,台湾各宫庙、大批信众恭迎妈祖。为期17天的巡游,共绕境台湾11个县市,行程1500多公里,驻跸驻驾91家宫庙,参与宫庙近2000家,接受了近500万人次信众的朝拜,开启两岸民间文化交流新篇章。同日,尘封289年的沈阳天后宫举行重建落成庆典,为传承千古人文景观和传播妈祖文化增添新的华章。期间,著名职业画家鲁樵先生敬绘的"大爱妈祖"国画展,亦在台湾展出。

为发挥妈祖文化的独特作用,经中宣部批准,中央电视台"心连心"艺术团带着党中央、国务院对莆田人民的亲切关怀和深情厚谊,于2017年10月28日(九月初九)上午9点,在妈祖故里湄洲岛天后广场举行慰问演出。

值得欣慰的还有,在宁波地区,我们还是探访到了近百个包

括天后宫建筑及遗址等妈祖文化遗存,虽然我们搜寻的目标远远不止这些。如何挖掘保护妈祖文化遗存,迫在眉睫。我们祈盼更多弘扬妈祖文化之举出台。

鉴往才能知来,人类虽然进步了,科技日益发达了,但人们对妈祖的真善美的崇拜与信仰,不会因为时代的推进而湮没。保护与妈祖信俗相关的建筑物、文物、书籍等,促进口头传说等非物质文化遗产和技艺的传播与继承,在妈祖信俗集中区域建立妈祖文化生态保护区,将积极践行妈祖精神和弘扬妈祖文化融于日常点滴行为之中,广泛向社会传达"立德、行善、大爱"的价值观,并深入开展妈祖文化联谊交流,既是世界妈祖文化论坛所发出的倡议,也是我们的共同心愿。

一念之善,吉神随之,用心去做,未为晚也。此乃妈祖之召唤,亦是社会之需要。其实世间一切事物,皆因缘和合而成,比如文因积学,福因积德,梦因憧憬,缘因善性,须懂得运用。精神信仰中积淀的智慧,已经从谈玄说妙走向服务大众,从山林走往社会,从宫庙走入家庭,从信众走向民众,不断丰富着中华优秀传统文化的内涵。

添一番甲子,增一番感慨,一晃十年过去了,从播种、生根、发芽、开花到现在,雨勤读,晴耕耘,十年是个漫长的打坐,应到瓜果应季日,也是喜忧参半时。若能丰其经费,宽其岁月,定是足无妄走。今若能将心花笔蕊,开在读者心头,则自认足矣。

尽管如此,我还是经常梦见信众像涨潮般向宫庙涌来,亦有人像退潮般从宫庙离去,留下的是人与人之间的礼貌、和气、谦恭与宽容。在这个融和的境界里,没有尘世的喧嚣繁杂,亦没有尘世的尔虞我诈,我仿佛听到一个声音:我们是谁,到哪里去?我们为了谁,该做点什么?是传承千年大爱妈祖不朽传奇,还是化为春泥养护百姓苍生?是常伴万载青灯谈经问字,还是留下一个再来的后约?

伟哉妈祖,旷古女英,曲未终,意转浓!

王国宝

2017年秋作于璀轩

目录 CONTENTS

序言：感念妈祖大爱，诠释海定波宁 001
Preface: Remembering the Great Love of Mazu, Interpreting the Peace of Ocean

前言：穿越千年时空，探寻妈祖大爱之路 005
Foreword: Cross a Thousand Years, Seek the Path of the Great Love of Mazu

宁波城区 Ningbo Urban Area

宁波城区的妈祖信仰与天后宫 002
Mazu Belief and Tianhou Temple in Ningbo Urban Area

江厦街天妃宫 004
Tianhou Temple in Jiangxia Street

后塘街福建会馆天后宫 013
Fujian Guild Hall (Tianhou Temple) in Houtang Street

庆安会馆 018
Qing'an Guild Hall

安澜会馆 028
Anlan Guild Hall

江厦街边的天妃宫 034
Tianfei Temple beside Jiangxia Street

江厦街天妃宫图志 041
Images of Tianfei Temple in Jiangxia Street

镇海 Zhenhai

镇海境内的妈祖信仰与天后宫 060
Mazu Belief and Tianhou Temple in Zhenhai

镇海南薰门天后宫 063
Tianhou Temple in Nan Xunmen in Zhenhai

镇海招宝山下天后宫 068
Tianhou Temple in Zhaobaoshan in Zhenhai

镇海威远城天后宫 074
Tianhou Temple in Weiyuancheng in Zhenhai

镇海澥浦行门口天后宫 080
Tianhou Temple in Xiepu Hangmenkou in Zhenhai

北仑 Beilun

北仑境内的妈祖信仰与天后宫 086
Mazu Belief and Tianhou Temple in Beilun

北仑新碶下三山天后宫 089
Tianhou Temple in Xinqi Xiasanshan in Beilun

北仑新碶高潮小宫 093
GaochaoXiaogong in Xinqi in Beilun

北仑梅山七姓涂天后宫 096
Tianhou Temple in Meishan Qixingtu in Beilun

北仑大榭丁家塘天后宫 100
Tianhou Temple in Daxie Dingjiatang in Beilun

余姚 Yuyao

余姚境内的妈祖信仰与天后宫 106
Mazu Belief and Tianhou Temple in Yuyao

余姚临山天妃宫 108
Tianfei Temple in Linshan in Yuyao

余姚城东酱园街天后宫 ———————————— 113
Tianhou Temple in Jiangyuan Street in YuyaoChengdong

余姚临山天后宫 ———————————————— 118
Tianhou Temple in Linshan in Yuyao

慈溪 Cixi

慈溪境内的妈祖信仰与天后宫 ————————— 124
Mazu Belief and Tianhou Temple in Cixi

慈溪胜山圣母祠 ———————————————— 126
Shengmu Temple in Shengshan in Cixi

慈溪坎墩娘娘殿 ———————————————— 130
Niangniang Temple in Kandun in Cixi

慈溪龙山天后宫 ———————————————— 135
Tianhou Temple in Longshan in Cixi

慈溪伏龙寺虔奉妈祖娘娘 ———————————— 140
Mazu in Fulong Temple in Cixi

奉化 Fenghua

奉化境内的妈祖信仰与天后宫 ————————— 144
Mazu Belief and Tianhou Temple in Fenghua

奉化湖头渡天后宫 ——————————————— 148
Tianhou Temple in Hutoudu in Fenghua

奉化松岙天后宫与妈祖信俗 —————————— 154
Song'aoTianhou Temple and Mazu Belief

宁海 Ninghai

宁海境内的妈祖信仰与天后宫 ————————— 162
Mazu Belief and Tianhou Temple in Ninghai

宁海娘娘宫 —————————————————— 164
Niangniang Temple in Ninghai

宁海娘娘宫村的妈祖庙 170
Mazu Temple in Niangnianggong village in Ninghai

宁海斗门头村的娘娘庙 174
Niangniang Temple in Doumentou village in Ninghai

宁海境内天后宫图志 178
Images of Tianhou Temple in Ninghai

象山 Xiangshan

象山境内的妈祖信仰与天后宫 192
Mazu Belief and Tianhou Temple in Xiangshan

象山石浦东门岛天后宫 196
Tianhou Temple in Dongmen island in XiangshanShipu

象山石浦延昌天后宫 202
Tianhou Temple in Yanchang in XiangshanShipu

象山石浦延昌泉州会馆天后娘娘 208
Tianhou in Quanzhou Guild Hall in Yanchang in XiangshanShipu

象山石浦铜关天后宫 212
Tianhou Temple in Tongguan in XiangshanShipu

象山石浦洋山岗妈祖庙 216
Mazu Temple in Yangshangang in XiangshanShipu

象山石浦对面山岛湖礁湾圣母娘娘庙 220
ShengmuNiangniang Temple in Hujiaowan in XiangshanShipu

象山石浦昌国蛟龙村柴岙龙圣宫天后娘娘 223
Tianhou in Longsheng Temple in Jiaolong village in XiangshanShipu

象山南田岛金漆门圣母宫 227
Shengmu Temple in Jinqimen of Nantian island in Xiangshan

象山泗洲头天后宫 231
Tianhou Temple in Sizhoutou in Xiangshan

象山涂茨毛湾天后娘娘宫 234
Tianhou Temple inTuciMaowan in Xiangshan

象山涂茨长沙天后宫	236
Tianhou Temple in Tuci Changsha in Xiangshan	

象山涂茨屿岙干门娘娘宫 239
Niangniang Temple in TuciYuao Ganmen in Xiangshan

象山晓塘鹧鸪头天后宫 242
Tianhou Temple in Zhegutou in XiangshanXiaotang

象山茅洋蟹钳渡娘娘庙 245
Niangniang Temple in Xieqiandu in XiangshanMaoyang

象山高塘岛珠门圣母娘娘庙 247
ShengmuNiangniang Temple in Zhumen of Gaotang island in Xiangshan

象山花岙岛圣母娘娘庙 250
Shengmu Niangniang Temple in Huaao island in Xiangshan

其他地区 Other Area

舟山 Zhoushan

舟山境内的妈祖信仰与天后宫 254
Mazu Belief and Tianhou Temple in Zhoushan

舟山定海天后宫 257
Tianhou Temple in Dinghai in Zhoushan

舟山普陀沈家门天后宫 262
Tianhou Temple in Shenjiamen in Zhoushan Putuo

舟山岱山高亭天后宫 266
Tianhou Temple in Gaoting in Zhoushan Daishan

舟山嵊泗金平天后宫 271
Tianhou Temple in Jinping in Zhoushan Shengsi

舟山嵊泗圣姑礁天后宫 276
Tianhou Temple in Shenggujiao in Zhoushan Shengsi

舟山普陀塘头村天后宫 280
Tianhou Temple in Tangtou village in Zhoushan Putuo

舟山岱山长涂镇天后宫 ... 286
Tianhou Temple in Changtuzhen of Daishan island in Zhoushan

舟山地区天后宫分布图志 ... 291
Images of Tianhou Temple in Zhoushan Area

三门 Sanmen

三门境内的妈祖信仰与天后宫 ... 304
Mazu Belief and Tianhou Temple in Sanmen

三门林氏与妈祖文化的传承 ... 307
Sanmen Linshi and the Inheritance of Mazu Culture

三门境内部分天后宫图志 ... 310
Images of Tianhou Temple in Sanmen

妈祖信俗在宁波述略 ... 327
Mazu Belief in Ningbo

图说妈祖圣迹故事 ... 341
Pictures of Mazu's Fairy tale

《大爱妈祖：妈祖信仰在宁波》结集付梓题贺 ... 380
Greetings to the Publication of Great Love of Mazu: Mazu Belief in Ningbo

后记 ... 381
Postscript

宁波城区绚丽的三江口（应海加摄）

区域概况

宁波城区的妈祖信仰与天后宫

🖋 许孟光

　　自古以来，宁波就与大海有着不解之缘。早在七千年前，宁波的先民已进行水上活动。秦汉时期，宁波开始海上航行与贸易。唐宋以后，宁波不论是远洋交通贸易，还是近海捕捞均日趋繁荣，但大海变幻莫测，随时可能带给人们灭顶之灾，面对无法抗拒的大自然，宁波的舶商、渔民始终在寻找能保护自己的海神。几千年来，宁波的海上保护神崇拜，历经从供奉观音、海龙王及君王、名臣等诸海神，到确立妈祖为首席海神的漫长过程。

　　妈祖，宁波人习惯称之为"天妃娘娘"或"天后娘娘"，供奉妈祖的庙，称为"天妃宫"或"天后宫"。据不完全统计，在原宁波区域内（包括曾为宁波所辖的舟山群岛和三门县），共有大小妈祖庙200多座，主要分布在今宁波城区、镇海、北仑、余姚、慈溪、奉化、宁海、象山，舟山市、台州三门等地。

根据确凿的历史记载及考古发现，宁波的第一座天妃宫，建于南宋绍熙二年（1191），名灵慈庙，系福建人舶舟长沈法询从莆田的妈祖祖庙分灵到宁波，舍宅为庙址而建。沈氏及其后人从此也作为该庙的主要管理人员。该庙毁于1949年，其址在今江厦街与东渡路交接处。1982年对其遗址进行了考古发掘，发现这座天妃宫的建筑由放生池、戏台、前殿、正殿、厢房等组成。

此后，历经元、明、清各代，各地的妈祖庙如雨后春笋，蓬勃而起。从宁波的历史状况看，明代之前的妈祖庙，均为闽商所建。有志可查，由宁波本地舶商所建的第一座天后宫，是建于明万历年间（1573~1620）位于舟山定海县治南的"天妃圣母祠"。闽甬两地舶商联合共建的天后宫，有重建于清雍正十二年（1734）的镇海南薰门外的镇海天后宫。现存规模最大、最为著名的天后宫，是甬籍舶商于清咸丰三年（1853）所建的"甬东天后宫"（又称"庆安会馆"），与闽商所建的第一座天妃宫隔江相望。从各方面的史料来看，历史上宁波地域内所建的妈祖庙，始于南宋，盛于清中晚期。而最后一座天后宫建造于清光绪三十三年（1907），以后的妈祖庙建造均为重建、迁建，或由如意娘娘庙等其他神庙改建。

综上所述，妈祖庙为宁波区域内分布最广、数量最多、在舶商和渔民中影响最大的神庙，为妈祖文化的研究和妈祖精神的传播，提供了最宝贵的实物依据和借鉴。

（作者系宁波市文物保护管理所原所长级调研员、研究馆员）

大爱妈祖

妈祖信仰在宁波

江厦街天妃宫

☉ 虞浩旭

宁波江厦街天妃宫原址位于江厦街与东渡路的三角地段,由福建商人建于南宋绍熙二年(1191),是宁波第一座天妃宫。因历史悠久,不同时代妈祖有不同封号,所以有过灵慈庙、灵济庙、天妃庙、天妃宫、天后宫等称谓,以天妃宫最为流行,福建商

宁波天后宫,旧名天妃庙,公元1191年(南宋绍熙二年)建,位于灵桥门北。公元1727年(清雍正五年)敕号"天后",改称"天后宫",为城东巨观。1949年被国民党空军炸毁。图为19世纪70年代时的天后宫石雕龙柱及木雕、砖雕建筑装饰。(引自《宁波旧影》)

人俗称其为福建老会馆,清王寿国《重修福建老会馆碑》关于"福建老会馆"的概念恐有误。

宁波乃"海道辐辏之地",自古以来就是我国著名的海港之一,早在西晋陆云的笔下,就有了"泛船长驱,一举千里。北接青徐,东洞交广"的发达的海上交通记载。作为"海上丝绸之路"的重要始发港之一,自唐以来,宁波人民冒不测之险的航海活动愈趋频繁和活跃,必然有祈求海神护航保驾的需求。从现有资料看,北宋时期四明滨海地区的海神信仰具有多元化的特征。但正如明代邱浚《天妃宫碑》所说:"在宋以前,四海之神各封以王爵,然所祀者海也,而未有专神。"北宋时四明先民的海洋活动更加频繁,但又缺少专一的海神信仰,于是有些地方庙神的功能便随时代的变化不断地扩展,并逐渐赋予了海神的某些功能。宁波民间信仰的主要海神人物有鲍盖、黄晟、罗清宗、妈祖、姜毛二神、如意娘娘。南宋时四明的多元海神信仰主要由龙神、演屿神、湄洲神(妈祖)和鲍盖神构成。若将南宋甬上的妈祖信仰纳入多元海神信仰的系统中进行考察,很可能妈祖信奉只限于福建籍的北舶船员的信仰,更多的出入明州的航海人所信仰的则是鲍盖神。

妈祖于北宋建隆元年(960)生于福建莆田,雍熙四年(987)羽化升天。宋元皇帝出于种种考虑,先后多次给妈祖褒封。宣和中赐额"顺济",高宗绍兴二年(1132)赐为"夫人",光宗绍熙元年(1190)晋为"妃",元初尊为"天妃",爵位由"夫人"而"天妃",成为人们心目中崇拜的"海洋保护神"。妈祖信仰传入宁波,亦与福建商帮及明州海运兴盛有关。

宋时海外贸易是海运的重要组成,因海外贸易是靠海上运输来完成的。宁波在宋时称明州,是我国著名的海运港口。明州先进的造船业和航海技术,丰富的农业、手工业商品,频繁的商品流通为明州海运奠定了基础。宋时市舶机构的设立和不断健全,又为海运提供了条件。同时,宋时宁波当局对海外贸易日趋重视,也为海运发展提供了保障。比如,曾巩于元丰元年(1078)任明州知州,他就采取宽商举措。时高丽商人崔

举等来明州经商,因遇风暴而翻船,漂流到福建泉州,被当地渔民所救。崔举要求到明州乘船回国,泉州渔民派人护送崔举到明州后,受到曾巩的热情接待,"置酒食犒设,送在僧寺安泊,逐日给与食物,仍五日一次,别设酒食"。这被曾巩写在没有上奏的"存恤外国人请著为令笞子"中。正是由于上述原因,宋时明州的海外贸易非常兴盛,海运进入一个繁荣时期。"明州是宋代三大贸易港之一""明州海外贸易之盛居于浙江的首位"。北宋著名诗人梅尧臣在《送王司徒定海监酒税》中说:"悠悠信风帆,杳杳向沧岛。商通远国多,酿过东夷少。"南宋明州知州张津说:"南则闽广,东则倭人,北则高句丽,商舶往来,物货丰衍。"梅应发也说:"倭人冒鲸波之险,舳舻相衔,以其物来售。"

北宋时期的明州俨然今日中国之深圳,其中福建商帮占有重要地位,明州遂成国家重要的造船基地。而众多考证表明,主要原因在于明州有着手工技艺较好的造船工匠。这些船只多归属于福建商人,从事中日贸易商船中的水手也多是福建人。所以说,福建人商贸开发于宁波,如同近代宁波商人开发于上海。当时,众多福建船只来往于中日贸易,福建商人,包括福建渔民也多迁居于慈溪、镇海、舟山、象山等地。福建商帮在明州港的发展,从而将妈祖信仰带入了明州民间。

据程端学《积斋集》卷四《灵济庙事迹记》载:"浙鄞之有庙,自宋绍熙二年(1191),来远亭北。舶舟长沈法询往海南遇风,神降于舟,以济。遂诣兴化,分炉香以归。见红光、异香满室,乃舍宅为庙址,益以官地,捐资募众,创殿庭像设,有司因俾沈氏世掌之。"由此诞生了浙东地区第一座妈祖庙(天妃宫)。该妈祖庙又名灵慈庙,是我国第一座由福建舶商从莆田祖庙分灵(分炉香)在福建省外建造的妈祖庙。

到了元朝,明州改称庆元。漕粮海运在我国海运史上是前所未有的,庆元则是重要海运口岸。史载:"四日粮之登舟,自温台上至福建,凡二十余处,皆取客舟载之至浙西,复还浙东入海,公请移粟庆元海舟受之,自烈港(今舟山定海)入海,无反复之苦。"元末朝廷倚重方国珍,资

图为 19 世纪 70 年代时的宁波天后宫大殿,一派巍峨壮丽的气象。(《宁波旧影》)

其舟以运粮。方国珍利用浙东地盘,从至正二十年(1360)起,先后四年为元朝海运粮食 44 万至 52 万石,可见庆元海运的重要地位。元人张翥在《送黄中玉之庆元市舶》中这样描述:"是邦控岛夷,走集聚商舸。珠香杂犀象,税入何其多。"

因此元人对天妃宫较重视,不仅有对天妃的祭祀,还多次重修、重建。皇庆元年(1312),海运千户范忠与漕户倪天泽等"复建后殿、廊庑、斋宿所,造祭器。"天历二年九月壬申(1329 年 10 月 11 日)曾祭祀天妃宫,《祭庆元天妃庙文》曰:"浙水东郡,襟江带海,漕道远涉,万里波涛。神妃降鉴,丕珠宏功,息偃狂飙,凡扫妖氛。转运咸利,国储充盈。永颂明德,百世扬休。"加庙号曰"灵慈"。因此,以"灵慈"为庙额是元代妈祖庙的重要标志。顺帝至元五年(1339),庆元、绍兴海运千户朱侯倡议重

建灵慈庙,"首捐俸为倡,同僚暨市舶官吏欣助,漕户协力鸠工庀材,剔蠹易坚,瓦石丹雘,内外一新",越三年而成。盖庆元输京之漕粮"十数万斛"(一斛为五斗,60斤),故元政府希望妈祖保护海运之平安。

明代有关天妃宫的记载较少。清初随着"海禁"的开放,宁波的海外贸易仍保持了相当的繁荣,朝廷对妈祖信仰的重视,使天妃宫又得以多次扩建、重修。据康熙三十四年(1695)《重建敕赐宁波府灵慈宫记碑》、同治七年(1868)《重修福建会馆碑记》、同治九年(1870)《重修福建老会馆碑》记载,康熙年间、咸丰年间、同治年间对天妃宫进行了扩建、重修,保持了天妃宫庄严巍峨,成为宁波建筑之冠。此后这座天妃宫一直延续存在,直至1949年被国民党飞机炸毁。

1949年9月20日,国民党怕解放军解放舟山,就派轰炸机对横跨奉化江上唯一的桥梁——灵桥进行了狂轰滥炸,结果灵桥没被炸毁,只留了几个窟窿,而江厦街却遭了殃,整条街全部被炸,一时火光冲天,顷刻夷为平地,天妃宫也不复存在。1950年在江厦街搭起简单平屋,两边街面开店营业,中间成了新甬剧场,专演甬剧,后因观众少停业,改为民居。改革开放后全部拆除,建造成展销大楼、浦发银行、邮政局大楼等。

原天妃宫建筑有宫门、仪门、前戏台、前殿、正殿、后殿、左右厢房、耳房及附属用房等。正门朝南,进大门中间是甬道、石拱桥、水池,正门有四个精美的大龙柱,前大殿有一座戏台,大殿供奉妈祖神像,大殿大天井两厢有测字、看相、算命、问卦;有画人像、捏糖人、抽红绿竹棒(赌博)、看西洋镜等,除来烧香的、看戏的人,更多的人是来玩,很是热闹,从而成为市民一处娱乐场所。清初宁波人包燮《江干竹枝词》中写道:"天妃宫里鼓声多,时见游人逐队过。试问黄姑和谢女,春风秋月恨如何?"此诗描述了宁波天妃宫庙会游人众多。

据记载,舶商在出海前,往往到天妃宫烧香祈祷,并将香灰带上船。出海后,如遇风浪,便将香灰撒出去,祈求风浪平息。在拔锚起航前,船工、舶商都会默念"顺风得利转出去,一本万利转屋落(家里)",希望妈祖

图为19世纪70年代时宁波天后宫富丽堂皇的戏台，令人想见当年宁波海运业的兴旺和演出的盛况。(《宁波旧影》)

能给他们带来平安和好运。每当有新船下水前，必将船模供奉于妈祖神像之前，意为常得妈祖庇佑。

江厦街天妃宫遗址曾经考古发掘。1982年下半年，因该地兴建宁波市地方产品展销大楼，据省文管会指示，由省文物考古研究所与市文管办联合对该遗址进行发掘，从而揭开了天后宫建筑的历史。

这次考古发掘自当年8月22日动土开始，到11月底结束，历时三月余，发掘面积1340平方米。根据有关文献资料记载，考古工作者以天妃宫每个单体建筑为单位，分前殿、戏台、天井和正殿(包括月台)分区进行考古发掘。

经过发掘，考古人员揭开了天妃宫建筑历史、规模和规格的原貌，为重新书写宫史提供了第一手实物史料。发掘表明：第一期殿宇建筑为三开间，面阔14米，进深10.1米，面积为141.4平方米。第二期殿宇建筑

宁波江厦街天妃宫内殿

体量与第一次同。第一、第二次建筑中所出土的大量元代龙泉窑青瓷器物碗、盘、洗证明,其时代应为元代。

第三期建筑由正殿和前殿组成。正殿为三开间,面阔14米,进深10.6米,面积约148平方米;前殿三开间,面阔15米,进深被后期建筑挖月池时部分破坏,其残存进深7.6米。其正殿、前殿台基中出土了大量明代青花器,与室内地坪铺设明代特征的小方砖,底部经过绿沙面加工,其时代应为明代。

第四期建筑规模扩大,包括宫门、月池、前殿、戏台、甬道、正殿和月台。宫门,基址已毁,仅存一角。月池,成月亮形,四周条石砌筑。前殿,由原明代的三开间扩为五开间,面阔23米,进深9.2米,面积211.6平方米。戏台,平面布局呈正方形,面阔6.5米,进深5.5米,面积约36平方米。正殿,平面布局由明代长方形三开间扩大为近似正方形的五开间,面阔18.3米,进深18.6米,面积约340平方米。月台,铺石板,阔11.2米,深3.5米,面积约39.2平方米。戏台至月台间设有甬道。出土的"康熙年制"等青花款的小杯及康熙三十四年(1695)的"重建敕赐宁波府灵慈宫记碑",证明该建筑建于清康熙年间。

第五期建筑,在轴线上布局与第四期相同,唯月台有扩大,扩大后的月台,面阔14米,进深4.2米,面积约59平方米。该期建筑采用了大量的砖饰和石雕龙柱,显得十分讲究。从出土的龙柱上铭文和道光年间制的一批青花瓷证明,该建筑扩建于清咸丰年间,与文献记载相符。

正殿东侧、东北角零星建筑均为清康熙以后所建。在建筑基址中清理了灰坑四个:一个属于第一期建筑时代,其他三个属于第三期建筑时代。这些灰坑中的出土物为断代提供了可靠的依据。

出土遗物中,可以复原器物共520余件,其中瓷器352件,有精美的龙泉窑青瓷碗、盘、洗等。陶器(包括建筑雕刻构件)183件,残破钱币31件,石器(包括碑志)35件,其他文物8件。出土器物以景德镇的青花瓷为主,计3000件(片),其中有"康熙年制"年号款、"大清丁未年制"干支款、"玉石之堂"的堂名款,也有"宝鼎珍记""玉堂佳器"的题记和花押款等等。龙泉窑青瓷占第二位,计1000余件(片),主要器形有葵瓣浅腹碗、盘、器盖,直腹三足炉,双鱼盘、洗,印菊花纹碗等,另外还有影青、白瓷及黑釉瓷等。以人物、花草、动物、博古等为主的砖饰、石刻等建筑构件更是丰富多彩。还有银薄片制的吉祥钱币,如"天下太

20世纪40年代的宁波江厦街。(《宁波旧影》)

平""风调雨顺"等。

通过这次天后宫遗址发掘，证明该遗址元代建有三开间的殿宇，到明代由正殿、前殿组成。清康熙时扩建月池、戏台与月台。清咸丰时对上述建筑进行重建和扩建。这就是江厦天妃宫建筑历史的演变经过。

（作者系宁波天一阁博物馆原馆长、研究馆员）

后塘街福建会馆天后宫

文 虞浩旭

  江厦街天妃宫俗称福建老会馆,与江厦街隔江相望的后塘街福建会馆则是一所带有同乡会馆性质的天后宫,建于清康熙三十五年(1696),是宁波市区第二座由福建人建造的天后宫,又称"大会馆"。

  清初是继元代后妈祖文化发展的又一高峰。清康熙年间,万将军之克敌于厦门,靖海将军之获捷于澎湖,以及汪、林二使之册封琉球,皆蒙神庥。清王朝对天后妈祖敬仰有加,康熙十九年(1680),封"护国庇民妙灵昭应弘仁普济天上圣母"。清康熙二十三年(1684),康熙大帝因攻克澎湖诏封妈祖为"护国庇民妙灵昭应仁慈天后",并差礼部郎中褒嘉致祭。这是妈祖加封天后之始,而从康熙五十九年(1720)起,清王朝把妈祖的祀典与孔子、关羽并列为国家三大祭典之一,妈祖的地位赫然提升。

  同时,清初宁波以贸易为主的海运有了进一步的发展。清初,朝廷为反对郑成功、张煌言等抗清力量,下令沿海地区禁海,严厉禁止商民船只私自出海,并将江、浙、闽、粤、山东、直隶六省沿海居民内迁。闭关、海禁尽管使宁波海运受到阻拦,但海外贸易的发展趋势是不可阻挡的。康熙二十三年(1684)宁波开禁后,海外贸易有所发展。清廷准浙江照福建、广东例,使500石以下的船只出海运输。次年,浙海关在宁波设立,行署在府治南董庙的西边,从而加强对宁波海外运输的管理,一定程度

上促进了海外贸易。仅康熙二十七年（1688），中日贸易船进入日本193艘，其中宁波32艘，普陀5艘，计37艘，占19.2%。另外，宁波的运粮沙船和宁船也漕运京师。

由于君主、大臣们都奉天妃为航海神而加以崇祀，加之海运业的发展，流风所播，民间就更加信奉天妃了。于是沿海各省的诸府州县莫不建立天后宫，一切漂洋过海的船只上莫不供奉天妃神位。这一时期发生在浙东地区的建庙热，乃是受了大清皇朝热烈追捧妈祖和海上贸易有所发展的影响所致。

据天一阁《闽商在甬建设会馆碑》记载，此福建会馆由定海总兵蓝理创建于康熙二十三年（1684），供奉天后。僧沛泉称："窃康熙三十五年，奉前提宪蓝，首创闽商在甬东买地，鸠工建设会馆，供奉天后母，奉宪立有碑记，蹇自四十六年回禄，虔扶仪像，余成焦土。各商抽缘，先兴前殿，以妥神灵。五十七年，悉照旧址完竣，后宫巍峨，庙貌以肃观瞻。"

蓝理是跟随施琅将军统一台湾的著名水师战将，字义甫，号义山，福建省漳浦县苌坑（现为赤岭乡）石椅社畲族人，生于顺治四年（1647），是

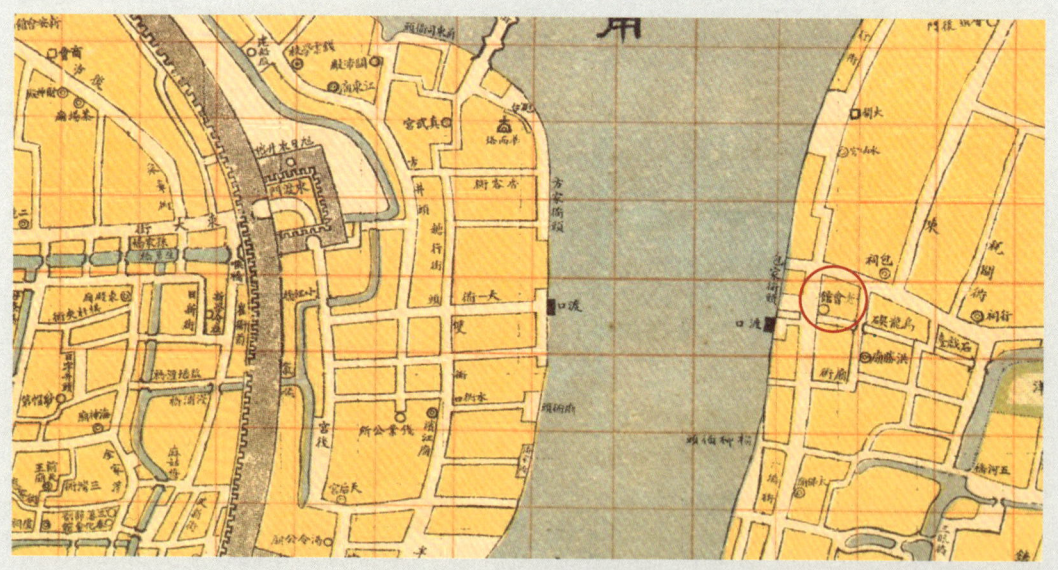

宁波城区后塘街福建会馆天后宫（又称大会馆）位置图

图中标记为后塘街福建会馆天后宫（又称大会馆）大概位置（陈志诚摄）

清朝中国军事史上的重要人物，在平定藩乱、收复台湾、保卫边疆，推动社会和谐发展方面做出卓越贡献。康熙称赞他"血战破敌，功在首先"，御赐牌坊"勇壮简易""所向无前"，御赐对联"铜柱海疆曾著绩，铁衣戎略夙知名"，累官至福建陆路提督，加封左都督，禄享官阶一品，生平事迹入传《清史稿》，并与"治台名将"蓝廷珍、"筹台宗匠"蓝鼎元一同被世人誉为"蓝氏三杰"。蓝理戎马一生，与妈祖也结下了不解之缘。他在平台战中，"因祷告天后，得以大胜，后封参将加左都督。"康熙二十三年（1684）八月天妃获封天后，也是准施琅、蓝理所请。

康熙二十九年（1690），因海盗日滋，康熙调蓝理任浙江定海（舟山）总兵官，官阶正二品，并兼摄提督之职。临别前，康熙送蓝理四字"上善若水"，寓意深刻。蓝理到任后，治理海疆，重修普陀，崇文重教，发展民生，深孚士绅僧民之心。为感谢妈祖的助战之恩，在他担任定海总兵时，修建了定海天后宫。而宁波江东后塘街福建会馆天后宫也是他在任定

海总兵任内领衔修建的。

关于会馆天后宫兴起的起因。民国《建宁县志》（卷六）曰："天下通都大邑，滨江濒海商贾辐辏之区，客是地者，类皆建设会馆，为同乡聚晤所。而吾闽之建是馆者，又必崇以宫殿祀天后，其中盖隆桑梓之祀，亦以（天）后拯济灵感江河之舟楫，往来冀藉沐神庥也。"其间，"为同乡聚晤所"以及"亦以（天）后拯济灵感江河之舟楫"而使"往来冀藉沐神庥也"，乃是会馆天后宫骤然兴起的根本原因。而其功能为增进乡谊，凝聚人心，加强客商侨团的团结，促进海上交通贸易的发展，促使港口商埠的开发。

后塘街在今天的灵桥东堍北侧，即现在中信国际大厦到江厦桥一带，与宁波江厦街隔江相望。江厦街江厦码头是当时宁波第一码头，后塘街所在的杨柳道头因为地理的优势，是江东最先发展起来的码头。后塘街杨柳道头的繁荣可以用清初宁波著名诗人李邺嗣的《鄮东竹枝词》来印证：

> 海船齐到大鸣锣，上水黄鱼网得多。
> 先买肥牲供羊庙，弋阳子弟唱婆娑。
> 千万鱼鲜迭水涯，常行怕到后塘街。
> 腥风一市人吹惯，夹路都将水族排。

前四句描写的是海上渔民捕鱼、祭海的情景，后四句诗人用了"迭""怕""吹""排"四个动词，将后塘街浓重的商业气氛描绘得一览无余，其繁华景象可见一斑。

既然江厦街已经有一座福建商人修建的天妃宫，闽人为什么还要在江东后塘街建一座福建会馆天后宫呢？一方面是闽商发展的需要，另一方面，江厦街天妃宫在元代以后逐渐官庙化，福建商人的疏离感越来越强。元至正十八年五月二十二日（1358年6月28日）"出诏书布

恩而德泽

盛欣夫书

告天下，以江南三省之久劳於兵也，遣使者（朶郎中使等）六人，往谕德意。""既而与君诣四明，奉御香于天妃祠。"所谓"奉御香"，即是代表皇帝进香的，足见庆元天妃宫在元代之见重，此其渊源于中央政府对漕运之依赖，及庆元港口之重要。到清代，江厦街的天妃宫已经成为"有司行礼之所"了。

后塘街的福建会馆天后宫修建后曾数遭火灾，但在闽台商人和信众的出资、出力下，几度重修、重建，直至民国，仍保留完好。值得一提的是，自乾隆年间重修天后宫始，捐资众商中就已有台湾商人。乾隆年间福建会馆天后宫重修时，已明确写有"漳泉台众商"。咸丰年间重修天后宫的捐资闽省众商中，同样也有台湾如"淡水帮"的商人参与其中。

然而，到了1928年，民国政府在境内实行不动产物权登记，把福建会馆天后宫作为公共寺庙即社会公产，勒令闽商进行登记。由于丧失了物权，天后宫失去管理主体，加之近现代宁波一带屡遭战乱破坏，之后短短数十年间，福建会馆天后宫逐渐颓废，终至倒圮，令人惋惜。

庆安会馆

◎ 虞浩旭

位于江东北路 156 号的庆安会馆,又名甬东天后宫,由北号舶商始建于清道光三十年(1850)。初命名"安庆",寓"海不扬波庆兮分澜"之意,后改称"庆安",它与安澜会馆一样,是在嘉(庆)道(光)以后,宁波海运业异军突起,与国内沿海诸港间的贸易繁荣,各地商帮林立的背景下修建的。

庆安会馆宫门(王博雷摄)

庆安会馆和安澜会馆航拍图（陈志诚摄）

清道光六年（1826），宁波南号商帮在江东建南号会馆，即安澜会馆后，在北帮商号中引起巨大反响。此时，北号商帮所拥有的商家和船只，在数量上虽不及南号多，但经营规模和能力却十分了得。于是，慈溪籍、镇海籍和鄞县籍9家北号舶商不甘示弱，董秉愚、冯云祥、苏庆和、费纶金、费纶鋕、费辅洼、盛炳澄、童祥隆、顾璇、李国相等，费缯钱十万有奇，于道光三十年（1850）始建北号会馆，咸丰三年（1853）落成。除船捐户捐外，又集资一万六千九百千文，陆续置买房产三十一所，作为会馆公产，每年租息所入，以供祀事、管理、修缮等需，有余分存殷实钱庄，以备续增房产。会馆声势大大盖过福建会馆和南号会馆。此举气势的形成正是日后宁波帮开辟上海滩天地的前兆。

董沛《甬东天后宫碑铭》这样记载："吾郡旧有天后庙在东门之外，肇建于宋，实今有司行礼之所。分祀在江东者三：一为闽人所建，一为南洋商舶所建，基址俱狭，惟此宫为北洋商舶所建，规模宏敞，视东门旧庙有其过之。经始于道光三十年（1850）之春，落成于咸丰三年（1853）之冬，费缗钱十万有奇。户捐者什一,船捐者什九,众力朋举,焕焉作新。"

庆安会馆与安澜会馆一样,都是行业会馆天后宫。组织会馆的目的"不仅叙同乡之谊,联同业之情,恤嫠赡老济贫,还作为同业集会议事场所,研讨商情,联络商务,团结同乡,维护共同利润。"即使后来字号闭歇,会员地位依然保持。会馆公推行内年老长者为号长,并以高薪聘请当地负有盛名的晋绅为总办或"公行先生",专职联络官府,谋保号商不受欺侮,同时也向各有关方面联络感情,搞好关系,藉谋业务的扩展。因此,可以说会馆是一个对内协调,对外一致,为维护同业利益而建立的比较紧密的联合体。

会馆的管理井然有序。内设司账、文案、司书、庶务、办事员、勤工、厨司等一二十名工作人员。会馆所需经费,南号是从每家木行的进口额中抽取厘金,足够每年日常支出四五千元的用途;北号则规定每一艘船往返一次,缴纳银圆60元,充作会馆事业基金。同时规定由各号会员轮

庆安会馆前大殿全景(王博雷摄)

上：庆安会馆前大殿及戏台全景（王雄鸣摄）

下左：庆安会馆前大殿（王博雷摄）

下右：庆安会馆前大殿天井（王博雷摄）

庆安会馆后大殿全景（王博雷摄）

流担任司年司月的任务。司账把一天内的收支账目备册抄送司月另记入册，司月再抄送司年，月终核实，几十年来账目清朗，收支核实。至于各项器皿什物，除由庶务随时检点造册保管外，司月司年也要定时检查监核。同时，司年还要负责执行天后生日以及其他祭典仪式的当办任务。对司年、司月的工作，会馆每月给予优厚的报酬。

会馆还办有社会福利事业。北号会馆成立了保安会消防组织，置机龙一部以及铜盔、阔斧等各项设备，倘遇各地火警，立即出动救援。北号会馆还鉴于学龄儿童失学者众多，于1944年聘请校长、教师6人，设立"庆安"小学（即原木行路小学）。广收学龄儿童，仅收取书籍费。学校教师员工和杂项开支俱由会馆按实支销，从不向学生或其他方面收费劝募。

北号会馆不仅建筑为甬上会馆之最,还开社会风气之先,即引进了中国第一艘机动船——"宝顺轮"。据清董沛所作的《宝顺轮始末》中云:"咸丰初,……海盗充斥,肆掠无忌惮,狙截商船,勒赎至千百金不止;时则黄河溃决,户部仿元人成法,以漕粮归海运,沙船、卫船咸出应命,而以宁波船为大宗。春夏之交,联帆北上,虽有兵船护行,盗不之畏也。每劫一舟,索费尤甚,……诸商人咸愤之。慈溪费纶鋕、盛植琯,镇海李容,倡于众议购夷船为平盗计。"宝顺轮是晚清时中国人经营的第一艘轮船。轮船由英国制造,由北号船帮购买于1854年,作为漕粮海运的船只护航,抵御海盗的袭击。轮船投入使用后,击沉盗船68艘,击毙盗者2000多人,短时间内肃清了南北海盗,取得了良好效果,亦引起了其他商人的效仿。这一举措,使庆安会馆北号商帮名震四海,也引起了清廷以李鸿章为首的洋务派官僚的关注。宝顺轮的投入使用,意味着宁波港作为古代单纯木帆船港时代的结束,开始了轮船港新时代,具有划时代意义,奏响了中国近代采用西方先进技术和创办洋务的先声。

庆安会馆为清代木结构建筑的典范,平面呈纵长方形,坐东朝西,面向三江口。中轴线上依次保存了照壁、接水亭、宫门、仪门、前戏台、大殿、后戏台、后殿,及左右厢房,占地面积5000余平方米。宫门为三开间单檐硬山顶,两边为高耸的马头墙,大门开在明间,前封檐墙上有砖雕飞椽出檐及花板等砖饰。大殿为祭祀天后的神殿,明次间为重檐歇山式,梢间为硬山式。明间廊柱为石质蟠龙柱,次间廊柱为石质凤柱。两侧墙面上嵌有"西湖十景"浅浮雕石刻各一方,与大殿相连的后戏台藻井,则为螺旋式。整体建筑,层层推进,又富于变化,为江南建筑艺术集大成者。

会馆保存了宫馆合一的建筑群体,在全国文物保护单位中未见有此先例。整座建筑群体中保存了1000多件朱金木雕和200多件砖雕、石雕艺术品,这些建筑上的艺术构件均采用了浙东沿海(宁波)的传统雕刻艺术,历百余年之寒暑仍不失奇妙光彩,充分体现了宁波地区雕刻艺

庆安会馆前大殿南侧砖雕（王博 雷摄）

术的至高水平，不仅具有很高的观赏价值，而且也为研究我国雕刻艺术提供了实物例证。

百余幅题材内容广泛的砖雕，构图布局严谨，人物塑造生动，雕刻刀法精细，画面层次丰富，大多施予门楼和马头墙垛头之际。而大门"双龙戏珠"与贴金砖雕"天后宫"则显得庄重威严，至高无上；左右高浮雕人物、花卉、走兽和八仙、三星、九老等，以戏剧故事为主要内容，配以各种动物、植物图案，更是惟妙惟肖，令人目不暇接。

石雕则集中反映在大殿一对蟠龙石柱和一对凤凰牡丹石柱上，其柱高四米多，采用了高浮雕和镂孔雕相结合的雕刻技艺。蟠龙、凤凰形态逼真，蟠龙须眉怒张，利爪奋攫，周身云雾翻滚；凤凰牡丹柱上截是凤，下截是凰，中间为盛开的牡丹，生动活泼，富有灵气，配以精致的柱础，为国内罕见的石雕工艺精品。

朱金木雕的雕刻更是手法多样，技艺精湛。经过油漆、贴金、拨朱、上彩显得富丽堂皇，高贵典雅，大量地运用于梁、枋、撑拱、雀替等装饰上。题材多以民间故事、戏曲人物为主，如"云游仙境""教子升天""三英战吕布"等，采

庆安会馆前大殿龙柱（王博雷摄）

庆安会馆前大殿左侧石雕龙柱（王博雷摄）

庆安会馆前大殿南侧石雕凤柱（王博雷摄）

用高浮雕、透雕等技法，使木构件雕刻层次丰富，艺术效果臻于完美。庆安会馆建筑本身就是一座组合得体的精美艺术品。加上建筑构件的珠联璧合，雕刻内容丰富多彩，巧夺天工的精湛技艺，给人们带来难以穷尽的艺术享受。

会馆宫殿在营造上除建筑壮观外，现存有前后两个戏台，戏台藻井的构筑，使用十六条昂拱层叠而成呈螺旋式盘索至宝镜揭顶的穹隆式结构，科学而豪华，体现了宁波工匠高超的技艺水准和日臻完美的强烈个性特质，是江南乃至全国戏台建筑之杰作。

庆安会馆是祭祀妈祖的神殿，是妈祖文化的载体，为我国八大天后宫之一，是我国宫馆合一的典范，是研究妈祖文化和我国古代海上交通贸易史的实物例证，是宁波作为港口城市的历史见证和标志性建筑，2001年6月，被国务院公布为全国重点文物保护单位。

庆安会馆现作为浙东海事民俗博物馆，其陈列以庆安会馆的建筑为载体，以建筑的使用功能为线索，通过原真性场景或展示，形象生动

庆安会馆后戏台朱金木雕藻井（王博雷摄）

庆安会馆后戏台屋脊（王博雷摄）

地反映浙东地区的妈祖信仰、海事民俗、会馆商贸活动以及其建筑艺术特色，塑造"宫馆合一，古建瑰宝"的文化主体形象。馆内还设有《妈祖祭祀场景展示》《天后圣迹图》《明州与妈祖》连环半景画、《妈祖与中国红》《宁波与"海上丝绸之路"》史迹等基本陈列以及"中国·宁波船史展"专题陈列。目前为国家三级博物馆、国家3A级旅游景区、宁波市爱国主义教育基地。

庆安会馆陈列品——清石雕圣旨牌（王博雷摄）

安澜会馆

文 虞浩旭

　　安澜会馆位于宁波原江东区江东北路162号,又称南号会馆,建于清道光六年(1826),系甬埠南洋舶商所建的行业聚会场所,取名"安澜",意在"仰赖神佑,安定波澜"之义。后迁建于江东北路156号庆安会馆南侧。安澜会馆是清中期以后,漕运兴起,宁波海运异军突起,早期商业船帮南北号发达,妈祖信仰普遍被海商接受的结果。

安澜会馆前大殿全景(王博雷摄)

安澜会馆前戏台全景（王博雷摄）

嘉（庆）道（光）以后，为鼓励商人漕运，清政府调整了政策，给商人更多优惠，从而刺激了宁波商人纷纷投资海运。因为承运漕粮的宁波商船不仅可获得数十万两银子的运费，而且按照清廷的规定，每次出运还可以得二成的免税货物，商船运漕粮到天津以后，卸完漕米，回程于天津装运药材及核桃、红枣、瓜子等北货，又可前往辽东装载大豆和油等南归，沿途经过山东各口岸再装些货物。超额的利润吸引着宁波商人，致使许多宁波商人和船号拿出积蓄，甚至变卖产业投资海运事业。

宁波海运异军突起，使国内沿海诸港间的贸易取得了前所未有的进展。当时，宁波有漕运船112艘，配有运丁1120名。咸丰三年（1853）以后，浙江漕粮兴行海运，宁波"北号"开始在浙江漕运过程中发挥主力军的作用。浙江首次海运漕粮，受雇出运的北号商船130多只，其中单独派船66只以上的商号就有11家，仅为海船服务的宁波码头卸载脚夫就达3000余人。时任宁波知府的段光清说："仰食于海船之进出者，不下万余人"（段光清《镜湖自撰年谱》第92页，中华书局1960年版）。

伴随着漕运的兴起，宁波商业船帮南北号也得到了长足发展。自南宋以来，南北商人依托宁波港优越的地理环境，在宁波定居，并与当地商人合作，开设商号，打造船只，既搞运输，又搞销售，逐渐形成地域观念很强的商业船帮。这就是饮誉海内外、持续时间长达700余年之久的宁波南号和北号商船。

经营南方贸易的称"南号"，或称"南帮"，主要经营福建的木材，同时还夹带烟叶、纸札、白糖、靛青（颜料）、桂圆、荔枝、药材等土产到宁波转口发售；宁波放空回去，又把明矾、绍酒、螟蜅鲞（即乌贼鲞）、棉花等宁波土特产销往福建。经营北方贸易的称"北号"，或称"北帮"，主要经营齐鲁的特产，如红枣、黑枣、蜜枣、核桃、柿饼、瓜子、花生、黄豆、生油、豆油、豆饼等，经宁波销往南方各地；而以宁波所产之棉花、茶叶、毛竹、竹枝、明矾、黄酒、乳腐，奉化纸（有长屏、方高、八一尖、海纸、改方高、改屏等之别），以及鱼胶、海蜒、淡菜、鳓鱼、黄鱼鲞、海蜇等海产品，运往营口、

安澜会馆，世称"南号会馆"，与北号庆安会馆是宁波港口城市的标志性建筑，是"海上丝绸之路"重要的文化遗存，更是海商们的精神家园。左图疑似为拍摄于1911年至1913年期间的安澜会馆字纸炉。

安澜会馆前大殿木雕（王雄鸣摄）

青岛、烟台、上海等地出售。营业出入万金，非一般商贾能措置。

航运业的兴盛，使宁波港口日益繁忙，江厦码头和后塘街杨柳道头不堪负荷，码头逐渐向三江口一带包家道头发展，南北号商船都停泊那儿。清光绪《鄞县志》载胡德《过甬东竹枝词》描述了当时的情景："巨艘帆樯高插天，桅楼簇簇见朝烟；江干昔日荒凉地，半亩如今值十千。"昔日荒凉的江东三江口地域，因百帆停泊，而成了商人争相设店开业的黄金宝地，成为宁波最繁荣的商业区之一。因此，"每遇广船初到或初开，邻舟各鸣钲迎送，番货海错，俱聚于此。"（清徐兆昺《四明谈助》卷二九）这种景观，实为南北号所独享。

当时在宁波各地商帮林立，"其中实力最大的有福建帮15家，宁波北号9家、南号10余家，是当时宁波港海上贸易运输的主要力量。其中，在宁波行会中，资历最深且堪称主要的行会是福建人的，尤其是福建郊商。

史伟老师在其《清代郊商与海洋文化》中言"郊，又称郊行，或行郊，为清代闽台地区从事海洋贸易的商业组织。郊主要存在于清代海洋开禁后闽台两地蓬勃兴起的港口。它一般由众多从事相类贸易的商号结盟组成。'城市之零鬻货物者曰店，聚货而分售各店者曰郊'（清丁绍仪《东瀛识略》卷三）。"郊商主要从本地收购土特产品运到外地销售，然后

又从外地采购本地所需货物,经营批发,或直接贸易或转口贸易。如晚清泉州绅商,其经营方式以区域郊商为主,其中宁波郊的行东,如元祥观口黄(两广总督黄宗汉家族)、钱头吴(状元吴鲁家族)、通政巷苏(四川总督苏廷钰家族)、象峰陈(翰林陈棨仁家族)等,规模最大,财力最雄厚。宁波郊商每户都拥有载重为100担至300担的大帆船数艘,行驶于泉州、宁波之间。他们大宗批发南北各埠土特产,有的还把经营扩展到青岛、烟台、天津、大连、牛庄、营口等港口,交流南北特产。

福建人在甬上先后建立福州、厦门、漳州、兴化等地会馆,且信奉妈祖。那时的商运货船,南去北来,历经风浪和海盗的艰险,一般均需30～60天,如遇顺风,可稍提前,若有不测,航程时间更长。据北号放载次数统计,每舟全年来回三趟可称顺利,倘能多放一次,各号都笑逐颜开,额手相庆。我国古代航海技术尽管比较发达,但并没有近现代的先进水平,航海的商人很难预料海上的恶劣天气和飓风袭击,海运途中会遇到种种险境,所载货值万金的商品委之"惊涛骇浪,冥雾飓风,帆樯失利,舟人瞏守,危在瞬息,非赖明神,其冈攸济"。时朝廷对妈祖进行敕封,道光六年(1826),封"护国庇民妙灵昭应弘仁普济福佑群生诚感咸孚显神赞顺垂慈笃祜(佑)安澜利运天后";道光十九年(1839),封"护国庇民妙灵昭应弘仁普济福佑群生诚感咸孚显神赞顺垂慈笃祜(佑)安澜利运泽覃海宇天后";道光二十八年(1848),封"护国庇民妙灵昭应弘仁普济福佑群生诚感咸孚显神赞顺垂慈笃祜(佑)安

安澜会馆石雕柱础(王雄鸣摄)

澜利运泽覃海宇恬波宣惠天后"。

因此,在福建人的影响下,同业公会中其他地区的海商信奉妈祖的越来越多,希望祈求神灵保佑,仰赖天后照灵显庇。更为重要的是,许多妈祖庙逐渐摆脱了商人同乡会馆的性质,成为不同商人共同议事活动的场所。清代中期以后,异籍商人合建的妈祖庙也越来越多,天后也不是一个主要为闽商供奉的地方性神祇,而是成为各地海商共同敬奉的神祇了。

同业会馆天后宫的数量和规模在一定程度上是商人海运发达的重要标志。晚清宁波的海运复兴也与天后宫的修建联系在一起。在此背景下,"南号"商人建立了安澜会馆。会馆虽然供奉天后,但妈祖崇拜已摆脱了乡帮色彩,宁波商人在本地天妃宫的修建中发挥了更大的作用。

安澜会馆现在庆安会馆(甬东天后宫)南侧,整座建筑坐东朝西,保存完整。在中轴线上依次为宫门、前戏台、大殿、后戏台及后殿(重楼)。在前殿与宫门、后殿与大殿之际,左右配置重楼厢房,占地面积约1620平方米。宫门为五开间硬山顶,前后戏台为歇山顶建筑,大殿是安澜会馆核心建筑,为五开间硬山顶,后殿是五开间抬梁式硬山顶建筑。整座建筑由山墙围接,形成了一个宽敞的明堂空间。这座天后宫的基本特点是:

第一,宫内设置前、后两个戏台。在宫门至大殿左右厢房和后戏台对面后殿都构筑重楼,以适应观众看戏需要,这在全国也是不多见的。所谓唱对台戏就是一个宫中设两个戏台,观众可以随便看那台戏。

第二,整座建筑构筑都比较朴素、简洁。尤其是戏台的藻井、马头墙等都比较朴实,装饰没有豪华的感觉。安澜会馆是目前宁波地区现存会馆(天后宫)建筑中年代较早的一座。

目前安澜会馆有《宁波的妈祖与会馆文化》陈列,共展出文物及复制品100余件、宁波老照片及妈祖圣迹故事图片80余张,结合议事厅、公行先生室、司账室3个实景陈列,清晰理顺了宁波妈祖文化与会馆文化的发展脉络,生动讲述了关于信俗与商贸文化的历史故事。

江厦街边的天妃宫

文 周达章

宁波人大多知道三江口东岸有一个庆安会馆和安澜会馆,这是宁波历史上宫(天后宫)和馆(会馆)合一的建筑群,也是如今宁波城区仅存的两座天后宫。

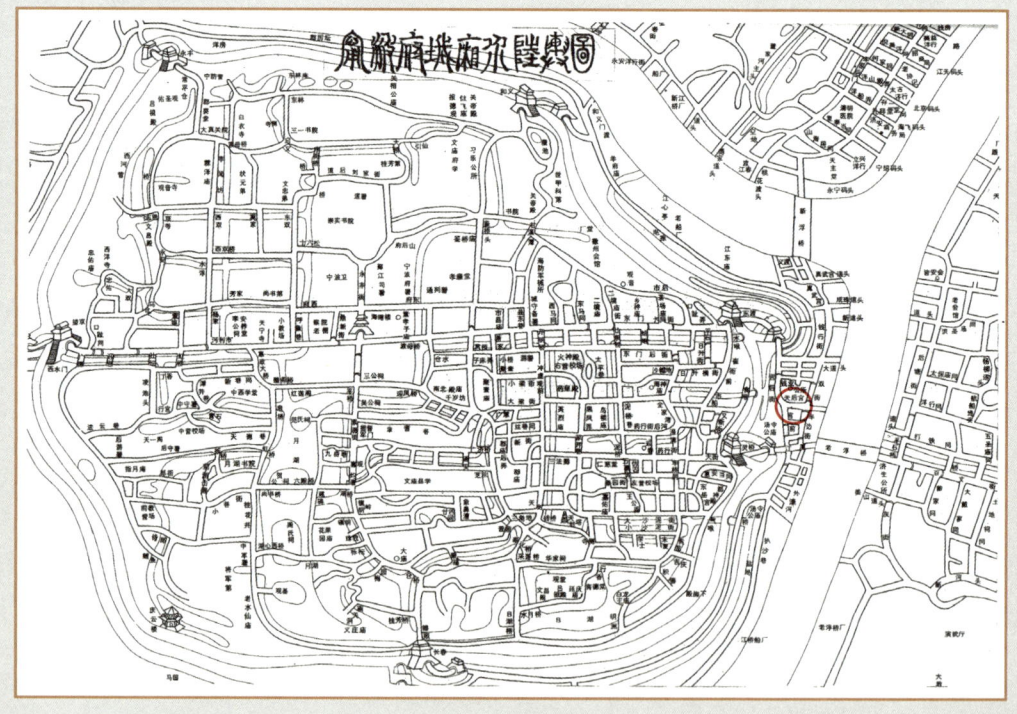

宁波府城厢水陆舆图(宁波市志)

图中标记为江厦街与东渡路交叉口天妃宫大概位置(陈志诚摄)

宁波历史上有一座真正的天妃宫(也称天后宫),建在今江厦街与东渡路相交之处,始建于宋绍熙二年(1191),是旅居于江厦街的福建商人沈法询取福建莆田妈祖祖庙炉香,捐宅为庙,造了一座辉煌的大殿,塑了一尊壮观的妈祖像。庙建成后初名灵慈庙,后称天妃宫。

沈法询为什么要建造这座天妃宫呢?原来,他自己曾在海上遇险,幸得妈祖保佑,为感谢神佑,沈法询在绍熙二年(1191),捐出了自己的寓舍来建造天后宫。至清康熙年间(1662～1722),海禁逐步放开,在甬的闽、粤商人又捐资重修此宫。据清徐兆昺著《四明谈助》所记,以及元程积斋(端学)《灵慈庙记》所述:"维天阴骘下民,凡涉大险,必有神物效灵以济之,若海之有护国庇民广济福惠明著天妃是已"。天妃,即妈祖。

传说妈祖诞生于北宋建隆元年(960)农历三月廿三,真名叫林默。妈祖的父亲叫林愿(一名惟悫),是一位担任都巡检(相当于现在的边防警察长官)的武官。在她出生之前,父母已生有五个女儿,迫切希望能生

一个男孩,结果第六个生下来的仍旧是女婴。因她出生后不啼不哭,默不作声,就给她取名林默。按当时福建的风俗习惯,女孩子名字之后要加上一个"娘"字作为小名,所以她常常被人们称为林默娘、默娘。林默从小就异常聪颖,跟随塾师读书时,不但能过目成诵,还能理解每个字的含义。成人后,她决心终生行善济世,矢志不嫁,父母尊重她的意愿,让她自由发展。林默不但精研医理,治病救人,防疫消灾,还通晓天文气象,熟悉水性。湄洲岛附近的海峡中有不少礁石,遇困的渔船、商船,常常得到林默的指点和救助而驶出险境。因此,有人传说她能乘席渡海等等。由于她能预测天气变化,能事前告知船户能否出航,所以又传说她能"预知休咎事",称她为"神女""龙女"。再加上她性情温顺,满腔热情,人们遇到困难,也都愿意找她商量,请她帮忙避凶趋吉。

宋太宗雍熙四年(987)九月初九,年仅二十八岁、风华正茂的林默因舍己救人而逝。这一天,湄洲岛上的男女老少纷纷传说,他们看到湄峰山上有朵彩云冉冉升起,又恍惚听到空中有一阵阵悦耳的音乐声,众说纷纭,不一而足。此后经常航海的人们也说他们会见到林默身穿红装飞翔在海空之上,救助遇难呼救的人们,因而,往来海上的船只普遍供奉妈祖神像,以祈求航海平安顺利。

因妈祖在大海中救急扶危,在惊涛骇浪中拯救了无数渔舟商船,所以自宋朝起,朝廷多次对妈祖进行褒封,并列入朝廷的祀典,每年的春秋两季都要举行大型的祭祀活动。历代皇帝的崇拜和褒封,使妈祖由民间神升为官方的航海保护神。随着闽人远行的足迹,妈祖不仅走向全中国,也走向东南亚和世界各地。

民间更是广泛传颂着妈祖的传说,如甘泉济师、佑助收艇、澎湖助战等,大多是说妈祖急人所难,解危为安。也有记载妈祖传说的典籍,如《天后志》中的十五则小故事,以及《天妃显圣录》中的十六则故事。其中,最具传奇色彩的是清朝历史学家赵翼所记的有关妈祖的传说:原来,百姓相传,倘若遇到海难呼救,称"妈祖",妈祖就会不施脂粉,立刻救人。如果称"天妃""天后",妈祖总会盛装打扮、雍容华贵地来救人,所以会较晚才到。因此海上都称"妈祖",而不敢称"天妃""天后",那是希望妈祖立刻来救海难。

宁波的这座天妃宫说来也十分神奇,千年以来,虽然屡遭火灾,但烧了又造,造了又烧掉,天妃宫就是世代相传而不衰。遗憾的是到了20世纪三四十年代,先是遭侵华日军飞机轰炸,后又遭国民党军队飞机轰炸。虽被炸成断墙残垣,但说来神奇,即使这样,仍旧有许多下山人(指舟山渔民)、南来北往的生意人——凡要撑船出海的,都会到这里来烧香叩拜,求天妃娘娘保佑。这几乎已成为一种习惯了,而且来叩拜的人都说"交关灵光"(宁波方言,指很灵验)。

说天妃宫中天妃娘娘非常灵验还不稀奇,更灵验的还有天妃宫大殿前面的四根雕得活灵活现的龙柱。据说过去造庙宇是不能随便使用龙柱的,凡在庙宇中使用龙柱的一定要经过皇上亲敕才允许建造。听当地老人们讲,天妃宫里的四根龙柱会告诉撑船人,什么时候能出海,什么时候不能出海,万试万灵。那龙柱又是怎么告诉船老大能否出海的呢?原来,天妃宫这四根龙柱如果潮湿了(老人们说那是在哭),就是在告诉人们千万不能出海。如果看到龙柱上雕的几条盘旋而上的青龙浑身湿漉,尤其是青龙凸出的两只眼睛湿了的时候,那就意味着龙在流眼泪了,这时你只要用手摸过去,就会觉得整根龙柱如被大雨淋过一样。有人说这四条龙刚刚从东海大洋飞过来,凡是碰到这种情况,那就千万不能出海云云。

那时到宁波来做生意的客人非常多,也有人自说自话,不相信,又不听别人劝说,硬要撑船出海。结果船刚撑出镇海关,还没过金塘六横,就遇上了风暴巨浪而沉没。难得有一两个水性好的船老大能游到礁石边,等待来往这里的大船救命,但从此以后就再也不敢自作主张了。日子一长,天妃宫四根龙柱会流眼泪显灵的故事就越传越远,越传越神了。

传说归传说,但也有一定的科学道理。据说建造天妃宫时,殿前的

四根龙柱是福建商人在当地雕好，用帆船运过来的。由于不小心，船一倾斜，这四根龙柱一滚就掉到海中了。这事过了一年有余，主人派人把这四根龙柱千方百计打捞上来，再运至宁波，至天妃宫造大殿时，安上了这四根龙柱。但经过海水长期浸泡的龙柱，自然浸入了海水的盐分，所以一经天气变化，尤其上半年梅雨季节，或者夏天台风来临时，气压过低，龙柱表面就会潮湿，这时也是出海的人最忌讳的，应预计到气候会有变化。然而，过去的人不知其中奥妙，都认为石柱上的青龙流泪，说明不宜出海了。

　　宁波的妈祖信仰应该始于宋代。地处东渡路、江厦街交叉口的天妃宫所供奉的天妃像，也是宁波最早供于宫宇中的妈祖神像。在三江口，尤其是快到三江口的那段奉化江西边江畔，是本地渔船、货运帆船停泊的锚地，也是许多经海上运输到宁波进行多种贸易的海船停靠的地方。这一带是宁波出海贸易以及外地与宁波进行海上贸易的主要地段，而三江口东边的庆安、安澜会馆所对的江畔是古代海船抛锚地的说法是有误的。如今的庆安、安澜两会馆，无论从清代还是民国时的宁波市地图来看，它们只是挤在狭长的小巷之中，而且在临三江口的岸边，还有不少沿江而筑的民居，这些民居一直延伸至和丰纱厂位置。新中国成立初期正对余姚江口的岸边，被宁波港务局辟为港务二区，而港区的场地也不宽舒，两座会馆仍隐没在民居之东。三江汇合，其实余姚江的水流量最大，水流又急，它与奉化江的水流汇合之前，几乎成直角状直冲江东边的江堤。据历史记载，现杉杉公园一带江岸经常发生崩堤事故。远的不说，就说20世纪六七十年代，时称宁波港务局第二港区就发生过重大的崩堤事故，当时几乎塌陷了几百平方米的江滩，损失了不少物资。之后，这一带就很少再停靠以运输为主的货船了。

　　20世纪70年代，宁波建造交电大楼时，在挖地基过程中发现了不少古木船的遗物。当时这里称为大道头，历来是一个重要的锚地。后在和义路深挖防空洞时，又发现宋朝时的海船，如今这已作为宁波市海上丝绸之路始发地的重要佐证。再说东渡路附近的战船街，古时这里曾是一带船坞，这些史实无不印证历朝历代海上运输的主要口岸是在江厦一带。"走遍天下，不及宁波江厦"这句话也证实了当时江厦一带海上贸易的盛况。而地处江东的庆安、安澜会馆到清代才建，比起建于南宋的天妃宫，光在时间上就相差近650年之久。所以说，江厦街与东渡路边的天妃宫是甬上妈祖文化的发源地，东渡路一带的奉化江末端也是宁波海上丝绸之路的始发地。

1982年8月至11月底，宁波市文物管理委员会和浙江省文物考古研究所联合对天妃宫遗址进行了科学的考古发掘，挖掘面积达1340平方米，出土了大量有研究价值的文物，如元代柱础、地坪砖以及"温陵糖帮"石制铭陀，"重建敕赐宁波府灵慈宫记碑"残碑等。其中断裂成四块的"重建敕赐宁波府灵慈宫记碑"，记述了妈祖的生平事迹、妈祖庙的建造过程等。这些出土的文物弥足珍贵，也足以证明该天妃宫存在于宋绍熙二年（1191）至1949年之间750多年。也由此可见，宁波史上妈祖信仰源远流长，北宋宣和五年（1123），宋徽宗为妈祖钦赐"顺济"庙额，从此妈祖信仰借明州港而得到朝廷的认可，妈祖亦与"海上丝绸之路"结下不解之缘，成为沿海百姓世代供奉的航海保护神。

历史如此悠久的江厦天妃宫，为何在现在的宁波人尤其是年轻人心中几乎全无印象呢？笔者查考有关资料得知，建于南宋的天妃宫，历经宋、元、明、清、民国，光严重的火灾就发生了五次之多。从出土的"重建敕赐宁波府灵慈宫记碑"残碑所记述的文字来看，之所以重建也是因为之前遭受了严重的火灾，但碑记所述已属清代了。而在此之后的清、民国时期又发生过两次严重的火灾。据笔者儿时印象，民国时的大火造成整个大殿都被烧毁，仅存天妃宫不完整的大门，以及殿后的妈祖神像。更为严重的是，后来天妃宫还经受了两次轰炸：一次是在1939年至1941年之间日军飞机对宁波进行了狂轰滥炸，轰炸的目标虽然是灵桥，但天妃宫却遭了殃，整片建筑几乎一大半被炸毁。还有一次是在1949

年9月20日。据《新华电讯》《甬江日报》《宁波人报》摘编，当天上午，两架国民党飞机在宁波市区投弹后，其中一架在鄞东莫枝堰、高钱、泗港、矮柳一带用机枪扫射，灵桥、江厦街、天后宫、濠河头及江东商业区因中燃烧弹引起大火延烧酿成巨灾。据不完全统计，仅江厦街一处就毁房739间，江厦街一带成为一片废墟。那时，整个宁波市的市场几乎瘫痪，只有到了夜晚，从灵桥至三江口一带的奉化江边才成为比较热闹的日杂用品交易夜市。由于轰炸，电力供应不上，所以沿江一带闪亮的全是一盏盏电石灯（乙炔灯），虽光亮，但散发着一股难闻的刺鼻气味。天妃宫遗址内外也成了一个市场，更为热闹的是这里还有个被称为"小热昏"的民间艺人在说书。每当夜晚来临，在说书艺人周围汇聚的常有百余人，有老有少。"小热昏"说书的内容，大多是富有地方特色的小霸王张雄、王瑞伯大闹天妃宫等等，有时也说三国、水浒中的故事，经他插科打诨、添油加醋，有些故事也就没有了界限。但凡说到紧要处，他就会把黑色的折扇一拍，留下一句话："欲知后事如何，请听明晚分解"，然后就吆喝着卖他自制的百味梨膏糖。这种梨膏糖在宁波早已绝迹，但在上海城隍庙商城里，还能找到它的影子。

　　被烧、被炸后的天妃宫区域，由此成为老宁波人做小生意和听书的地方，而且也热闹过一段时光，直至舟山解放，国民党军队飞机才停止了轰炸。在江厦街重建时，天妃宫成为遗址，被挤压在新建的木板简易房之后。到了20世纪50年代中期，由于遗存的断墙残垣存在许多不安全因素，天妃宫残留的房屋，成为宁波标准件厂的仓库。直至建造工业展销大楼时被彻底拆除了。始建于南宋的天妃宫从此销声匿迹，成为老一代宁波人心中永远的遗憾和记忆。

　　　　　　（作者系宁波人，长期从事地方文化研究，著有《宁波老事体》等）

江厦街天妃宫图志

✎ 水银（楼稼平，地方文史资料研究专家）

为方便世人更详细、更全面、更直观地了解宁波城区江厦街天妃宫昔日的规模与盛况，特以图志的形式集中展示，以飨读者，以示敬也。

一、仪门

仪门脊饰（柏石曼摄）

Dachschmuck, Fukien-Klub, Ningpo.

柏石曼著 Chinesische Architektur（1925）

（本图志中的柏石曼著述图像，均由周锐提供）

二、仪门内

01. 仪门内小桥（c.1870）

Fukien Guild House, Ningpo.

包腊家族相册

（包腊家族相册及 Warren Swire collection，来自英国布里斯托大学中国历史影像项目网站：https://www.hpcbristol.net）

02. 仪门内小桥（Warren Swire 摄，1907 年）

Fukien Temple in Ningpo.

Warren Swire collection

03. 仪门内小桥（柏石曼摄）

Vorhor in Fukien-Klub, Ningpo.

柏石曼著 Baukunst und Landschaft in China : vol.1（1926）

三、戏台

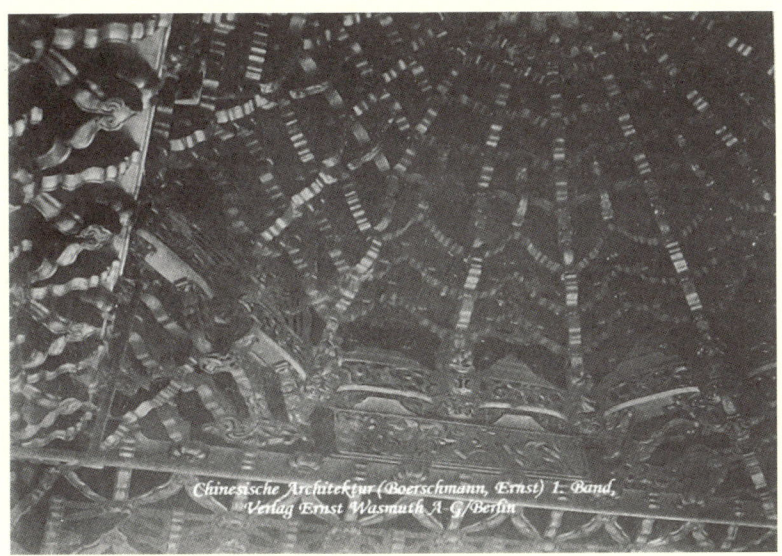

01. 戏台藻井（柏石曼摄）

Holzkuppeln Provinz Chekiang. Konsolenkuppeln aus Quadrat in Achteck mit 16 Rippen. Über der Theaterbühne in Fukien-Klub in Ningpo.

柏石曼著 Chinesische Architektur（1925）

02. 演出盛况

Theatricals at the temple of a city god.

Juliet Bredon & Igor Mitrophanow 著 *The Moon Year*，上海别发印书馆，1927 年出版

大爱妈祖　妈祖信仰在宁波

03. 戏台（柏石曼摄）

Theaterbühne in Fukien-Klub, Ningpo.
柏石曼著 Baukunst und Landschaft in China : vol.1（1926）

04. 戏台（c.1870）

Theatrical stage at the Temple of the Queen of Heaven, Ningpo.
包腊家族相册

05. 戏台（c.1870）

Fukien Guild House, Ningpo.
包腊家族相册

06. 戏台（c.1870）

Temple of the Queen of Heaven, Fukien Guild House, Ningpo.
包腊家族相册

07. 戏台（c.1870）

Fukien Guild House, Ningpo.

包腊家族相册

08. 戏台，石狮，蟠龙柱

Fukien guild hall at Ningpo, with dragon-entwined stone columns.

George Waldo Browne 著 *China The Country and Its People*（1901）

09. 天妃宫盛况

Grand opera theater.

C. F. Gordon Cumming 著 *Wanderings in China*（1886）。转引自北京大学图书馆编《QING DYNASTY ARCHITEKTURE》（2010）

四、石狮子

01. 石狮（母）（约翰·汤姆森摄，1872）

Amoy, Fukien province, China. Photograph by John Thomson.

英国维尔康姆博物馆网站

02. 石狮（母）（布幔上文字：桑梓瞻依）

Temple at Ningpo.

英国皇家海军上尉查尔斯·克拉克（Charles B. Clark）1870年代个人影集

03. 石狮（公）（约翰·汤姆森摄，1872）

Amoy, Fukien province, China. Photograph by John Thomson.

英国维尔康姆博物馆网站

04. 石狮（公）（詹姆斯·利卡尔顿摄，1900 年）

The Dragon guarding the front of Fukien Guild Hall, Ningpo, China.

立体照，Copyright 1900 by Underwood & Underwood

05. 石狮（公）（柏石曼摄）

Vom Fukien-Klub in Ningpo, Provinz Chekiang.

柏石曼著 Chinesische Architektur（1925）

06. 石狮（公）

Protected Pillar brought from Fukien. On the Right is one of six copies made in Ningpo. J. E. Denham 文：The Ningpo green stone quarries. 载 The East of Asia Magazine, Dec. 1903, Vol. 2, Part 4

五、正殿

01. 正殿（约翰·汤姆森摄，1872）

JAPANESE TEMPLE.

图像采自美国康奈尔大学图书馆网站

（该网站标题如此，又指摄影者为 Thomas Child。但经与另图比对，此照应为约翰·汤姆森的作品）

02. 正殿（c.1870）

Guild House of Fukien merchants, Ningpo.

包腊家族相册

03. 正殿（c.1870）（布幔上文字：神之格思）

Fukien Guild House, Ningpo.

包腊家族相册

04. 正殿

图片来自 Samuel Wells Williams（卫三畏）著：THE CHINESE KINGDOM（1883）

05. 正殿
实物照片（水银收藏）

06. 正殿（Warren Swire 摄，1907 年）
Fukien Temple in Ningpo.
Photograph by Warren Swire

07. 正殿
Tokin Temple, Ningpo.
莫理循捐赠的相册 Views of China : vol.1；日本国立情报研究所网站（东洋文库藏）

08. 正殿

明信片（图片来自网络）

09. 正殿（约翰·汤姆森摄，1872）

The Fukien Temple, Ningpo.
约翰·汤姆森著 Illustrations of China and Its People，vol. 3（1874）

10. 正殿

明信片（图片来自网络）

11. 正殿

Temple at Ningpo : Stone pillars beautifully carved. Mrs De Burgh Daly 著 AN IRISHWOMAN IN CHINA（1915）

12. 正殿（甘博摄，1917～1919 年）

Foochow Guild Ground. 甘博影集，美国杜克大学图书馆网站

13. 正殿（甘博摄，1917～1919 年）

Foochow Guild Valley. 甘博影集，美国杜克大学图书馆网站

14. 正殿（1908年）

李炬提供

15. 正殿

明信片

（本图志中的明信片，除注明外，均由徐韧收藏、提供）

16. 正殿

A famous temple at Ningpo.
Mrs. Bryson 著 The Land of the Pigtail
（1913）

17. 正殿

明信片

18. 正殿

Chinese joss house at Ningpo.

FRANK S. MARRYAT 著 Borneo and the Indian Archipelago（1848）

19. 正殿

出处待考

20. 正殿

BUDDHIST TEMPLE.
Eugene Stock 著 THE STORY OF THE FUHKIEN MISSION OF THE CHURCH MISSIONARY SOCIETY（1877）

六、石雕蟠龙柱

01. 石雕蟠龙柱
明信片（图片来自网络）

大爱妈祖

妈祖信仰在宁波

02. 石雕蟠龙柱
明信片

03. 石雕蟠龙柱
来自《城市及其周边》

04. 石雕蟠龙柱（c.1870）
Fukien GuildHouse, Ningpo.
包腊家族相册

05. 石雕蟠龙柱

Carved pillar in a temple at Ningpo.
Mrs. Bryson 著 The Land of the Pigtail
（1913?）

06. 石雕蟠龙柱（伊莎贝拉摄，1895 年）

Carved jade pillar.

购于英国 RGS 网站

七、内殿

01. 神像

Curious Josses in Fuchoo Temple, Ningpo, China.

李炬提供

大爱妈祖

妈祖信仰在宁波

02. 内殿景象

1900年前后,供桌上香炉铭文"乾隆丁酉年,天后宫"。(水银收藏)

03. 神像

CHINESE JOSS HOUSE.
FRANK S. MARRYAT
著 Borneo and the indian Archipelago(1848)

镇海

镇海新貌（陈晓树摄）

区域概况

镇海境内的妈祖信仰与天后宫

✎ 洪余庆

  镇海地处浙东之滨，三面环水，西侧接宁波城区、慈溪、余姚。镇海自唐以后就成为"东方海上丝绸之路"起碇港，因地处中国海岸线中端，故海上交通四通八达，东北可达朝鲜、韩国、日本等地；南直达东南亚各国及欧洲、美洲、非洲等地。有着港口的镇海又是鱼米之乡，以海为主，为保海上安全和航行，渔船上多供有妈祖神像，这种传统习惯一直从宋延续至民国末。

  镇海制造的"神舟"出使高丽，回程途中遇飓风，因妈祖指点，才安全到达镇海，因此宋徽宗钦赐"顺济"庙额。这是宣和五年

(1123)妈祖第一次封赐。镇海最早建天后宫是元至正十六年(1356),其址在招宝山下东岳宫一侧(即甬江出海口北侧),当时镇海出海渔民和商船出海时都要到天后宫祭祀祝愿航海平安。据民国《镇海县志》载:"因年久倾圮,于清雍正十二年(1734),参将张兆龙、候补守备张居佐做主重建天后宫,后由浙闽商人出资,建天后宫于南薰门外。""南薰门"即镇海古城墙南首城门的名称,即今城河西路南侧(古时称西河塘),南街菜场北侧。(见《民国镇海县城图》)另据载,重建天后宫地基由邑生陈学诗捐助。乾隆六年(1741),士绅李瀛等请于知县杨玉生,以每年春秋照龙神庙祭祀规格进行。据一些老人回忆,该天后宫规模较大,双檐,四角高翘,歇山顶,正厅五间,厢房十余间,围墙高大。此天后宫新中国成立后改建为粮库,如今天后宫已湮。

镇海还有一座天后宫,位于招宝山之巅。据《招宝山志·祠宇》载:招宝山上望海楼即天后宫。该天后宫位于山顶圆通宝殿之后即威远城后城门与圆通宝殿之间。望海楼在原真武阁旧址上改建而成。从《招宝山志》之《威远城祠宇图》中可看出:天后宫是一个明代建筑体,为歇山顶双檐楼阁,四角高翘,形制特别,气势雄伟。该志又载:"望海楼康熙乙酉年(1705)毁,乾隆间重建,道光二十五年(1842)复建。"

《宁波旅沪同乡会》会刊(1926年4月版第33期)上,刊有一张招宝山望海楼天后宫照片,其位置没有变,但从妈祖塑像看,已不是明代的,而是清代的了,这说明望海楼天后宫已重修多次,民国期间依然存在。图片中还有几句文字说明:"望海楼始建于明代,清乾隆二十年(1755)重修",与《招宝山志》记载相一致。至新中国成立前,望海楼的天后宫湮没。

经调查和考证,招宝山下的"圣妃宫",位于招宝山下"东岳宫"一侧,毁于1841年第一次鸦片战争英军入侵镇海期间,东岳宫和圣妃宫同时被英军烧毁,该遗址新中国成立后建为海军营房。

据民国《镇海县志》载:镇海澥浦镇曾建有"圣妃宫"。文献载:明洪武五年(1372),明太祖褒封妈祖为"昭孝德正灵应孚济圣妃"。所以说澥浦镇的"圣妃宫"始建年代当在明洪武五年之后。据当地80岁以上老人回忆,

该"圣妃宫"新中国成立前已毁。

2016年6月12日,镇海区文管办原主任李根员和本人在澥浦镇渔业队办公室召开"圣妃宫"情况座谈会,共有9位老年人到会,其中刘志山年龄最大,时年90岁。会上多数老年人认为"圣妃宫"旧址在今澥浦老街北侧新阜庙之后山丘林边。据金善和(86岁)先生回忆:澥浦镇是渔民之乡,清代时有溜网船300多对,为镇海县渔业最繁华之地,他们出海捕鱼前都要送鸡、鸭、猪、羊到"圣妃宫",拜祭妈祖娘娘,祈祷出海平安。捕鱼平安回来后也要祭拜妈祖娘娘还愿。庙会时会众在圣妃宫旁的都神殿演戏三天三夜,把妈祖娘娘像抬出去巡游,游行队伍很长,有乐队、船鼓、马灯舞、喷火龙及各种花式灯,绕各村一周,以示庆祝。新中国成立前,圣妃宫倒塌,无人重修,新阜庙遂代替为圣妃宫,渔民出海前就在那里祭拜。至今新阜庙仍在,有些渔民出海前仍到那里祭拜祈祷。

(作者系镇海地方文史研究者)

镇海南薰门天后宫

文 顾嘉懿、王磊

镇海地处浙东之滨,宁波东北部,三面环水。东临舟山群岛,西连宁绍平原,南接北仑港,北濒杭州湾,与上海一衣带水。

镇海地位之特殊还在于其坐拥甬江出海口。

历史上,京杭大运河自京城南下,至杭城与浙东运河相接,终经余姚江至宁波三江口与奉化江汇合。两江汇流后经甬江到镇海口出海。这条路线自古是东南沿海进入我国腹地、直达京城的交通要道,文客、商旅、僧人、官员南来北往,必经此道。波涛滚滚的江海之间,不知留下过多少传奇。

自招宝山下望,江海日夜翻腾。浙东沿海,主要有两个出海口,一为杭州湾,一则镇海口。钱塘江河道宽广,受潮汐影响严重,风高浪急,小船颠簸,是为险道。所以,无论是北边来的朝鲜、日本人,还是东南亚船只,都更青睐偏南一些的明州港(宁波港旧称),此处江面相对狭窄,河流较为平缓,溯甬江而上,驶船进入宁波,安全系数比较高。宁波三江口曾有"舟楫如鲫,帆樯如林"的记载,可见航运之繁荣。

然而潮患之苦仍然影响着镇海县

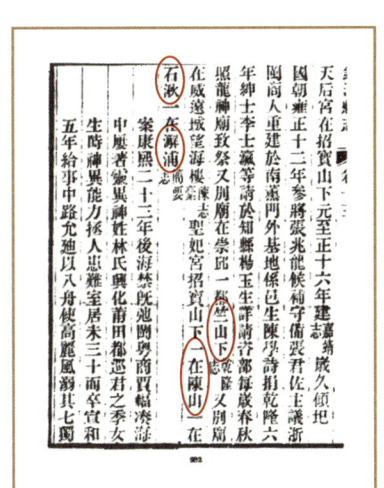

民国《镇海县志》

大爱妈祖 妈祖信仰在宁波

人,驾船出海无异于搏命。在海上航行的日日夜夜,他们习惯向神明祈求,故作为海洋神的妈祖在镇海一直很受欢迎。

民国《镇海县志》卷十三与雍正《宁波府志》卷十中共记录了镇海妈祖庙十余座。分别是城外招宝山下天后宫(元至正十六年建,清雍正十二年重建于南薰门外基地),崇邱乡港口竺山下天后宫(清光绪三十二年重建),招宝山威远城天后宫,城外陈山天妃宫,城外石湫天妃宫,城外澥浦行门口天后宫,灵绪乡西门外天后宫(清道光二十四年重修),泰邱乡新碶头天后宫,泰邱乡小山娘娘宫,海晏乡下岸福建厂跟天后宫,郭巨乡北门村天后宫,以及郭巨乡中宅村天后宫。

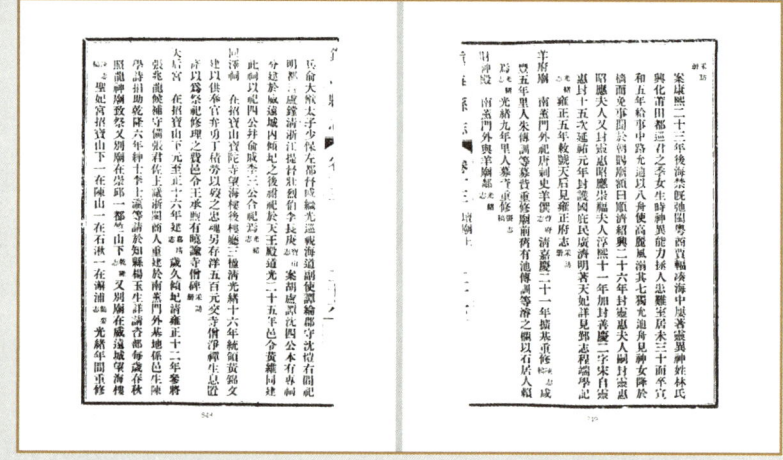

民国《镇海县志》

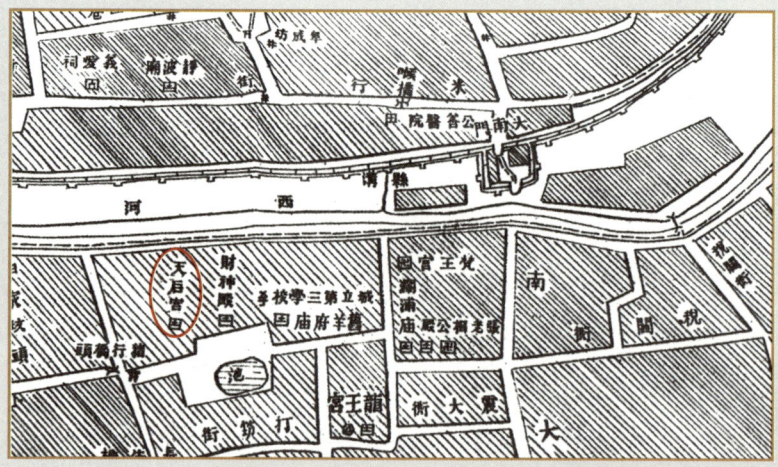

民国《镇海县城图》局部,西河塘南可见"天后宫"字样

遗憾的是，以上所有天后宫在今日均湮没无存，只有老地图、老县志里还有关于它们的零星记载，记录了曾经香火鼎盛的过往。

镇海最早的一座天后宫建于元至正十六年（1356），其址在招宝山下东岳宫一侧（即甬江出海口北侧），渔民和商船出海时都要到这里祭祀烧香，祝愿航海平安。据民国《镇海县志》载，此庙因年久倾圮，于清雍正十二年（1734），参将张兆龙、候补守备张居佐作主重建天后宫，后由浙闽商人出资，建天后宫于南薰门外。"南薰门"是镇海古城墙南门的名称，位于今天城河西路南侧，南街菜场北侧，南大街上的镇海老百货大楼路口。

南薰门天后宫是民国《镇海县城图》上唯一明确标出位置的天后宫。从这张图上看，城河西路当时还是西河塘，作为镇海南侧的护城河笔直流过。"南薰门"在图上标为"大南门"，此门附近，庙宇林立，可以说是整个镇海城关香火最旺的一片地方。

南门外，西河塘南，自西往东依次排列着天后宫、财神殿、旧羊府庙、龙王宫、梵王宫、澜浦庙等；南门内，还有静波庙、义爱祠等。据镇海文管办原主任李根员分析，此处庙宇众多的原因主要是这个地方是镇海渔民出海的必经之地。南门以南，正是濒临甬江的沿江路，码头众多，渔业繁盛。在南门外设庙，大大方便了渔民祭神。"出城来准备出海干活，顺便烧个香，一路都很顺。"

清康熙二十三年（1684）开放海禁以后，百业复兴，人口骤增。至清末的两百余年间，是镇海地区神庙文化大发展时期，各类庙宇数量合计达到408座。

南薰门外天后宫于清雍正十二年（1734）重建。这个天后宫是从招宝山下的天后宫移过来的。这件事情引起了地方官员的注意。据《镇海县志》载，天后宫的地基由邑生陈学诗捐助。邑生是本地生员的代称，相当于秀才。天后宫建成后，香客不绝，要出海做生意的商人、捕捞的渔民，下海前几乎都会到这个庙里来拜一拜。乾隆六年（1741），也就是天后宫建成七年后的一天，士绅李瀛等向知县杨玉生申请，要求进一步完善天后

南薰门外南薰桥老照片

宫的祭祀活动。他建议知县，天后宫的祭祀规格照龙神庙的规格，每年春秋两祭。

今天，这座天后宫已拆毁无存，也没有照片留存。但据一些老人回忆，这个天后宫规模相当大，双檐，四角高翘，歇山顶，正厅五间，厢房十余间，围墙高大。

虽然是改址重建，但从民间来说，因为菩萨是从原先的地方请来的，地位仍然相当于始建于元代的宫庙。在镇海城关，这座天后宫的地位最高，影响最大，历史最久，也最灵验。

也许为了出殿巡行方便，妈祖塑像并不高大，但很精致，头戴凤冠，身披霞帔，敷国画重色颜料，栩栩如生。屋顶脊饰亦精美，前后有匾，前"国泰民安"，后"风调雨顺"。木质构件如斗拱、雀替、月梁、卷棚等，雕刻着人物、花鸟、山水图案，玲珑剔透。

天后宫的祭祀活动跟其他地方相仿，规模恐怕有过之而无不及。据老人们回忆，凡是妈祖娘娘生日当天，天后宫均有演戏酬神之举。演神庙戏规定很严格，演的都是历史名剧，内容富有正义感。每次演庙会戏总是热闹非凡，南薰门外小商贩云集，人群拥挤。

此外，还有各种名目的迎神赛会。天后宫作为镇海举足轻重的大庙，经常参与其中。旧时迎神赛会，虽然名称各有不同，终极目的都是一样，均以国泰民安、风调雨顺为其唯一之祈求。在镇海地区，规模最大的要属每隔三年举行的"四月半"迎神赛会。

同样据老人们回忆,"四月半"一般由巨商共同资助举办,区域以镇海城关为范围,"四月半"迎赛项目比一般的迎会多,准备周密而讲究,大会经过之处,常有单位团体准备了"银牌"作为奖赏。

"四月半"号召力很强,邻县各处人士常结伴来一起看。那个时候,道路两旁临时开设的酒馆、旅店,鳞次栉比,触目皆是。会期虽然仅仅只有5天,然而火树银花,城关不夜,事前事后,要热闹一个多月。

《宁波习俗丛谈》一书对镇海"四月半"的详细情况有比较明确的记载,每次大会需要准备大会会旗、头牌、神轿、神前仪仗、炮担、铳手、报马等等。这种"会",一般是近地八九座庙联合行会,各家菩萨出殿,坐在庄重的八人抬大轿中,前由"肃静""回避"旗牌和皂隶开路,威风凛凛。各种旗帜、黄罗伞、大型灯具、高大抬阁、珠龙、船鼓、乐队、特技表演千姿百态,一次"会"一般有两三里路长,浩浩荡荡、前簇后拥,人山人海。

"神轿顶数不限,由各庙自行量力决定,八抬大轿,镶嵌精致,八面玲珑。轿前对锣两副,前后左右并有服饰轩昂之护卫兵勇八人,开锣喝道,威仪万千。"可遥想信众繁多的天后宫当年的情形。

(顾嘉懿,《宁波晚报》记者;王磊,地方文化研究者)

镇海县城东门镇远门旧影

镇海招宝山下天后宫

◎ 顾嘉懿、王磊

据民国《镇海县志》载,镇海有几座"圣妃宫"。这几座"圣妃宫"在《镇海县志》里都只是简单提一下,没有展开讲,没有纪年,也没有形容词。大致判断年份的办法是根据人们对妈祖称谓的变化。

历史上,妈祖娘娘受封有个过程,从"夫人"到"妃"到"天妃"到"天后"到"天神"。其中,被封为"圣妃"是在明洪武五年(1372)。所以根据宫名判断,这几座"圣妃宫"的始建年代不会在明洪武五年之前。

"圣妃宫"的宫殿遗址现均已不存,实地几乎查看不到什么线索,只能靠方志里的片言只语和老人的回忆来拼凑出一个概况。

不管名字叫什么,招宝山下曾经有一个妈祖庙是可以被认定的事实。《镇海县志》中载,元至正十六年(1356),招宝山下即建有妈祖庙,只是岁久倾圮,不得不换址重建。《镇海县志》又提:"圣妃宫在招宝山下"。

镇海区文管办原主任李根员猜测,招宝山下的这座妈祖庙历史悠久,或许规模不大,但一直都很顽强地存在。清代以后,妈祖庙确实换址重建,但原址上的宫庙并没有完全消失,而是以"祖庙"的身份,传到后世。

至于为何选址招宝山下,也有多种说法。其中一种说法是招宝山上威远城内已经有了一座妈祖庙,但着急出行的人上下山不太方便,所以在山下也建一个,方便大家祭拜。另外招宝山下以前码头林立,往来商贾以此为东南"第一山"。妈祖庙选址招宝山麓，从区位因素来说也很"顺路"。

无论出于哪种说法，招宝山下有一个妈祖庙，并且存在时间很长是公认的事实。镇海文史研究者洪余庆调查考证，这个妈祖庙的位置大约就在招宝山下"东岳宫"一侧。而东岳宫的位置是可以被考证的。

清道光年间《招宝山志》刊本二卷，陈景沛撰，周道遵编，藏于浙江图书馆、天一阁；又有民国二十六年（1937）铅印本，藏于天一阁。

《招宝山志》前的附图，明确标出了山麓东岳宫的位置，并且有详细的描绘。此宫庙形制庞大，宫门为重檐歇山顶，正面宫门两座，门口有两根旗斗，外加一座香炉，造型历历可辨。从周边环境来看，东岳宫正在招宝山"第一山"的石碑以下，大致是今天招宝山公园的位置。东岳宫附近也是镇海建造庙宇比较早、比较集中的地带。除了东岳宫和妈祖庙，还有关帝庙、三皇庙等等，大多始建于宋元时期。

据洪余庆说，东岳宫是镇海一个非常重要的宫庙，具有地标性意义。东岳宫始建于宋绍兴八年（1138），元大德六年（1302）请额曰"旌信朝元宫"，从明代到民国屡次倾圮，屡次重建，终在道光二十一年（1841），英军

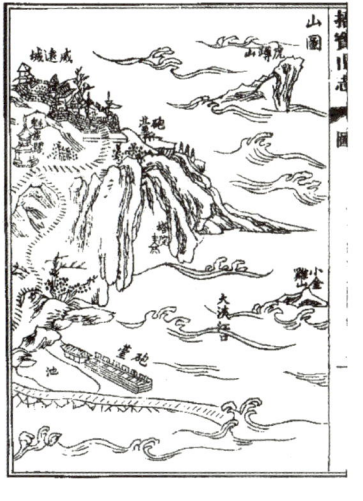

《招宝山志》里的招宝山全图

入侵镇海期间烧毁,道光二十五年(1845)又小规模重建了一回。

同时被烧毁的还有妈祖庙。洪余庆说,东岳宫因为建筑规模大,并居于战略要地,鸦片战争期间,曾经是重要的司令指挥部,"很多重要的军事会议都在那儿开"。1841年,镇海沦陷,东岳宫也被烧毁。战火同样波及东岳宫附近的其他庙宇,妈祖庙亦未能幸免。

新中国成立后,该遗址改建成海军营房。再后来,就成了今天的招宝山公园。

招宝山下的妈祖庙历史可上溯到元。这里,可以提一提镇海与妈祖有关的另一个故事,这个故事与妈祖在宋代首次被册封有关。具体还要从镇海的"广德王庙"说起。

话说在妈祖未封神前,只是一位地方的护海神者,而航海保佑多以龙王庙的四海龙王为主。宋元丰元年(1078),朝廷为了促进对外贸易和对高丽友好往来,谕谏议大夫安焘、起居舍人陈睦等,乘坐定海(今镇海)明州船厂建造的两艘神舟官船,从镇海招宝山口出发驰往高丽。

明州船厂就是招宝山东下船厂,这两艘船一艘叫"灵虚致远安济神舟",一艘叫"灵飞顺济神舟",顺利出海后,于同年11月满载物资和珍宝回国。

今天的招宝山公园

回来后,安焘奏请宋神宗:"东海之神已有王爵,独无庙貌,乞于明州定海、昌国(舟山)两县之间建造祠宇"(《四明宝庆志·叙祠》)。皇帝同意了,赐额"渊圣广德王祠"。这是一座祭祀海龙王的庙,遗址大概在镇海后海塘西侧,那个时候还没有妈祖庙。

宣和初年,北方金兵壮大,逐渐南进,宋廷为了抵抗侵占,军费开支大量增加,财政困乏。为了补救这种局面,增加税收,海外贸易活动得到朝廷鼓励。朝廷谕旨,明州船舫制造两艘更大的神舟出使高丽,分别叫"循流安逸通济神舟"和"鼎新利涉怀远康济神舟"。这两艘神舟长300尺,宽65尺,两杆桅杆一杆高十丈,另一杆高八丈,号称"万斛神舟"。远远望去,这两艘神舟像两座小山漂浮在碧波之上,煞是壮观。

谏议大夫安焘向宋徽宗推荐了给事中路允迪作为大宋使者,以中书舍人傅墨卿、奉议郎徐兢为副使,统辖两神舟和六艘"客舟",从镇海"利涉道头"启航驶往高丽。出发前,宋徽宗特地派遣中使武功大夫容彭年为特使,在镇海城内总持院做了七天七夜道场,并在招宝山下新建了昭利庙,以祈求海神保佑船队的平安。

宣和五年(1123)五月二十四日,八艘船鸣响金鼓,张开大旗,威武出发。中使关弼登上招宝山焚御香望洋再拜。甬江两岸人头攒动,镇海城内万人空巷,百姓们纷纷走出家门,来观看这千载难逢的壮丽景观。

船队起航时,"巍如山岳,浮动波上,锦帆鹢首,屈服蛟螭"。一路上果然是风平浪静,不到一个月,船队就顺利抵达朝鲜半岛。当这八艘庞然大物到达高丽礼成港时,徐兢这样描述:"倾国耸观""欢呼嘉叹"。

接下来的日子,路允迪一行在高丽国拜会了高丽国国王王楷和各位大臣,同年7月,满载货物回国。

船队一路顺风过了竹岛,然而船行至黑山时,忽东南风暴发,狂风暴雨朝着船队扑面而来。几艘神舟桅折舟倾,船员人人恐惧,进也不能,退也不能,偌大的船队眼看就要被海浪吞噬在茫茫大海之中。徐兢坐的"鼎新利涉怀远康济神舟"三桅并折,危在旦夕。

晚清时的镇海总持寺钟楼

情急之中,路允迪率领全体官员冒着大风大浪跪拜船头,断发哀恳,祈求上天平风息浪,保佑船队平安回国。忽然间,南方飘来一片祥云,云头上一个妇人的身影若隐若现——"有女神登樯竿,为旋舞状,俄获安济。"(《圣墩祖庙重建顺济庙记》)

也就是说,有位"女神"(妈祖)在危急关头"示现",为迷途不安的人找到了方向。

归来后,路允迪等人回到京城,宋徽宗闻讯召见了路允迪和副使傅墨卿、徐兢,并详细询问了出使高丽的情况。路允迪等人就将当时海上遇险、妈祖相救的事奏告皇上,并对宋徽宗说:"臣等奉旨出使高丽,遇暴风雨而不至鲸鲵之腹,皆妈祖之力也,望圣上能诏封妈祖,以报相救之恩。"

宋徽宗闻讯大悦,即下诏,赐妈祖"顺济"庙额。而后绍兴二十六年(1156),宋高宗封"灵惠夫人",以后各代,妈祖逐级晋封,直至"天神"。

宋徽宗赐妈祖"顺济"庙额是妈祖历史上的第一次封神。这次封神

利涉道头

是因为镇海制造的"神舟"出使高丽,回程途中遇飓风,因妈祖指点,才安全到达镇海。妈祖封神与镇海有着千丝万缕的联系,这个观点已经得到了很多研究海洋文化和妈祖文化专家们的认可。

2003年,镇海重建了当年船只出海的利涉道头。此道头始建于北宋崇宁三年(1104),据宋《四明宝庆志》县治图所示,位置大约在梓荫山以东,是宁波有史以来最早有文献记载的一座大型道头。

重建后的利涉道头在镇海沿江景观大道东侧,招宝山以南。作为景观,古色古香的道头和长达20多米的道头岸线向人们展示着当年的繁华。

镇海威远城天后宫

文 顾嘉懿、王磊

镇海老县城周围仅十里,原属弹丸之地,名胜古迹不多。能吸引人游览并且小有名气的,只有一座招宝山。招宝山巅,原也有一座天后宫,大约在明嘉靖之后建造,此后屡建屡圮,香火延续300多年,直到新中国成立前夕,毁于战火,彻底湮没无存。

招宝山高不及千尺,广未逾百亩,但是有山有水,不仅外面的游客喜欢观光,本地人士也时常登临,除了登高望远之外,近年来又加了健身的意义。

今日招宝山

招宝山老照片,山上的建筑自左而右依次是半山亭、棋子坪、威远城和宝陀禅寺

招宝山宝陀禅寺老照片

招宝山上有两处古迹最为有名,一处古迹是山顶的威远城。该城为防倭而建,是镇海重要的海防遗迹。倭寇,主要是日本海盗,明嘉靖年间,对我国东南沿海为祸甚烈,尤其是甬台等地,民不堪其扰。镇海作为浙东要塞,首当其冲。另一处是位于威远城后的宝陀禅寺,建筑比较宏伟,虽不能和天童寺、阿育王寺相比,却也是当地名胜。每年春节,上山进香者络绎不绝,有时从山下就开始排队,可谓新春一景。

镇海的防倭设施,可以说相当周密。甬江以前也叫大浃江,江口两岸,南有金鸡山,北有招宝山,两山隔江对峙,成拱卫之势。两座山上均有炮台若干,一为威慑外敌,二是旧时屯兵之所。威远城就是其中一处。

据《招宝山志》载,威远城建于明嘉靖三十九年(1560)。当时,镇守县城的都督卢镗与海道副使谭纶商议，觉得招宝山是镇海城制高点，可俯瞰县城，万一被倭寇侵占，在上面放置大炮，县城等于不攻自破。他们认为"守郡非据险不可，而据险非成城不可"，于是，向总制胡宗宪请示，在招宝山山顶，筑建城堡。历时三月，城堡竣工。

建成初期，整个威远城周长600余米，呈长方形，设雉堞167个。第二年又"增复石屋其上，辟东西二门，内建成屋40余楹，屯兵戍守"。城内还置铁炮4门、铜炮百余门及各种战守军械，与隔江的金鸡山、戚家山、甬江口的布防战舰及镇海县城成掎角之势。

随着威远城的建成和镇守，抗倭战果日益扩大。从此，倭寇南移，其势渐衰，其患渐平。卢老将军激动万分，登临威远城，赋《登招宝山》一诗曰："招宝苍茫控咽喉，巍峨雄堞护重楼。洪涛闪烁金光动，大海澄清瘴雾收。百万貔貅屯远垒，三千戈舰列安流。从今夷寇寒心胆，永固皇图亿万秋。"尽情抒发了当时的喜悦心情、豪迈激情和雄心壮志。

清道光刊本《招宝山志》前附有一张《威远城祠宇图》，详细画出了当时威远城中所有建筑，并有小字标注名字，得以让后人遥想当年巍峨。

从图上看，威远城外围城墙，内造屋楹，建筑密集。从前往后依次排列着天王殿、罗汉殿、报功祠、圆通殿、望海楼、营房和天灯台等重要建筑。每座房屋都设计得十分精致威武，飞檐翘角，华丽壮观。

除了城墙上用来瞭望的天灯台，威远城中最高的建筑要属两层高的望海楼。《招宝山志·祠宇》记载，望海楼同时也是天后宫。

细辨山图，天后宫（望海楼）是一个明代建筑体，为歇山顶双檐楼阁，四角高翘，形制特别，气势雄伟。《招宝山志》对"天后宫"词条没有展开过多描述，对"望海楼"却语焉甚详。

望海楼位于圆通殿后，是在"真武阁"的旧址上改造的。康熙乙酉年间（1705）毁于火，乾隆间重建，道光二十二年（1842）又一次倒塌，道光二十五年（1845）善后复建。登上望海楼，登临近望，帆影波光，尽收眼底，极目远眺，一片浩瀚，海天相连，真有"登斯楼也，则有心旷神怡，宠辱偕

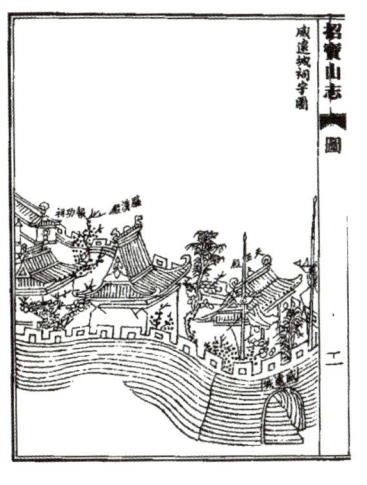

《招宝山志》里的威远城全图

忘"的感觉。

历代词人墨客登临望海楼，曾留下大量诗句，题于墙上。其中一部分也在《招宝山志》中予以收录。谢佑琦的一首《望海歌并序》透露出些许信息。他的诗序有"山顶梵宫之上架层楼"之句。古诗词中"梵宫"常用来指代宗教庙宇，结合诗意和《招宝山志》，大致可以理解。这座两层高的建筑，一楼是天后宫，二楼用作望海楼，同时具有祭祀祈福和景观台的作用。

最为难得的是，望海楼天后宫留存下了一张宝贵的照片。

这张照片是镇海文史研究者洪余庆在《宁波旅沪同乡会》会刊第33期（1926年4月版）上发现的。照片摄于民国，为黑白照。镜头对准的是天后宫中妈祖神像。此妈祖约为真人两倍大小，头戴凤冠，身披霞帔，脚着三寸金莲，坐在中央位置上，双手叠放膝上，面带微笑，仪态端方。

洪余庆说，这座妈祖像与现今在国内不少沿海地区及东南亚一带庙宇供奉的妈祖塑像有所不同，比较接近妈祖早期的形象，是一张不可多得的照片。图片中还有几句文字说明："望海楼始建于明代，清乾隆二十年（1755）重修"。这与《招宝山志》的记载一致，可以互为印证，确认望

大爱妈祖

妈祖信仰在宁波

图为镇海洪余庆先生所发现的妈祖100多年前全身塑像照片。该照片系清朝末年招宝山顶上的望海楼遭毁弃前夕,妈祖塑像被"请"出楼内时所拍摄

海楼中曾有妈祖庙,并且一直存在到民国时期。

直到抗日战争爆发,战火一路蔓延到东南沿海。1937年9月20日,招宝山威远城遭到日本侵略者的炮击和轰炸。在交战后的十个月时间里,守军凭借威远城与日舰日机激战达40余次。威远城弹痕累累,受创甚重。在1940年7月17日的激战中,威远炮台被日军炸坏,不能发炮,威远城随之失守,镇海城陷落。其间,虽然通过镇海军民浴血奋战,曾收复威远城和县城,但在1941年4月18日,日军又从后海塘登陆,再次占领威远城,紧接着镇海、宁波又相继沦陷。直到1945年9月24日,日军投降,威远城才回到国人怀抱。

威远城在十四年抗日战争中被日本侵略者破坏得面目全非,镇海政府在1983年至1985年将威远城重修加固,才有了如今这个面貌。城墙还在,城中的木构建筑几乎荡然无存。曾经威风赫赫的望海楼亦消失在炮火中,难逃一劫。

由此不禁想起清代邑令郭淳章曾经留在望海楼墙上的诗《题壁并序》:"君恩似海朝宗远,众志成城壁垒坚。但见波涛浮估舶,岂无斥卤变桑田""人随峰转劳宜息,鸟入云飞倦未还。几辈曾经到沧海,故乡难买此青山"……作为一个在镇海做了十多年的邑令,郭淳章说,自己一直没有给这片山水留下过什么章句,所以赶在他离任前,登上望海楼,眺望远方,写下两首七言律诗。他好像看到了威远城沧海桑田的日后,再威赫的城寰,总有一日,寂灭无声。

然而,有趣的是,2009年,招宝山东坡,威远城东门下的山坑峡谷中,忽然多了一个"妈祖阁"。据《镇海区地名志》描述,该妈祖阁面朝东海,建筑面积80平方米。中立妈祖像一尊,以汉白玉雕刻,像高2.8米。妈祖阁内还有一仙人洞。洞穴深约30米,宽6米,面积180平方米。经过装饰整修,成为颇有气势的仙境洞天。洞口入阶而下,砌筑一口仙人井,沿洞壁两侧,屹立着八尊八仙,各高1米余,系汉白玉雕琢,栩栩如生,供游客瞻仰。

民间的信仰总是如星星之火,不知哪个时刻被忽然唤醒,看来招宝山与妈祖的缘分还"未完待续"。

今天的威远城

镇海澥浦行门口天后宫

文 顾嘉懿、王磊

据民国《镇海县志》载,镇海澥浦镇曾建有"圣妃宫"。妈祖被封"圣妃"是在明洪武五年(1372),明太祖褒封妈祖为"昭孝德正灵应孚济圣妃"。所以,澥浦镇"圣妃宫"始建年代当在明洪武五年之后。

澥浦,是一个历史悠久的古老渔镇。早在唐宋时代,就是著名古港和渔港,是宁波最早对外交往的港口之一。翻开宋《四明宝庆志》县志图,在镇海城的东北角赫然标注着澥浦港。

港口呈喇叭形,外大里小,南面是岚山海边的"风尖兜",北面是凤凰山向东延伸到海边的地方叫"太横头",中间有个很大的凹度,约2平方公里大小,能容纳千艘渔船停泊。渔船停泊的锚地上方为高潮区海涂。港口外,另有金塘岛和海中的"澥浦山(泥螺山)、巴子山、棋盘山、走马堂四岛礁"作屏风,可谓天然的避风良港。

每逢鱼汛季节或风暴期间,各地渔船云集渔港,海货集散,维修补给,避风歇息。据上辈相传,渔港风景优美,尤其港口船归,桅樯如林,帆影蔽日,渔火通红。叶叶渔舟,装饰千姿百态;片片帆篷,点缀五彩缤纷。场景热闹非凡。

澥浦镇则以古泄洪道澥浦得名。澥浦又称西河,起源于横溪香山,蜿蜒十余里,经叫天港、乱涨蓬港,过永年大桥至澥浦闸(今月洞下)注入东海。据宋宝庆《四明志》载:"澥浦大桥(永年大桥),县西北六十里,唐大(太)和二年(828)造。"将"澥浦镇"的历史推到千年以前。

宋元时期，澥浦形成了街市，天天开市，贾商云集，市井繁荣。曾有"市肆骈列，海物错杂，贩客麇至"的记载。无数条纵横交叉的小巷构成了澥浦古镇。其中两条街最有名，一条是澥浦老街。老街南北走向，南起南巷口，北止城门口，全长数百米，路宽4米左右，原均用青赭色的大块板石铺成，雨后纹理清晰，洁净如画。街两旁是二层木结构楼屋，密集紧凑，商铺林立，古朴典雅。每当早市，人群熙攘。

另一条叫作北街，主打渔市，自古有"十鱼行、百鱼店"之称，俗名"行门口"。《镇海区地名志》载，行门口东起月洞门，西至蔡家弄。长120米，宽4米，混凝土路面。新中国成立前鱼货行均设于此，故称行门口。每日清晨集市买卖，市况兴盛。每日开市，百米长街可谓是鱼山虾海，几十里外商民都要到这里参加集市，行人摩肩接踵，车载肩挑，把一条小街挤得水泄不通。

北街与澥浦老街十字交叉，相传"老街留有永年桥，北街建在河两旁"，两条街构成澥浦最繁荣的中心地带。

据老人们回忆，澥浦妈祖庙"圣妃宫"的位置就在澥浦行门口。因为留下来的资料少，2016年6月12日，镇海区文管办原主任李根员和文保员洪余庆专程去澥浦镇渔业队办公室召开了"圣妃宫"情况座谈会，邀请

澥浦老街（旧图）

当地9位80岁以上老人到场,帮助回忆有关妈祖"圣妃宫"的情况。

与会老人们大多是渔民出身,对祀庙文化有比较深的体验。在他们的印象中,澥浦行门口一带曾经汇聚了众多庙宇,文武殿、海神庙、圣妃宫、新阜庙都集中在那一片区。

这个现象是有原因的。澥浦行门口有个区级文保单位叫作"月洞门"。这地方,原来是澥浦闸的所在地,河道通向大海的道口,也是外海上岸入镇的必经之路。渔民出海前,习惯在这个地方烧香祈福,

澥浦月洞门

求海上航行的平安。澥浦86岁的金善和先生回忆说:"澥浦镇是渔民之乡,清代时有溜网船300多对,为镇海县渔业最繁华之地,他们出海捕鱼前都要送鸡、送鸭、送猪、送羊到'圣妃宫',拜祭妈祖娘娘,祈祷出海平安。捕鱼平安回来后也要祭拜妈祖娘娘还愿。"

座谈会上,几个宫庙的位置也是老人们讨论的重点。现在,大家普遍得出的结论是,行门口北面,最大的庙是新阜庙,祭祀晋代陶渊明,因"桃花源记"中有捕鱼为业之句,于是建庙于行门口祭祀,寄托渔业兴盛之愿。1963年,是庙改为渔品加工厂。其次是海神庙,位于新阜庙东北,规模稍次,祭祀海龙王。再次是妈祖庙"圣妃宫",位于新阜庙北,海神庙以西,规模比较小。文武殿建造比较晚,清咸丰初年才建,殿中祭祀文圣孔子,武圣关帝。渔民在此祭神,主要也是祈佑海上平安。

座谈会上年纪最大的刘志山,现年90岁,因为以前做过老师,思路还比较清晰,他说,"圣妃宫"旧址在今澥浦老街北侧新阜庙之后山丘林边,在众人的说法中比较有代表性。

庙宇的兴旺和澥浦渔业的繁荣密切相关。澥浦镇的繁华持续了数百年,直到清康熙后河道渐淤,澥浦闸遂废,原闸门成为月洞门。然而集市仍然兴旺。晚清时,月洞下两侧尚有商行40余家,每日清晨在月洞门行门口集市买卖,市况兴盛,有"小宁波"之称。紧靠月洞门南面的一幢两层民宅,是清代的"渔业公所"。然而出海捕鱼业毕竟渐不如前。清嘉庆年间,有大溜网船300号。至光绪晚期只有渔船180号,商船40多号。

新中国成立前,圣妃宫渐废,老人们说,其中原因可能是该圣妃宫规模不大,周边长满芦苇草,行人走路不便,又逢抗日战争,渔民四处避难,圣妃宫年久失修,逐步衰落。

另外,康熙年间新建的"新阜庙"逐渐取代了圣妃宫的地位,直到后来连海神庙也"并入"了新阜庙,渔民出海前都在新阜庙祭拜了。新阜庙仍在,只是迁址到了路边,有些渔民出海前仍习惯在那里祈祷祭拜。

除了上述庙宇,澥浦还有一个很重要的建筑叫都神殿,在澥浦北城门后50米,坐落在凤凰山麓,是明代建筑。都神殿旧有中军殿、前殿、戏台、看楼、大殿、流芳厅、角亭等建筑。现戏台、看楼保存完好。戏台坐南朝北,高两层,三面凌空。戏台顶部正中,穹隆形的圆形藻井虽历经数百年,看上去依旧流光溢彩,辉煌夺目。

旧时,澥浦都神殿庙会是镇海北区一带规模最大、影响最大和最有

都神殿老戏台藻井

特点的庙会，当地人称之为"十庙三殿大庙会"，即该庙会举行时，附近共有十三座庙宇和宫、殿的会众参加。据钱祥兴老人回忆，它们分别是澥浦都神殿、东岳殿、张（世杰）老相公殿、龙王宫（庙）、新阜庙、圣妃宫、龟山庙、黄（恕）公庙、择山庙、青林庙、浮林庙、后白石庙和苏将军庙等，庙会还吸引了北达观海卫（今慈溪市观城），南至镇海一带人们的加盟和参与，声势极为热闹、壮观。

到正日子行会时，前有炮队开道，几十面大纛旗导引和极具浙东渔区特色的澥浦船鼓的舞动带领；后有斜掮着"泥马船"的"泥马兵"卫护；中有其他庙会参与的各种民间文艺表演。每个神像被八位身强力壮的会众护拥着抬出殿外，坐镇在巡行队伍的后尾，三百六十行的装扮者紧随其后。其间，唢呐声声，笙笛齐鸣，整个巡游队伍排列得像古代的行军布阵，有序而热闹，极有观赏性。直至第二天晚上子时左右，将五尊神像抬回原殿复位，这就是澥浦都神殿庙会的魅力和特色之所在。

现在八十岁以上的澥浦当地老人都还记得，新中国成立前最热闹、最隆重的澥浦都神庙会，是在抗日战争胜利后举办的。方圆几十里的居民倾巢而出，庙会不是以往的七天，而是足足举办了半个月，整个澥浦镇也狂欢了十五天。

新中国成立后，尽管该庙会停办，但它的风采、神韵和影响，却长时期地沉淀在了老澥浦人的心中。

北仑港（胡修君摄）

区域概况

北仑境内的妈祖信仰与天后宫

文 陈一鸣

　　北仑区以其境内的深水良港——北仑港而得名。北仑港是以港中一小岛北仑岛而命名。北仑区原属镇海县，镇海历史悠久，小港的横山下、柴桥沙溪蛇山山麓，均发现有新石器时代人类居住的遗迹。唐元和四年（809），在鄞东甬江口建望海镇，为镇海建制之始。后梁开平三年（909）改望海镇为望海县，未几改为定海县；清康熙二十六年（1687）定海县改名镇海县；1984年镇海县分区后为滨海区，1987年改名为北仑区。

　　北仑区大部分原为镇海县东南的穿山半岛，唐涂宋塘，沧海桑田，是典型的向大海要土地的海隅之地。在写北仑天后宫之前，只知道有一个新碶街道下三山的娘娘宫，等到查找资料后，才发现在北仑这个弹丸之地天后宫的数量众多。民国《镇海县志》记载有：（小港）城外陈山天后宫，崇邱乡港口竺山下天后宫，（大碶）城外石湫天后宫，郭巨乡北门村天后宫，郭巨乡中宅村天后宫。从天后宫的位置也可以分析，北仑海涂土地扩展延伸的过程。比如：原小港街道陈山，大碶街道石湫的天后宫早已迁移，这和小浃江及岩河的筑碶造田有关，天后宫一般都在靠近海边之地，陈山天后宫东移至竺山山麓之下，毁于抗日战争。石湫天后宫随着土地延伸向东北移至新碶街道下三山，都是如此。值得一提的是，小小一个梅山岛，在民国地图上就标有三个天后宫。梅山原先为海中小岛，涨潮时仅仅露出几个山头，退潮时海涂相连，只能以种棉捕鱼养殖为生，在海边上作业，经常遭受风浪袭击，家破人亡时有发生，因此他们把希望寄托于神灵的保佑。天后宫也就由此而生。

北仑区天后宫大都与福建渔民有关，小港竺山天后宫、下三山天后宫、郭巨福建厂跟天后宫，都为福建渔民发起所建，在清末时所谓的北仑岭内"四大富族"有三家与航运有关，分别为第三洋傅家，高塘林家，大碶横河小李家，霞浦陈华浦周家，其中林家更是由福建移民而来。

北仑区新碶街道沿海先民唐宋时多于孔墅岭至算山一带依山傍海而居，捕鱼熬盐为生。明清时期，不少境外渔民移居新碶沿海一带。清康熙年间（1662～1722）境内渔业兴起，至清嘉庆年间（1796～1820）渔业兴旺，形成诸多习俗。新中国成立后渔业生产不断发展，机帆船替代了木帆船，并有了通信设施，船上一些忌讳渐消，信神观念渐薄，但供奉天后娘娘等习俗仍存。

旧时，渔民靠算季节、察天气、观海况、看鱼体等来判断鱼汛、寻找鱼群。渔民出海捕鱼祈求神灵保佑，对天后娘娘格外虔诚。渔民最忌惊动龙王，得罪船官老爷，船头不准拉屎撒尿，红白事未满月不准上船，妇女不准乘船，更不准跨越船头。忌筷子搁在碗上，以免"搁船"。忌碗、盆、调羹翻放，以免"翻船"。忌头搁腿上、双手捧足、忌拍手等。

新碶街道横浦下三山建有娘娘宫（天后宫），因此渔船每年第一次出海

称"开洋",要办"开洋酒",用祭品供奉海龙王,或到娘娘宫拜祭娘娘。回洋时办"谢洋酒"。供祭时向海中洒一杯酒和少许肉祭品,称"酬游魂"。一般在船后舱(旧时渔船后舱设有神龛,供奉男神或女神像)或船长室祭拜,每个船员都要祭拜,祈求出海太平,多捕鱼货,并要烧经忏(锡箔)。在捕鱼过程中如遇到鱼汛旺发,满载而归,一般又要进行祭拜活动,感谢海龙王及娘娘菩萨恩赐。渔民对渔船十分敬重,造船仪式庄重,须择吉日祭天后娘娘后才选址动工。大梁头"龙骨"定位时挂红披彩。淡水舱合拢处,内衬银元或角子,称"船魂灵"最后一道工序叫"点眼",即在船头左右置船眼一对,蒙上红布,待新船下水,才揭去红布。

目前在北仑区尚有两座天后宫,但都已改建。

下三山娘娘宫在新碶街道下三山大闸边上,靠近海边,保持比较完整的天后宫特点,中间祭祀天后娘娘,两侧有童男童女,殿两旁为"千里眼""顺风耳"二神,还有一艘船模。正殿横匾"海不扬波"。

另一座天后宫在梅山街道的霞岸小山。小山天后宫的格局已经完全改变,成为地方老百姓的一个宗教场所,变成一个随意性比较大的庙宇了。

随着北仑的改革开放与经济的高速发展,北仑区近海地块大多开发成集装箱、矿石、化工码头,特别是本来拥有庞大海涂面积的梅山岛,现在已经规划建设为保税港区和海洋金融小镇。海洋捕捞事业也采用了高科技手段,因而一些传统的风俗习惯逐渐消亡。

但是,随着国家"十三五"规划及"一带一路"倡议,"海丝"文化必将迎来大发展。如今妈祖文化已成为世界非物质文化遗产和中华民族优秀传统文化的重要组成部分,而且还是联络海内外华夏儿女及沟通全世界的桥梁和纽带。北仑的天后宫作为地方文化的代表性建筑和象征性文化符号,是不应该被遗忘的。

(作者系宁波北仑人,供职于宁波中国港口博物馆,地方文化研究者)

北仑新碶下三山天后宫

文 顾艺娟

北仑，位于浙东沿海的最东端，是祖国东海岸上一块三面环海的半岛之地。由于宋代宰相王安石曾在这里建造过穿山碶，所以又称穿山半岛。它与大榭、梅山岛毗邻，更与舟山群岛一衣带水。这里的先民自古过着渔耕相兼的生活，常常驾舟下海去捕鱼、捉蟹、撩海蜇、捞紫菜。有的还经常远出海外从事经商、运输等航海活动。

新碶下三山天后宫

古人预测气象与抗御海洋的能力比较低下，从事下海捕捞与海上运输的人们，不仅有英勇顽强的毅力，精湛高超的驾驭船只技艺，而且心目中总希望有神灵的保佑。沿海渔民普遍信奉海神娘娘，到处建有妈祖的宫庙，出海前要祭祀与祷告。因此，地方上也流传着众多关于海神娘娘的传说。

在新碶街道的最北端，北仑山岛附近的海岸处有下三山（三座小山包）与居子山，原来这里是渔民们下海的码头，曾建有一座天后宫，俗称娘娘宫，主祭海神娘娘。清光绪《镇海县志》载：早先在下三山的西塘口有由地方渔民建造的娘娘宫。这里常年晨钟暮鼓长鸣，信众香火不绝，遇娘娘生辰节期与渔民下海之日，更是香火兴旺，烛光映照海空。新中国成立后移建于下三山东首，今十四眼大闸的东面。原为五间小平屋，2006年由当地百姓与香港信众出资，重建新的妈祖宫殿宇，2008年再增建前殿（天王殿），与边厢等构成院落，焕然一新。

前殿供养着传统的风调雨顺四天王，中间端坐着宽宏大量的笑弥勒，背面站立着威武的护法金刚。后殿五开间，正门悬挂"海不扬波"匾，

新碶下三山天后宫地图

新碶下三山天后宫三尊海神娘娘像，左起第一尊为清代原塑

旁有"大海作慈航，为示现天后身而说法；众生行善业，必能得福德神上降祥"等楹联。殿内主供海神娘娘妈祖。妈祖神像慈眉善目，头戴凤冠，上饰珠彩；身穿彩红披肩，上绣飞凤，下缀海水江牙。整体端庄，颇富神韵。

此宫中供奉有三尊妈祖神像，各有来历。西首一尊为原先娘娘宫一直供奉的妈祖娘娘，颜面丰腴，表情淡定，为彩塑泥胎。据传来历可追溯到清代嘉庆年间，已有二百年历史了，从历史角度来讲，妈祖神像是这座宫殿的传世之宝；东首一尊颜面容长，表情庄重，为木胎彩塑，是香港信女陆秀莲出资，雕塑于20世纪80年代；中间一尊慈眉善目，木胎彩妆，比较高大，雕塑于本宫再建之初。她们的各自来历，说明了北仑民众悠久的妈祖信仰。

在娘娘宫中还供有佛祖、西方三圣、观音等专龛。进门的两侧还有

新碶下三山天后宫神船

千里眼、顺风耳等尊神,都是百姓心目中管理大海的尊神。宫中还供奉着精致的帆船模型(神船),这既是北仑人民对海洋、航海事业的重视,又是海乡文化的见证。

(作者系宁波北仑人,地方文化研究者,长期从事文化教育工作)

北仑新碶高潮小宫

文 陈定荣

北仑人生活在大海边，常常下海捕捞，会遇到变幻莫测的风浪。人们都信奉海神妈祖娘娘，希望能保佑他们平安出海。在沿海一带建造过大大小小的妈祖庙，在新碶下三山、高潮等地的海塘边都有娘娘庙。因为妈祖被皇帝封为"天后"，所以妈祖庙也称为"天后宫"，规模小一点的称"小宫"。

家乡的年轻人都喜欢在夏秋时节下海涂弄潮。海洋退潮时露出广阔的海涂，有三四里之遥。上面留有许多鱼鲜蟹贝，大家可以去采集来调节生活。所以每当退潮时，总有许多光背赤脚的健儿涌向海涂。

古诗以盼望出海丈夫早归的妇女口吻云："早知潮有信，嫁给弄潮儿。"是说海潮守时，总是随着月亮的升降而涨落，一日两遭，每日约迟半小时，风雨无阻。地方的父老乡亲都会派算潮水的时刻，如"初二、十六昼过平""初八、廿三早晚平""八月十六大潮汛"等等。

从我家门口到海涂约四里地，我们依照潮水退落的时间，提早走过太平桥，弯至贝家桥，来到高潮村孙家，就看见一条漫长的海塘，这个海塘就是修筑于民国年间的新永稔塘。塘上长满了高低不一的青色野草，部分光秃秃的泥土上有被太阳晒出来的白盐花。塘中间已经被过往行人踩踏成了一条大道。举眼往塘内望去，能看到在栽满了棉花、瓜果的田野里，矗立着一座老黄色墙体的宫庙，这是供奉妈祖娘娘的。因为它

新碶高潮小宫民国地图

比较小巧,大家都叫它"小宫"。宫庙有前、后殿与厢房,环境收拾得挺清爽。

庙是周围百姓出资修建的。这里村子近海,村子里有不少时常出海的人家。修庙有两个目的:一是供奉海神,希望菩萨保佑一方出海百姓的平安;二是方便庙里僧人看管海塘。显然,近年来国泰民安,承蒙海神的眷顾,风浪还算平稳,没有发生过大的海难事件。也得益于当地政府不断组织百姓修筑海塘的功劳,没有发生海潮倒灌的情况。

过路行人进宫礼拜菩萨或憩息,进门就会看到正中坐着一尊金身笑弥勒,光头赤脚,挺着大肚子,形象和善可亲,旁有一副对联:"大肚能容天下难容之事;开口常笑世上可笑之人。"

正殿主供妈祖娘娘,慈眉善目,头戴珠翠凤冠,外罩一件彩绣大红披风。宫殿上挂锦幛彩幔,殿宇清肃。妈祖热心海洋救助,从南宋以来受到历代帝王封赐"神女""天妃""天后"等诰命头衔,成了渔民心中的护海至圣。宫里还有观音、地藏王等菩萨。在边墙上悬挂着绿眉毛渔船的模型,被称为海上行驶的"神船"。

这小宫仅有一位僧人主持佛事,人称阿林师父,五十左右年纪,体魄壮实,为人和蔼,笑口常开。平日为附近信众做点佛事,料理宫务。这里过往的客人并不少,有过路歇脚的弄潮儿,有往来棉地耕作的庄稼人,还有进宫礼佛的善男信女众香客。他们与阿林师父打个招呼,有的捐些香资、菜油,结个善缘。然而地方上也有几个轻薄弟子与和尚开开玩笑,随便在和尚身上动手动脚,一般阿林师父也不理会。其实阿林师父有点拳脚功夫,早晚弄棍舞剑的,维持宫庙的安全。他常打赤脚,五趾分开,人们说那是正宗船老大才会有的大脚板。

我们饮过凉茶,离开小宫,来到海涂边,潮水已经开退,不远处还有嗖嗖的流淌声。新海涂一平如镜,光润可鉴。阵阵凉风扑面而来,带来一股清新的海泥味。

等弄潮儿稍有一点收获,感到浑身疲乏时,海边的潮水开始哗哗作响,这是要涨潮的信号。我们就提起沉重的木桶,成群结队地往回赶。路过小宫,略坐一会,在海神娘娘面前作个揖,心里感谢她的帮忙,就悠然回家了。

小宫虽然在北仑港的建设中被拆除了,但海神娘娘的影子还留在人们的心目中。

(作者系宁波北仑新碶人,中国考古协会会员,《北仑文博》总编)

北仑梅山七姓涂天后宫

文 陈一鸣

梅山,古称"梅子山"。相传是被我国古代史学家誉为"汉室孤忠"的名士、政治家、医学家梅福曾经隐居过的胜地。据宋《乾道四明图经》载:"王莽摄政,邀南昌尉梅福共谋,福遂弃官他乡,人有见于会稽东海。"说的就是当年位居三卿的梅福忠于刘氏汉室,痛恨王莽妄图谋皇篡位的逆政,不愿同流合污,因而辞官出走,云游天下,浪迹四海,曾在梅山隐居。

"四面环江陆路无,出门便欲问舟夫。往来两渡人喧闹,半赴柴桥半郭巨。"这是清末诸生陈保定的《霞岸竹枝词》讲的梅山地形情况。梅山位于北仑区境东南部、穿山半岛东南侧浅海中。东临峙头洋,南濒佛渡水道,与舟山市普陀区的佛渡、六横、桃花诸岛隔海相望,西贯象山港,北依梅山港,与白峰镇的下阳、上阳村毗邻。梅山本岛是我国海岛中腹地开阔的海积平原岛,本岛陆域的形成,是四五百年来人口不断增加、不断筑塘围垦滩涂的结果,充分展示了"沧海桑田"的地域特色。

明代末期在梅山西边梅西村,有一片非常大的海涂,当地百姓大都以在海涂上晒盐、捕捉鱼虾贝类讨小海为生。有竹枝词云:"儿童生长知潮汛,逐伴沿途采小蛏。琐细形才如谷粒,零星收拾上昆亭。"当地百姓从小在海涂上采贝拾螺,收集后还要渡过梅山港到数里外的昆亭出售,然后换回生活必需品,生活很是艰辛。当时的海涂为村里许、唐、张、黄、

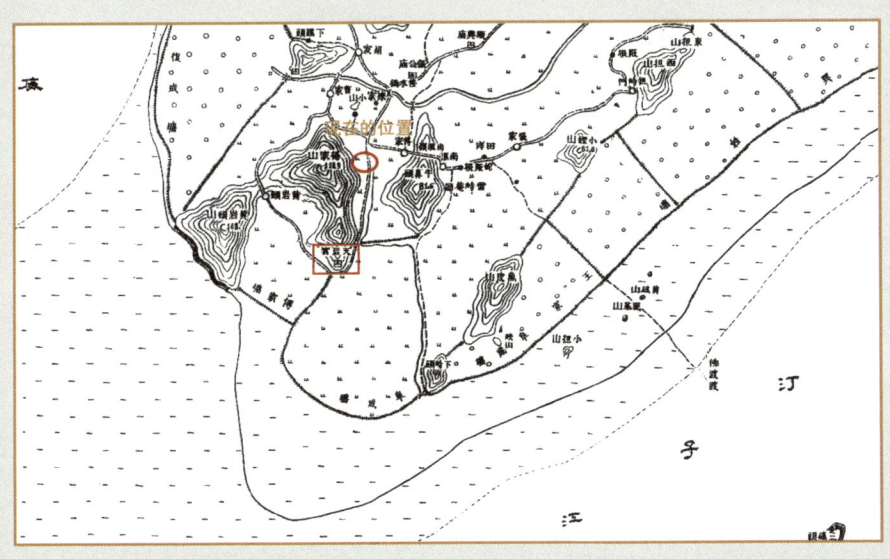

梅山七姓涂小山天后宫民国地图

朱、王、陈七个姓氏所共有。

清顺治十二年（1655）六月，朝廷下令沿海省份"无许片帆入海，违者立置重典"。顺治十八年（1661），更强行将江、浙、闽、粤、鲁等省沿海居民分别内迁三十至五十里，设界防守，严禁逾越。梅山的百姓因此都被迁移到了离岛二三十里的柴桥。

直到康熙二十年（1681）三藩之乱平定，康熙二十二年（1683）台湾告平，清廷方开海禁。于是，梅西村的七姓村民又回到了岛上。北仑本来就是海隅之地，人多地少，为了生活，越来越多的百姓涌向梅山岛，随着岛上人口的增多，新来移民和七姓的涂民为了生计在这片海涂上就经常发生争执。为了避免争执，七姓人家倾家集资买下海涂田两千亩，上诉到县里要求划界确权。当时的镇海县令是郭淳章，山西人，进士。道光二年（1822）、道光十一年（1831）曾两次在镇海任县令，做了许多实事，如修碶筑塘，修复海防设施等，如今招宝山上的"威远城"三个大字就是他题写的。

郭淳章接到七姓涂百姓的诉状，为了保证梅山百姓泥涂作业中不再争吵斗殴,于是在尊重事实和深谋远虑的基础上,划定地界,即北至下道头凉亭旁,南到冷水空西,并把这片泥涂称为"七姓公涂",立"异姓公涂碑"为记。"异姓公涂碑"现放在小山天后宫的边上,碑面字迹漫漶不清。据村民讲述:此碑原一直在天后宫内,"破四旧"时被人抬走做硖板用,因长期浸泡在海水里,腐蚀严重。前几年梅山大开发,七姓涂围塘造地,才把它抬回来,上边可隐约辨认出"异姓公涂碑、道光十二年"字样。

郭淳章又安排"七姓公涂"的百姓捐资在海涂中间建造天后宫,以祈求天后娘娘永保一方的平安。

如今的天后宫已经向东移址百米左右重新建造。远处看去是一座外墙黄色的房子,门边挂着"小山老年协会天后宫管理处",门上挂着"天后宫"黑底金字,走进去是一座玻璃罩着的开口常笑的弥勒佛,再进去是一座古典式样的大殿,上挂"天后宫"。大殿中间供奉的是佛祖如来金身,上面匾额"佛光普照"。前边供案两侧是两个一人多高的花瓶,花瓶上白

梅山七姓涂小山天后宫

梅山七姓涂小山天后宫

底黑字，上书《兰亭序》，书法飘逸。佛祖左侧供奉的是郭大爷（淳章）、药王爷、文昌菩萨、地母娘娘。右侧依次是地藏王菩萨、天后娘娘、财神菩萨、土地菩萨。名为"天后宫"而主人天后的塑像反而放在一边了。询问天后宫里管理的老婆婆，她们也并不了解天后宫的布局，实际上七姓涂天后宫变成一个村民们的宗教场所，要祈求什么就塑一个什么菩萨。从这里也可以看出，改革开放后，经济快速增长对传统文化的影响。

北仑大榭丁家塘天后宫

⊙ 胡海雷

自古以来向海洋讨生活的人们,都需要心灵的慰藉和信仰,妈祖因此成为大榭渔民心中的守护神,她与大榭渊源很深,灵异和传说不断。

大榭岛位于宁波市北仑区穿山半岛东北侧,面积30多平方千米,丘陵耸立,平原间隔,形成众多大小山岙。与大陆相隔甚近,一苇可渡,是大陆通往舟山群岛的门户。

古时大榭岛山多林密,海水直漫山脚下,远眺似浮在海上的宫殿台榭,故名。岛西北有一座犹如双龙缠绕的小山,初名小榭山(今龙山),两山对峙,中有一条水道,水深流急,是当年宁波去舟山、福建往来船只的必经之地。北宋徐兢著《宣和奉使高丽图经》载:(宣和五年)"五月二十四日申未刻,远望大、小两榭山,历松柏湾(今大榭二桥旁),抵芦浦(今穿山海边)抛碇,八舟同泊"。可见这里在宋代时就是繁忙的航道,近代在此出土的船只和船板就是最好的佐证。

从20世纪80年代出土的文物考证,早在四五千年前大榭山已成为良渚文化圈的一部分。这里的人们过着日出而作、日落而息的农耕渔猎和烧盐的原始生活,直至宋人的闯入,才改变了他们的生活方式,这就是早期的大榭山原住民。

1127年北宋灭亡,大量中原人士纷纷随宋室南渡避乱,择沿海和岛屿隐居避难。据宋宝庆《四明志》载:相传宋室皇族亦隐居于大榭山北部,有"宋家府"之称。中原先进的文化、农业、宗教促进了大榭的加速发展和人口的增多,打破了沉静的海岛。一艘艘商船随潮汐往来于大、小榭山,成为一条繁忙的海上丝路。大榭山西部翻过一座只有20米高的黄沙关岭就是关下道头(渡口),是通往大陆和小榭山的交通要道。港外有太峙山、小峙山、大峙山三座小岛弧形拱卫,港内风平浪静,成为商船、渔船停泊休憩和汲水补给的中转避风良港。

宋朝年间有位福建船商运一船木材去宁波,途径大榭东部大猫洋中,突然,海上升起浓浓的雾,顿时失去方向。船商遂跑到船舱,向供奉在船阁的妈祖圣像祈祷,忽然雾中现出一盏神灯,指引船只。船商喜极而泣,喊道:"妈祖显灵了,妈祖显灵了。"随即拔锚起航,神灯在前,船在后,直到山脚下,神灯不见了。船商遂把船停泊于山下,昏昏沉沉睡去。第二天,天蒙蒙亮,传来阵阵喧嚣声,只见从山坡下走来一群赶集人,准备去坐渡船到大陆贩卖鱼货和农产品。船商忙从船舱起来,打听此为何地,一长者答曰:大榭山也。于是船商把昨晚发生的事,一一告诉了长者,长者说,这乃神明指引也。于是福建船商暗暗盟誓,要募资在此地建一座妈祖庙,以报妈祖显灵之恩。并登上岭巅,察看地形,以便建妈祖庙。看完后福建船商离开大榭山,驶向宁波。

数月后,福建船商运来一船材料,带来一批能工巧匠,在当地人的支持下,在岭巅建起了五开间庙宇,依次为台门、大殿和厢房。庙靠后山,面向大海,西南朝向。择吉日从湄洲岛请来一尊着朱红锦袍,戴珠串凤冠的妈祖圣像。当天船到渡口,祥云朵朵,乡亲们敲锣打鼓,鞭炮阵阵,舞龙舞狮,迎接妈祖圣像的到来。这是大榭山第一次举行这么隆重的仪式,并搭台做戏三天三夜。从此妈祖庙成为众多渔民和途经商船、官船的祈福之地和守护神庙。甚至附近大陆渔民也前来祭拜。庙虽小,但有求必应,香火鼎盛。

随着日久年长,泥沙的淤积和人为的围垦与筑墩,西部港湾逐渐失去了先前的功能,成为陆地,大小两榭山终于在元朝后期连为一体,昔日

海上丝路改为从北部金塘洋出入。小榭山这一地名也改作大榭山东面的小岛名(今穿鼻山)。

明洪武二十年(1387)实行海禁,大榭山居民迁至穿山等地,直至康熙二十三年(1684)海疆平息,朝廷"展海令",开海禁,内迁居民陆续返乡重建家园,荒废了300年的海岛,又成为"海上乐堑",妈祖庙又重建恢复。明清年间北仑一带一线海塘向外延伸,从镇海口来往船只只能改道大榭山北部金塘洋行驶。加上大榭西部围海筑塘,给上岸祭祀妈祖带来不便。东北部涂泥门水深流急,旋涡重重,很多过往船只经常船翻人亡。张西岙外面有块形似鳎鳗鱼的礁石,涨潮时隐入海中,落潮显现海面。每次风暴天气海水总是涌入丁家塘内,淹没房屋,海面不时漂来尸体和船板,百姓叫苦连天。当地人总认为是鳎鳗鱼精作怪。福建船商路过此地,经常发生翻沉事故,妈祖屡次

天后宫所在旧址,开发前的大榭岛,天后宫前港湾

在此处显灵搭救,于是人们决定在此建座庙宇以压邪。

据笔者走访、考证,宋时所建的妈祖庙,旧址在大榭岛内原黄舍关前,大小榭山之间航道淤积而改道后,庙内香火渐息。清康熙开海禁,妈祖庙重建,大致在道光年间迁建到了外湾张西岙丁家塘。庙坐南朝北,面对金塘洋,三进五开间,重檐硬山顶,塑有双龙戏珠,风调雨顺字样。依次仪门,前殿,中有戏台、后殿,两边廊楼,精雕细琢,蟠龙栩栩如生。宫内塑身披霞帔头戴凤冠端庄祥和的妈祖神像,两旁童男童女侍立,两端墙壁挂大型船模,朝向前方殿梁檐下和幡上挂有"护国护圣""国泰民安""海不扬波"等金匾额。仪门两旁有千里眼和顺风耳。门前一对高耸直立,上端有斗,下部有石夹和石基的旗杆和随风飘荡的旗幡。每次官船、福建船商和渔民来去路过,必上岸朝拜,祈祷一路平安。每年逢妈祖诞辰日和羽化日,福建船商们和当地渔民及善男信女都会举行盛大祭祀典礼和抬妈祖像巡游活动。自天后宫建成后,海不扬波,风平浪静。据说每次海上起雾起风,山上必会升起神灯,犹如灯塔,指引着船只前进。同时,天后宫也是大榭渔民每年出海捕鱼举行盛典的地方,这种仪式一直延续到新中国成立前。天后宫在20世纪60年代毁于"文化大革命",最后被拆除殆尽,成为百姓屋宅地。90年代初期善男信女在原址不远处山脚下建了两间天后宫,香火再度燃起。2003年因开发建设需要,张西岙被征用,炸山填海,成为万华工业区。昔日旧地不复存在,成为历史和记忆。随后,天后宫迁往附近松止关庙旁供奉。

在大榭岛还有一处天后宫,在岛东部,董家山下,面向舟山方向,建于何时无考,规模较小,只有两间房。

妈祖文化源远流长,成为大榭的一道历史风景线。妈祖的故事在大榭广为传播和流传,已深入人心。我们希望有朝一日能恢复大榭的天后宫,让妈祖的信仰世代相传。

(作者系大榭开发区明源家谱文化工作室人员,地方文化研究者)

余姚四明山（朱军辉摄）

区域概况

余姚境内的妈祖信仰与天后宫

文 黄承漳

  余姚历史见于文献记载从虞舜开始，先后有"舜耕历山""禹藏秘图"之说。春秋时期，余姚属越国。战国中期，余姚成为楚国辖地。余姚秦时置县，建县已有二千二百多年历史。1985年，经国务院批准，余姚撤县设市。1995年，余姚被国务院升格为二类市。余姚城素为县治所在，古城由南、北两城组成，双城合璧，别具一格。北城始建于东汉建安五年（200），南城筑于明嘉靖三十六年。后于1930年、1937年先后两次拆除，只保留舜江楼，南溟门城门洞移至谭家岭顶成"瓜瓞亭",城墙基大部改作马路。直至今日,余姚城区内原有的里巷格局、街道尺度、河网水系仍有小部分保存完好,并与成片的民居构成了较完整的古城区风貌。

从宁波市中心三江口出发,沿姚江溯流而上,只有25公里的路程,就可以到达余姚的河姆渡。有人说七千年前的河姆渡虽然还只是个小渔村,但它已经是一个原始寄泊点,是先民拥抱大海的出口,此话不无依据。从河姆渡的第一支船桨,到如今的北仑港深水码头,宁波港口历史绵延七千年。

据宝庆《四明志》载,宁波"南通闽广,东接倭人,北距高丽,商舶往来,物货丰溢"。从唐代明州港开埠,余姚上林湖的青瓷从这里出发,远销亚洲及非洲近20个国家和地区,到宋代阿拉伯、波斯等地商人来此经商和定居,妈祖信仰自然成为区域间的文化交流,海上丝绸之路更与其有了密切的关联。

在余姚,妈祖因能"乘席渡海",乐善好施,为历代船工、商旅和渔民共同信奉的神祇。当地人会在天妃宫办上梁酒,如在余姚湖堤娘娘庙,多的会办至百桌宴席,四里八乡的男女老幼都会赶来凑热闹。姚城之东酱园街的天后宫遗址虽然已经成了现在的公园,但当地有一定岁数的老人,还会断断续续地描绘昔日的一些细节,可见妈祖信仰文化至今仍受人崇敬与推崇。

(作者1945年生,著有《无心插柳影评集》《草根琐语》散文集)

余姚临山天妃宫

⊙ 黄承漳

临山是一个千年古镇。据清雍正《东山志》载,东汉时中原战乱,有个叫余支的人避难到此,在今鸡鸣山、华家岭一带依山傍湖而居,繁衍子孙。据此推算,临山有居民居住的历史已在1700年以上了。唐代开始,临山有了明确的行政归属,距今也有1300多年的历史。

临山是一个抗倭重镇。明洪武二十年(1387),信国公汤和奉旨在临山筑城建卫,以防倭患。临山卫和观海卫、定海卫并称"浙东三卫"。临山卫城设东南西北四座城门和一座水门,城外东南西三面建有护城河,与城中东西向内城河贯通。明嘉靖三十六年(1557)至三十八年(1559),抗倭名将俞大猷、戚继光先后戍守临山卫,训练了一支能征善战的"戚家军",取得了著名的"龙山所大捷",扭转了浙东的战局。

除此之外,临山还蕴含深厚的人文特色。明清时期的临山,店铺林立,"三里长街,百货丛集,号小扬州"。宗教文化也十分盛行,城内有福田禅寺、城隍庙等"十庵九庙",城外有东山广教寺、天妃宫、大乘庙等"十庙九庵",还有十七个庙会活动,使临山一度成为浙东著名的宗教圣地、庙会中心。

现在的临山卫城,虽有较大破坏,卫城被毁,但整体格局大体完整。城外山体环抱,护城河水系畅通,城内还有少量古建筑,校场、古城墙、戚少保祠、汛署、文武衙门、麟山第一泉、邵家老宅、阮家祠堂、三官殿等历

临山湖堤天妃宫

史古迹星罗棋布。还有九十九条弄、九十九口井及19片明清古建筑群仍保留了原来的风貌。此外，名人辈出，如余支、姚娘、谢安、陈梓、王槐山、戚雅仙等。

2010年春，我曾参观了临山湖堤天妃宫。它坐落于国道线旁庙山的南麓。据传此山原地处海边，平坦的海边高耸的小山特别醒目。天妃宫前原有一盏灯，如同海上灯塔，照耀杭州湾中因黑夜和风浪中迷失方向的船只，指引船只安全驶进庙山脚下的避风港，给海上运输、捕捞带来很大方便，当时的官兵、百姓也因此对天妃宫的祭祀更加虔诚热情。现在的天妃宫殿宇随山势起伏，错落有致，一共四进，前三进五间其实是居士林，第四进供奉的才是天妃娘娘，左侧还有财神菩萨。令人忍俊不禁的是天妃娘娘闺房，眠床前放着三寸金莲式绣鞋，梳妆台、化妆品一应俱全。现在的娘娘成了有求必应的"万能博士"，除保佑出海平安、消灾祛病外，还能求财、祈福。妇女求子嗣，只要坐下床；姑娘要美容，只要在梳妆台前梳理一下。在粉红色的彩灯的映衬下，众多的香客把娘娘打扮得花枝招展，重重叠叠崭新的经幡挂垂在神像前，显得拥挤俗气。香客们还乘农闲或庙会，在山脚空地上搭台请草台班演戏。四乡八村的农民"锣鼓响，脚底痒"，乘机赶热闹，使这不知名的小山因天妃宫（庙）而远近闻名，称为庙山，所在乡亦称庙山乡，香火日益兴旺。

据《余姚六仓志》载，原先的天妃宫侧还设有晏公神神像。晏公是水神，专门保护内河漕运，与天妃之保护海上运输相得益彰。宋元明三朝对天妃相当推崇，把她作为保护海运的神灵。明洪武年间（1368～1398），

朱元璋敕文沿海各卫所置天妃宫祭祀，以保护海运。临山作为卫城，自不例外，就在此建造了天妃宫。当时山上有两座庙，原先庙中的香火后来渐被天妃宫所替代。据此推算，这宫已有600多年的历史。

《东山志》曾描绘天妃宫的胜景："庙山北陇，空旷爽垲，人多游骋于此，东临大塘，花宫，神宇，磴道，烽台，高低层楼如画。明初建天妃以护海运，栋宇辉煌，照耀海上，官军岁祀甚虔，而士女之嬉游者亦最盛。盖一方之宛邱也。"说明天妃宫不但香火旺盛，而且游人众多，为一游览胜地。天妃宫自明初建造后，到嘉靖三十五年（1556），总兵刘远修缮之。嘉靖四十一年（1562），卫官吕公又修建，增加文昌祠三间。卫内官兵感公之德，把他的肖像供奉于内。清光绪三十一年（1905），里人戚俊民等集资重建。到1958年公社化时，庙改作他用。1993年起，由临山佛教居士林发起民间募资重建，终于逐渐恢复原样。

据《余姚历代风物诗选》介绍，清代的陈梓留下《麟山天妃宫》诗一首。明代临山庠生周伟留下《天妃古庙》诗一首："遗踪千年天仙宅，镇海悬城倚小隅。石缝流泉传永漏，庭前落叶乱飞鼯。闲藤野蔓依松活，苍藓莓苔印石铺。钟鼓不闻尘雾歇，萝封碑石迹模糊。"从此诗推算，湖堤的天妃宫可能建于更早的年代，到周伟生活的明代，这古庙已破败不堪了，值得考证一番。看着眼前不起眼的小小天妃宫，竟蕴藏着这么深厚的历史，不禁令人肃然起敬。

临山天妃娘娘庙会每年两期。上半年是纪念娘娘生日，农历三月廿三（一天），下半年在农历九月十九至廿一（三天），仅次于芦城，数余姚最

热闹的庙会,起自唐宋,盛于明清。庙会亦称"庙市",是乡镇市集形式之一,地点设在庙内或附近,与迎神拜佛、神像巡游有关,故称"庙会"。因各村各乡的比拼、竞争又称"赛会"。在抗倭斗争激烈的嘉靖年间,赵文华在上言抗倭条陈中称:"倭寇之所以猖獗,系沿海军民对海神菩萨祭祀不勤,敬奉不周所致。"在这种调子下,把建庙祭神与抗倭置于同等重要位置,促使庙会得到官方支持、民间响应。人们借助迎神名目,在农闲季节创造一种轻松、休闲、娱乐和一展个人专长的机会,成为群众文体活动的舞台。现在众多的舞龙、犴舞、木偶、摔跤等非物质文化遗产,均由此产生,民间杂技、民间音乐、抗倭军事操均一一亮相,尽情发挥。电影、戏剧各显神通,促进了城乡居民文化生活的繁荣,令人怀念追忆。据统计,当年的临山天妃娘娘庙会每天商品交易额在百万元以上,人流如潮,拥挤不堪,散集时在十字路旁,治安人员捡到的遗弃的单只鞋有两箩筐之多。现时提倡传承非物质文化遗产,为繁荣城乡市场,可否恢复庙会,也是值得探讨的议题。

2013年以来,临山镇通过多方物色,确定了一家有资质、有经验的规划设计公司,编制了《临山历史文化名镇保护规划》,将古镇保护范围分为核心保护地带、建设控制地带和环境协调区三部分。又先后出台了《关于深入开展历史文化名镇保护工作的通知》《临山镇卫城保护管理暂行办法》《老城区房屋修缮(建)要求和奖励办法细则》等政策措施,规定在核心保护地带,对与保护规划不符的设施实施了搬、拆、迁、整治;在建设控制地带,禁止除修缮以外的新建、改建和扩建;在环境协调区,禁止建设与古镇整体风貌、建筑风格不相协调的建筑物、构筑物。相信天妃宫也能得到保护。

余姚城东酱园街天后宫

文 黄承漳

余姚素有"文献名邦"和"东南最名邑"的美誉,是一方浸润着丰厚文化底蕴的灵秀土地。自唐宋以来,随着商业贸易在姚城的兴旺,余姚人到外地经商者增多,加上海船直接可以抵达余姚的老江桥(通济桥)东侧,因此妈祖信俗也早早传到了余姚,有识之士就在城东兴建了天后宫,方便信仰者前去朝拜。且在这老江桥东首,江南直街(现南雷路)北首形成了大型水产交易市场,多时有数十条渔船在这里停留。直到20世纪70年代旧城改造才移到别处。这里先介绍余姚标志性建筑——老江桥。

老江桥是一座陡拱式三孔两墩石桥,桥面中心宽5.61米,主孔净跨14.2米。桥顶栏板里侧刻有对称的莲枝浮雕花纹,线条流畅。廿四根望柱上都刻有石雕,其中桥顶四根望柱上雕刻着狮首石像,形态逼真,精致秀丽。桥南坡和北坡的望柱顶上雕刻着形态各异的莲花座。在主拱圈两侧边墙上,分别刻有对联,朝东联为"千里遥吞沧海月,万年独抵大江流",朝西联为"一曲蕙兰飞彩鹢,双城烟雨卧长虹"。桥顶拦板外侧刻有"浙东第一桥"。整个桥型显得稳重、雄伟,远远望去,长虹中跨,体势腾辉。因它原是姚江上最长、最高的桥,故有"浙东第一桥"之称。行船东通宁波,西达绍兴、杭州。从岸边望去,该桥如三道彩虹,桥下碧波荡漾,桥孔高圆,倒影成环。北宋时,王安石任鄞县县令时途经至此,情不自禁

地赞叹道:"山如碧波翻江去,水似青天照月明。唤取仙人来此住,莫教辛苦上层城。"新中国成立后,在未造姚江大闸前,凡宁波、舟山、象山等地来的海船,把这老江桥当作标志性建筑,夜间行船,见到高高的老江桥就到了余姚。渔民卖完渔货必路过老江桥,在牌轩下大同蜡烛店、老县府斜对面魏天和香烟店相邻的锡箔店,买上香烛与敬佛供品,前去天后宫焚香礼拜,保佑平安。同时,妈祖信俗又与庙会有关。

在余姚以交易为中心者称为"会"。庙会是择一个最有意义的日子,统一来庙上香祭礼所形成的集市活动。余姚有城区城隍庙会、城北屯山庙会、低塘芦城庙会、临山娘娘庙会等,每年定期举行。特别在春耕前规模盛大,范围广泛。柱首领队开路,龙头炮担,旗锣和长号鸣道,还有舞龙高跷,旗队长队,巡迎到大街小巷村庄,至三月十六日玉皇山岳庙会结束。还有秋季在九月十二迎城隍。余姚城区在春秋两季庙会期间,北岸从和鸣桥开始,经过龙泉山前到仁寿桥;南岸自石巍桥至桃园弄口为止,沿江长达两三里地段,进行山货、种子、农具为主的交易。城内城隍庙演绍剧三至五天。三月廿三为妈祖生辰,姚北海边寺庙以及余姚天后宫、临山天妃宫诵经,且庙会祭祀。酱园街的天后宫与三江口岳庙很近,生日也近。三月二十八是东岳神生日,城乡举办迎岳帝会。因此三月下旬的酱园街特别热闹。但这庙会从1957年后就消失了。

据余姚市数位耄耋老人介绍,余姚酱园街最东首的芦蓬头有天后宫,与"妈祖信俗"有关。为此,我在2010年春专程去芦蓬头考察。原先的酱园街两边早成了舜江名苑与姚江边绿树成荫的花园。向东直走到旧称岳庙江口的造纸厂尽头,在造纸厂西北角靠姚江边的预制品厂门卫处,找到了天后宫旧址。原为朝南、朝东各五间高平屋,内供奉天妃娘娘,"文化大革命"时与同在姚江边造纸厂处的岳庙一起被毁。后因预制品厂扩建,就迁移到酱园街路的北首,离原址不足300米,酱园街307号西侧坐北朝南的五间平屋,一直保留至今。但已在拆除范围内,半个月内将消失。

走到酱园街尽头是三江口的凤山桥,一位耄耋老人指着凤山桥西南角,即皇山公园东北角的一座凉亭说:"那就是天后(妃)宫所在地。"

2008年秋,市文物普查时还登记在册,这次走访,一片断墙残垣中的屋架正巧还在,就拍照留下它最后的"身影"。据光绪《余姚县志》介绍:"法性院在县东二百三十步,晋天福七年,邑人于古大宁寺基上建,有大士像随潮而至,父老迎置于院,改观音院。大中祥符元年改赐今额,元改为天妃庙,明代改为忠襄祠。""天后宫,其旧址为忠襄祠,里人朱氏移建于大黄山南。同治十年(1871)集款复建,案神为五代闽王时都巡检林愿女,闽之莆田人,殁而为神。元至正中赐号天妃,考《会典》祭于福建莆田县湄洲及江苏清口惠济祠并滨海各县。今庙系民间建造,以祈报者。官不致祭,故列于此。"看来,余姚城区天后宫历史悠久,几经变迁,但今已无存。

众所周知,"妈祖信俗"已被联合国教科文组织列为世界级非物质文化遗产,成为海峡两岸共同传承交流的文化瑰宝。虽然余姚农村以种粮棉为主,出海捕鱼、海上运输者为数不多,但还是有"妈祖信俗"的存在。民间供奉的妈祖庙、天后宫、天妃宫均祭祀同一位"海上女神"。

最后的"身影"

妈祖是人们对"海上女神"的褒称，福建莆田湄洲岛人，父林愿，官至都巡检，母王氏。妈祖因出生弥月间不啼哭，故取名林默，为家中小女，生于宋建隆元年（960）。其幼时聪明颖悟，过目成诵，钻研医道，立志不嫁，行善济世。雍熙四年（987）九月初九，在海上搭救遇险船只被桅杆击中落水身亡，时年28岁。后人称之"人行善事，死后为神"，视她升天。乡亲时常见她显灵，护国庇民，纷纷建祠庙敬奉，且越传越神，千余年来成为一种信仰。历代政治家、思想家、文学家均重视妈祖慈悲博爱的教化功能，成为国家昌盛、民族团结的推动力。妈祖精神无疑是中华民族的优秀文化遗产。

国内妈祖庙除沿海各省,还在辽宁、吉林、贵州等均有兴建。国外较密集的有日本、朝鲜、巴西、美国、加拿大、墨西哥等以及非洲、东南亚各国。这当中数福建湄洲妈祖祖庙(987年建)历史最悠久。除本文中三种说法外,不同称呼有十余种之多。各地妈祖庙的结构造型及各类雕刻,都是古建筑艺术精品。有的还保存大量古代科技精华:山东长岛庙就有古航模350多艘,莆田涵江天后宫存有明代星图,天津天后宫存有古灭火"水机"。综上所述,"妈祖信俗"超越了"迷信"范畴,融科技、商贸、外交等内容和人们的精神支柱于一体,被公认为世界级的优秀文化遗产。愿我们余姚能进一步将其发扬光大,发掘、利用这一文化遗产,为促进国际交流、经济文化繁荣及和谐文明社会的建设做出更大贡献。

余姚临山天后宫

文 沈信标

　　1127年，南宋建立后，因北方被异族侵占，江南一带出产的粮食、棉花、丝绸、茶叶、陶瓷品等物品，往往通过杭州湾航道海运到宁波和山东、江苏、福建、广东沿海一带港口，是海上丝绸之路的前端。

　　地处杭州湾南岸的临山镇，正处于这条航道的中心，镇北面有一条狭长的山脉横亘在海边，山脉的西段凤尾山与东段的庙山之间，山体内凹，形成一个屏蔽的小港湾，能为航船挡浪避风，故俗称风湾，常有东来西往的货船、渔船停留于此。

　　宋元时，这条航道尚属太平，元末明初时，倭寇开始骚扰浙东沿海。

　　明洪武二十年（1387），为防御倭寇侵犯，朝廷在临山筑城建卫所，称临山卫。基于临山卫为杭州湾海道要冲，为保护海上漕运，建卫之时，就在卫城东北，风湾东面的庙山上，敕建了一座妈祖庙（天妃宫）。所谓"敕建"即由皇帝批准，朝廷出资建造，说明了官方对妈祖信仰的重视和推介。

　　天妃宫自明初建造后，到抗倭斗争激烈的嘉靖三十五年（1556）、至四十一年（1562），又进行了两次较大的修缮，至晚明渐废圮。

　　清康熙二十三年（1684），皇帝对妈祖的封号由天妃晋升为"天后"，乾隆三十八年（1773）朝廷敕文重建临山天后宫。至晚清神庙又渐废圮。

　　中日甲午海战（1894）中战败受辱之后，民众对妈祖信仰再度盛行，希冀妈祖能发挥神力护国庇民。清光绪三十一年(1905),附近村民戚俊民等发起,募资重建天后宫。到1958年,庙圮而改作他用。

现在的天后宫是当地善男信女以佛教居士林的名义集资赞助,自1993年起,陆续重建的。因为随着改革开放的深入,人们物质生活水平的提高,精神层面也有了多元化的需要。妈祖信仰群体已从最初的从事海运、捕捞的船员和身受病痛的病人扩展到各类人群。如办厂经商的求发财,读书的求学业,有职务的求官运,大龄子女求婚姻,不孕不育的求子嗣。把妈祖娘娘尊奉成了神通广大、无所不能、有求必应,能入世为民众解决实际问题的"大众神祇"。所以,近年来,天后宫的殿宇扩增很快,装饰更加金碧辉煌,香火更加旺盛。

临山天后宫的妈祖神像,与真人大小差不多,头戴凤冠,身披霞帔,面容慈祥,在幔帘旗幡的掩映下,端坐在銮驾之中,接受人们的膜拜祈祷。銮驾上方,悬挂着上书"海国澄清"四个烫金大字的横匾,两旁抱柱上的一副楹联是:通法自然,信士真祈祈太平;善业感天,娘娘显圣佑康泰。概括了妈祖的功绩和人们的美好愿望。

临山的妈祖庙几经废圮修建,但有五件附属设施却始终保持不变,

余姚临山天后宫(赵顺峰摄)

体现了临山天后宫的亲民特色。

一件是宫前天井旁高耸着的一根七八米长的旗杆,上面挂一盏红灯,每逢暗夜雾雨天,红灯点燃后,如航标照耀在杭州湾上,为迷航的船只指引方向。

第二、三件是神像左边,有一个船模和一匹白马塑像,船模象征妈祖娘娘常乘船出海救助;白马代表妈祖的坐骑,认为妈祖不但是海上保护神,还赐福陆上民众,医病消灾,恩泽方圆百里,有了坐骑,可以及时赶赴需要救助的地方。

还有两件是神像右边,辟有妈祖娘娘的一间寝室,室内摆放着一张精雕细刻、做工讲究的千工床和梳妆台,据说求子嗣的妇女在神像前祈祷后,再在眠床沿坐一坐,就会更加灵验;想美容的姑娘,只要坐在梳妆台前梳梳头、照照镜,就会变得漂亮。这使娘娘的寝室成了妇女心目中的圣地,这就是临山天后宫的与众不同之处。

天后宫的香火很盛,一年之内祭祀不断。祈愿的不管提什么要求,

余姚临山天后宫（赵顺峰摄）

都明白一个"有愿必酬，心诚则灵"信条，而且也懂得"宁可欺人，不可欺神"的道理。所以对酬神相当重视，一经许愿则必须诺行。

酬神的方式大致有三种：

第一种是在神像面前祭祀。供品有素三牲或素五牲（把米粉捣揉成形后蒸熟，并适当涂些红绿色）及水果、茶食等。

第二种是在功德箱内捐助香火钱或置办帐帘、佛幔、匾额等物品捐给庙堂。

第三种是在三月廿三妈祖生日和九月廿十天后宫庙会期间，聘请戏班子在庙前广场上唱戏酬神，一台或数台不论，以绍剧、越剧传统戏为主。

过去还有一种以救赎式的、自虐式的方式来酬神的。事先在妈祖面前许下重愿，后来已达到愿望的，就在天后宫巡神赛会的巡游队伍中，化妆成囚犯，肩扛木枷，项挂索链，跟在神轿后面；更有甚者，上肢裸露，两肩平伸，用铁秤钩吊住臂上皮肉，下悬一盏油灯，臂上鲜血淋漓，令人惨

121

不忍睹，俗称"挂肉芯灯"，是对信徒身体和意志的极限考验。此种方式现在已经消失了。

临山天后宫建在庙山东麓，倚山临海，坐西朝东。庙宇依山就势，逐坡而上，共有三进，天后宫为最高一进。北眺杭州湾，船帆、海鸥历历在目，蓝天白云下，海北岸的山林屋宇也隐约可见。

天后宫历来是姚北一带妈祖信仰文化的中心和游览观赏的胜地。

清雍正《东山志》曾描绘过临山天妃宫的胜景："庙山北陇，空旷爽垲，人多游骋于此，东临大塘、花宫、神宇、磴道、烽台、高低层楼如画。明初建天妃宫以护海运，栋宇辉煌，照耀海上。官兵岁祀甚虔，而士女之嬉游者亦最盛，盖一方之宛邱也。"明清二代吟咏天妃宫的诗作甚多，清康熙、雍正间的余姚名士陈梓的七律诗《麟山天妃宫》则是其中一首：

> 紫殿岧峣倚翠屏，潮声当户走雷霆。
> 舟师酹酒魂有悸，估客焚香手戒腥。
> 环佩丁东通溟漠，风涛咫尺显精灵。
> 海乡尚鬼成遗俗，威福都凭土偶形。

由于600多年来的沧桑之变，杭州湾潮水北退，原先濒临大海的庙山一带已渐成一片广袤的海涂平原。如今，天后宫的北面是辽阔的榨菜种植基地，东面是颇具规模的果园，桃红菜绿，四季如画。天后宫西面的凤湾，现今已建成休闲乐园，鱼塘垂钓、珍禽养殖、绿色土产、田园风光，受到旅游观赏者的钟爱。而天后宫则是这个园区中最引人入胜的核心景点。

（作者1946年生，系地方文史资料和非物质文化遗产研究者）

慈溪杭州湾湿地（竺仕宝摄）

区域概况

慈溪境内的妈祖信仰与天后宫

文 王磊

  慈溪地处东海之滨，杭州湾南岸，东离宁波约60公里，北距上海约148公里，西至杭州约138公里，依山滨海，是长江三角洲南翼环杭州湾地区沪、杭、甬三大都市经济金三角的中心，文化底蕴丰厚，个性鲜明。现市境系1954年由三县北部划成，皆北濒海。

  《宁波市志外编》载，慈溪县，本会稽之地。唐开元二十六年（738）置州于鄞，乃析其地为三县，慈溪居其一焉。然县曰慈溪者，因邑人董黯孝养其母而得名。按唐崔殷作《董孝子庙记》云：黯后汉人，孝行著于乡邑，和帝召拜郎中，不起，厥后世为名族，故以董孝名乡,慈溪署县。慈溪上林湖越窑遗址,为全国重点文物保护单位。

据《慈溪县志》《余姚县志》《观海卫志》《余姚六仓志》等旧志记载,在慈溪境内,原有天妃宫多处,龙山所、浒山所、观海卫、坎墩、新浦、胜山等地均有分布,名称不一,或称妈祖庙,或称天后宫等。

慈溪境内的胜山历史悠久,山上有南宋古庙,至明代敕封为"圣母祠",其后俗呼"胜山庙",香火鼎盛。胜山庙中的"圣母祠"供奉圣母,凤冠霞帔,威仪大方,目光慈祥,当地亦有人俗呼胜山娘娘(胜山老外婆)。

古志亦云:胜山上有天后宫,俗呼圣母娘娘,灵显最著。渔人夜入海,没身水中,候潮汛至,每举网,辄退行三步,至岸乃已。黑暗中偶一转身,则莫辨南北,不知何者为岸,性命危在顷刻,急呼圣母娘娘求救,水面必现一红灯。循灯行,便得归路。

这里的先民们经常出海打鱼,或远航经商,加上包括福建人在内的四海移民比较多,所以对妈祖特别崇拜。但也有人提出,明清政府因求航海安全,曾规定沿海卫、所要建"天妃宫"祀妈祖,所以把胜山娘娘认作妈祖。无论是胜山娘娘还是天后妈祖,两种称呼之所以能够保留至今,足见其都是品德高尚和无私奉献的海上保护神,民众亦乐见其成。

慈溪市观城镇,有一个名叫天妃宫村的村庄,因村中建有天妃宫,所以当地民众和附近村民经常来此拜祭,久而久之,该村就名为天妃宫村。

在坎墩,民间流传有妈祖助力修塘的传说,并有拜谒祈福的风俗。三北民间亦有妈祖神助建筑海塘的传说。妈祖神助建筑钱塘江堤的故事也在坊间流传。作为昔日的海口集镇,坎墩的妈祖信仰也有过旺盛之时,只是由于泥涂的不断淤涨并最终演变成为陆地,后人才不再从事海上作业,昔日万头攒动、人流如潮的香火旺地才每况愈下和门庭冷落。

龙山天后宫庙宇古老,气势恢宏。与新浦、观城等地一样,当地民众之所以信奉妈祖,地处沿海和与福建人交往都是主要原因。伏龙寺在兴建和发展过程中虔奉妈祖娘娘,为传播妈祖信仰文化做出有益贡献。

(作者系地方文化研究者)

大爱妈祖 — 妈祖信仰在宁波

慈溪胜山圣母祠

✍ 王清毅

胜山天后宫圣母殿远景（蔡雷摄）

　　今宁波市属慈溪市的妈祖信仰历时久，祠庙多。址在胜山的祀妈祖之圣母祠，则是慈溪市境最早出现、妈祖信仰活动历时也最长的一处所在。此后，续建的妈祖祀庙有：建于元代龙山旁的妈祖庙，明洪武间观海卫、龙山所、三山所（又称浒山所）内的天后宫，还有散见于今观城镇、坎墩街道、桥头镇、白沙路街道等地先后所建的天妃宫、娘娘殿、天后宫、圣母殿。

胜山天后宫（蔡雷摄）

  治学严谨的黄宗羲曾选辑历来姚人诗作成《姚江逸诗》，内收宋人黄巨川《越泥山》诗，并注明诗作者黄巨川为"绍兴六年进士，通判应天府，历御营使"，这与《余姚彭桥黄氏（思孝堂）宗谱》中《黄巨川传》所记合。又据该谱：秦桧当权时，岳飞被害致死，黄巨川叹息道："天下事可知，吾其左衽矣！"于是巡视海滨，登上悬泥山（今名胜山），并隐居结庐山中再不出仕。如黄巨川其人其事不虚，《越泥山》诗也并非后人伪托，那么据其诗句"越泥仙洞有仙游，圣母祠经大未修"或可证在岳飞遇害的绍兴十二年（1142）前，胜山已有圣母祠，圣母者，即妈祖也。黄巨川诗中所称"圣母"，当非自己夫人虞氏也。这圣母祠之称沿至明代嘉靖间还在通呼，这可由曾于嘉靖三十四年（1555）五月参加三山所城抗倭保卫战的时人潘用晦的《胜山》诗以实证之："谁擘芙蓉峙海涯，天然胜概一蓬莱。奇环巨浸青螺拥，秀插高峰锦帐寒。圣母祠前云鹤舞，仙人洞口雨龙回。东南得此中流柱，巩固皇图永不推。"

  圣母祠，原在胜山顶，《临山卫志》有记："山顶平正，古建圣母庙于

其上,址石犹存,故名胜山"。民国九年纂成的《余姚六仓志》也有胜山庙之记:"在胜山南,中殿为天后宫",妈祖曾封"天后",则胜山天后宫所祀天后,即妈祖。当地民间习称胜山娘娘,俗呼胜山老外婆。这许是船户渔人等对妈祖指称的地方泛化。又有传云:胜山老外婆,则是指一位住在胜山上、总在夜间悬灯为人指示方向的老婆婆;也有人说圣母系黄巨川夫人虞氏者。以上传说或可谓是妈祖信仰的地方版吧!

　　关于民间对胜山娘娘的灵迹与敬虔,历代口碑相传,不绝如缕。地方文人也曾留下诗文,如清代坎墩秀才胡杰人应乡人所请,为祭天后撰文,其中有句:"后(天后)能杯渡,舟行闽广,能教铁舰咸安;道入海关,顿使风帆无恙。曾显神通于台省,咸瞻庙貌于胜山。悯入海而迷津,红灯屡照;应征麟而送子,丹桂频联。妇女祈求,铭恩最广。仕商感戴,报德无涯。"又如孙绳祖在其《瓶庐琐志》中记道:"胜山上有天后宫,俗呼圣母娘娘,灵显最著。渔人夜入海,没身水中,候潮汛至,每举网,辄退行三步,至岸乃已。黑暗中偶一转身,则莫辨南北,不知何者为岸,性命危

胜山天后宫圣母殿(蔡雷摄)

在顷刻,急呼圣母娘娘求救,水面必现一红灯。循灯行,便得归路。"读以上文字,则可看出,它一定程度地折射出人们对妈祖信仰的心理需求。

胡、孙所称的胜山天后宫中圣母娘娘,民间喜称胜山老外婆,这一俗呼,透着人们对妈祖浓浓的亲情,至今仍缭绕在祭祀她的香火里。胜山坐落在胜山镇大湾村,2011年镇村响应慈溪市人民政府"绿化慈溪"的号召,在胜山上增栽苗木植树造林,缘于对"老外婆"的历史情怀,群议将所植新林,取名"外婆林",并立碑传昭:

胜山天后宫圣母殿内供奉的妈祖(蔡雷摄)

胜山曾名越泥山、悬泥山,本为海中孤屿。宋人黄巨川留《越泥山》诗,中有"圣母祠经大未修""黄沙滥曲渔家集"等句,当证其时胜山已集居民并崇祀海上保护神妈祖。此风历元明清而不衰。胜山老外婆者,传云系当地黄氏老太,向来助人为乐,尤能以妈祖为榜样,数十年间,于山顶高挂风雨灯,指示夜间过往行船、赶海渔民方向,使船、民免遭海难。

远近百姓,视其是妈祖的活化身,亲切尊称她为"老外婆"。

(作者系方志专家,《十里长街坎墩》副主编)

慈溪坎墩娘娘殿

文 王清毅

今浙江省慈溪市坎墩街道（此境域1954年前属余姚县）历史上有过浓烈的妈祖信仰，浸润过深厚的妈祖文化。当年周家路的娘娘殿与央水塘跟的圣母殿，就是供奉妈祖神的祀殿，只是大约在清末民初异化或移用了。

妈祖确有其人，姓林名默，祖籍福建莆田县湄洲屿，生于北宋建隆元年（960）三月廿三，这是目前大多数人公认。此外也有持生于后晋天福八年（943）等说法，逝于宋雍熙四年（987）九月九日。林默自幼聪明，勤奋好学，后来从巫，勇于助人。林默谢世后，这位渔家姑娘被群众奉为地方保护神，历代统治者出于政治需要，不但接纳了这尊民间信仰之神，而且不断在神化妈祖上升级，自宋至清，先后褒封她为"夫人""天妃""天后""圣母（胜母）"等称号，妈祖信仰也先后由福建向外省、海外传播。民间因方言区域等关系，一些地方也有俗呼她为娘娘的。

宋代，当坎墩尚沉浸在洪波苍茫里的时候，其邻已有胜山孤突在浩渺大海中（历史上曾名越泥山、悬泥山），山上已有圣母祠出现，宋人黄巨川有《越泥山》诗，如不是后人伪托，则其诗中"越泥仙洞有仙游，圣母祠经大未修"之句当可明证。圣母祠，后又称胜山娘娘庙。

经元入明，洪武间明太祖朱元璋敕沿海卫所建天妃宫奉祀妈祖，以护海运。姚北临山卫、浒山所自不例外，也分别建起天妃宫与天后宫。

明成化间潮塘筑成，紧接着又建坎塘，真是沧海桑田，昔日沉卧大海中的坎墩脱海成涂，由涂而地，移民众集，俨然成海口集镇。由于政治的、经济的、军事的、交通的、文化的需要和周边如临山卫天妃宫、浒山所天后宫、胜山圣母祠的先期存在及影响，明嘉靖间，在倭寇屡由海上进犯的严峻形势下，坎墩自觉接纳妈祖文化，奉祀妈祖神的娘娘殿与圣母殿应运而生。

临山的天妃宫在康熙、雍正间的宫貌及祈祷妈祖的俗况，赖有名动京师公卿间的布衣陈梓的一首《麟山天妃宫》诗而形象地保留了下来。麟山是临山的雅名，陈梓把家乡的天妃宫写得意象兼盈、笔致深婉："紫殿岩峣倚翠屏，潮声当户走雷霆。舟师酹酒魂有悸，估客焚香手戒腥。环佩丁东通溟漠，风涛咫尺显精灵。海乡尚鬼成遗俗，威福都凭土偶形。"坎墩娘娘殿、圣母殿虽没有翠屏似的临山作靠背，殿貌也可能不如临山天妃宫那样的岩峣宏敞，但应该是一样的面海，一样的可闻涛声如雷。至于两地的舟师、船户、商贩、渔夫都会在各自的妈祖庙中，同样虔诚地再三洗手戒腥后，小心翼翼地在神前酹酒、焚香祈祷，表现出严守禁忌的

慈溪坎墩娘娘殿（刘良飞摄）

慈溪坎墩娘娘殿供奉的妈祖（刘良飞摄）

自觉，希望在茫茫大海中始终有一身环佩叮咚作响的天妃娘娘立于涛头之上护佑平安。既然是邻近的海乡，临山与坎墩又都系历史上的越地，越人"信鬼神，好淫祀"，因此便都有尚鬼的遗俗，威福也自然一样的都凭土偶形了。换句话说，大家把一生的平安、吉祥、福寿都信托给了妈祖神，心头少了一分惶恐，多了一分踏实。

人丁兴旺是旧时人们的迫切心愿，生子育女是过去妇女至为关切的人生课题，特别是那重男轻女的时代，求子更是妇女朝思暮想、梦寐以求的。海乡的妇女往往将观音送子的恩惠，请由妈祖来实施。陈梓虽然没能在那首诗中写到，而乾嘉间的坎墩人潘朗却把耳闻目睹的这种乡风写进了他的《海村竹枝词》，剪辑出那个时段的求子写意图："祈儿少妇郁金香，遥指高高胜母墙。默祝神前无别语，明年上巳换新装。"远望着娘娘殿高耸而肃穆的院墙，心头装着十二分虔诚的郁金香，默默地念祷祈愿的是敬请圣母娘娘能送她一位贵子，到明年三月上旬娘娘殿祭典时，我一定穿上新衣到神前来叩谢您的大恩大德！潘朗真是大手笔，四句诗就把祈儿少妇勾勒得形神鲜活，一种妈祖送子的风情令人印象至深！

　　人们对海神妈祖的信仰，不仅是向她祈求海上平安，也不仅是向她祈求生儿育女，而且还把她视为主宰风调雨顺、战争胜负、祛病求吉甚至佑助护筑海堤等万能之神。望重而典隆。坎墩有每逢三月上巳之日举行祭祀妈祖的大典。庆典之前，必请当地文笔高手撰写祭文，以敬告妈祖。这种活动在同治间还极盛，胡杰人的《赛竹楼骈文》中收有他的一篇《祭天后文》，使我们能想见当时的坎人对妈祖的生平、身价、神通、功勋的了解和称颂，反映出对祀典的虔诚和祭祀之隆重。其实《祭天后文》还可以当作妈祖文化的宣传篇章来阅读，由此可以看到当时坎墩具有这种文化的氛围和深受其浸润的状况。祭文行文典雅，声韵上口，对仗工整：

　　　　持危救苦，圣神垂莫大之功勋；夏禴春祠，今古有不刊之祀典。仰芳徽于圣母，考轶事于天妃。尝闻天福八年，诞降叶瑶池之梦；亦越雍熙四祀，高升等阆苑之仙。普德泽于瀛洲，事殊鹿女；耀效灵奇于沧海，身出龙宫。非关坐石而修，早入慈悲之室。时或拈花而笑，独开自在之天。人喜灯传，后能杯渡。舟行闽广，能教铁舰咸安；道入海关，顿使风帆无恙。曾显神通于台省，咸瞻庙貌于胜山。悯入海而迷津，红灯屡照；应征麟而送子，丹桂频联。妇女祈求，铭恩最广；仕商感戴，报德无涯。结香火之因缘，每岁欣逢上巳；奉频繁之祀事，同人咸颂林壬。敬告。

　　如果一个原本没有妈祖信仰、没有接触妈祖文化的海地人，只要能读懂这篇祭文或了解大意，一定会被文章打动，而投入到隆重的祭典中

去,而结香火之缘、同人之缘,去祈求妈祖恩惠了。

人间正道是沧桑,变是常理。作为意识形态范畴的一种信仰、一种文化也会随着时空、政治、经济、军事、交通等诸多因素的制约与影响,发生或兴或衰或异化,甚至消亡。

妈祖信仰虽非宗教,不过寓变其中也是同理的。坎墩的妈祖信仰、妈祖文化虽然有过先前的兴旺期,但至清末民初,昔日的倭患与猖獗的海盗已随历史远去,海上相对平静;当地官方对妈祖的信仰与奉祀已失去了抬举与过问的热心;尤其是随着坎塘以北的泥涂不断淤涨成陆,海堤渐次北筑,坎墩作为昔日的海口集镇已日渐远离海洋,当年妈祖信仰者的后裔,往往不再操祖宗旧业,不再去做奔波大洋的海商、不再去当经营海上客运或货运的船户与老大、也不再去做从事海上捕捞的渔民……海洋疏远了他们,他们也疏远了海洋,甚至断绝了交往。他们少了或已没有要向海神妈祖祈求保护海上平安的愿头,这就使他们对两殿中的妈祖神冷淡起来,出现怠慢情绪,甚至不予理睬。少了、断了信仰妈祖的居民,不要说隆重的祭典风光难再,就连娘娘殿、圣母殿的一般香火也难以为继。昔日万头攒动、人流如潮的香火旺地,竟然是门前冷落车马稀,而且每况愈下,以致后来出现了"钟鼓不闻尘雾锁,萝封碑石迹模糊""破壁有巢鸣燕雀,神谟无主宿鼪鼯"的衰凉场景。

终至两殿或被修葺,或经改建,或为庙宇,或成庵堂了。虔诚于菩萨或新神的人们,对妈祖还算宽容,没让娘娘、圣母离殿去浪迹,而是在她们圣号后面送缀上"菩萨"两个汉字,便悄然改变了她俩的身份,利落地完成对娘娘、圣母的佛化,留列在众菩萨与各神祇中。留则留矣,但娘娘、圣母的妈祖神身份已改,久而久之,妈祖的概念在人们的头脑中模糊了,妈祖文化最终也从坎墩这一区域文化中淡出。坎上有关娘娘殿的民间故事、传说中的"娘娘",虽有妈祖神或"妈祖姐妹神"的影子,但或多或少地异化了她(们),这恐怕就是妈祖文化淡出后的民间形象创造。

慈溪龙山天后宫

文 余华达

龙山天后宫位于龙山镇西门外村老街东段2号，是慈溪市开展第三次全国文物普查时重新发现和认识的。

天后宫是为船工、渔民、航海运输业民众祭祀天妃，举行酬神演出及聚会娱乐的场所，旧时每月初一、十五，逢年过节，香火旺盛。每逢天妃诞辰（农历三月廿三），通常还举行庙会，表演龙灯、高跷、旱船等，非常繁华。旧有诗云："旗飐桅樯集万艘，碧溪漕运溯元朝，天妃庙貌依稀在，金鼎香烟绕绣袍。"

在天后宫内供奉着一位女神——宋代福建莆田湄洲屿（一说贤良港）出生的林默。传说她自幼聪慧，15岁便精通医理为人治病，决心终生行善济人；她熟谙水性，常渡海救助遇险船工和渔民；她还能观察风云变化，预测天气，告诉船户可否出航，保护渔舟、商船的安全，被人们尊称为海上神女。宋雍熙四年（987）九月初九，林默28岁时因救人谢世，去世后被奉为神祇，立祠供奉，尊称"妈祖"，也称"海神娘娘"。

龙山天后宫历史悠久，庙宇古老，龙山一带民众均称西门外村的天后宫为娘娘殿。娘娘殿始建于元至正十六年（1356），初号妈祖庙。相传永乐年间郑和七下西洋，靠妈祖保佑成功而归后，奏功明成祖，故妈祖又被加封为"护国庇民妙灵昭应弘仁普济天妃"，于是龙山妈祖庙也命名为"天妃宫"，清康熙二十三年（1684），清廷又特封天妃为"护国庇民昭灵

龙山天后宫（陈玉贤摄）

大爱妈祖（孙群豪刻）

显应仁慈天后"，"天妃"上升为"天后"。清道光二十年（1840），由西门外村郑氏、李氏、周氏三族百姓出资重修"娘娘殿"时，把天妃宫又改成了天后宫。根据当时的史料和家谱记载，天后宫（娘娘殿）建造时间比明朝开国皇帝朱元璋派信国公汤和建造观海卫城与龙山所还早31年。自明朝起，妈祖文化传入日本、琉球。后传入东南亚各国，近代传入香港、澳门、台湾，随着华人海商的足迹又传到欧美、新加坡、法国等地。

天后宫外的西门外老街，旧时店铺林立，现存道上光亮的青石板、红石板，诉说着它旧时的繁华。明时龙山所依海而建，人们以渔为生，以船为命，从事着张网、串网、溜网等捕捞作业，在海洋生存中，渔民们在大海洋里拼搏，一方面要依靠风帆与桨橹在辽阔洋面上驰骋，战天斗地，当然也需要掌握必备的天文、水文和气象等知识，但更重要的是需要某种精神上的寄托和安慰，即安全感。

在当时，古代人们抗御海上风浪能力很弱，海中气象又千变万化，如只靠船老大平时的经验预测和估计，时常发生海难事件，给渔民、航运家带来不幸和灾难，给人们的生活带来不安，人们都渴望时时特别是在发生海难和危险时能得到具有超自然力量的神灵的庇护和保佑，想借海洋保护神天后娘娘的圣灵，来保佑平安。故渔民、商士等共同集资建造了这座天后宫。

天后宫气势恢宏，占地1.2亩，宫宇呈长方形，长38米，宽12米，朝北坐南，正门朝东北方向，面向滔滔东海大洋。走进大殿，屋阔四开通间，为单檐歇山造型，利用8根石柱作基盘，用大松木作柱架，大梁上和石柱里、门枋上刻有"五龙腾云""八仙献寿""桃园结义""麒麟送子"等精美图案。桩上刻画着戏曲、风俗人物，并配有26对龙、狮、麒麟、鱼鳖、乌

龙山天后宫（陈玉贤摄）

大爱妈祖

妈祖信仰在宁波

龙山天后宫（陈玉贤摄）

龟、仙鹤等吉祥物。墙壁上雕刻有松、梅、兰花、莲花、桂花、荷花等图案。可以说，天后宫是一座集建筑艺术、石雕艺术为一体的艺术建筑。走进天后宫，是一个大天井，天井两旁有两口5米长3米宽的长方形水池，这是过去渔民养鱼、放鱼的放生池，据说是通海之池。跨进后殿，神台上坐着端庄、和蔼、美丽的妈祖圣母。她头戴凤冠、冕珠，手托如意，双眸远眺茫茫海洋，内穿紧身红色凤袍，外披着金色凤披衣，衣裙上绣着天蓝色大海浪花,善良、神气。左方神台上吊着一只3米大小航海帆船模,被人们千百年来崇敬和信仰;神台旁雕刻着"二龙戏珠""麻姑上寿",檐柱上雕画龙、鱼、虾、蟹、鳌。西门外天后宫在上世纪60年代"文化大革命"中破坏惨重,只有一部分保存下来,甚是可惜。

在三北沿海,旧时有天后宫多座,究其原因:一是地处沿海,海洋文化传播性强,故对海洋保护之神妈祖十分信仰;二是慈溪境内众姓居民和镇戍卫所之士兵来自福建,故妈祖信仰随之传播,坎墩、新浦、观城等地相继都有天后宫、妈祖庙建立。

海内外人们尊称她为"妈祖""护海女神""湄屿观音",还因妈祖有无私奉献、见义勇为、扶危济困的高尚情操和中华美德,在世界各地和海峡两岸都有祀奉妈祖的天后宫庙,成了民族团结、和平安乐的象征。妈祖精神传遍世界,不仅是中华民族的光荣和自豪,而且是全球性的非物质文化遗产。

(作者1945年生,系地方文化研究者,宁波市非物质文化遗产"龙山黄泥螺"传承人)

慈溪伏龙寺虔奉妈祖娘娘

◎ 释传道

寒寺慈溪伏龙寺，正在建设中的药王殿，拟供奉药王菩萨、观音菩萨和妈祖娘娘。此种考虑安排，常有人发问。恰又逢王国宝先生发心"大爱妈祖"系列弘传活动，故撰此文，以释其中诸多因缘。

末学于1991年剃度出家，1993年幸至南海普陀山紫竹林，勤修三学。其间，常遇南方，尤其福建泉州、莆田等地信众，不远千里前来普陀朝拜观世音菩萨。在与他们的交流中，明显感受到了他们对观世音菩萨和妈祖娘娘的虔诚与感恩。在他们眼中，信奉观世音菩萨和妈祖娘娘，

伏龙寺药王殿妈祖圣像效果图

伏龙寺琉璃宝殿

并不矛盾,都虔心认为妈祖娘娘实为观世音菩萨的化身。

此说,各界可能会有些不同的观点。然依末学看来,理应如此。先来看妈祖娘娘之起源,综合《三教神仙源流大全》和各地的碑记中的记载,可知妈祖姓林,福建莆田湄洲人氏。其母王氏,曾梦见南海观世音菩萨,给了一朵优婆罗花让她吞下,于是怀孕,十四个月生下妈祖。诞生之时,异香传数里,经旬不散。妈祖"五岁能诵观音经""十一岁能婆娑按节乐神"。

其次,妈祖娘娘与观世音菩萨,法像有诸多相同处。瞻仰之,皆具面部圆润,双肩圆满,皮肤细腻,牙白而齐,嘴唇红润等特征。再次,妈祖娘娘与观世音菩萨道场也相互重叠。普陀山为观世音菩萨道场,南海观音,世人皆知。而妈祖娘娘道场遍布东南沿海。

而最为重要的是,两者皆为女众形象,充满慈爱光辉。都是到处寻声救苦救难,普度众生。对于妈祖娘娘,信众出海必祈请护佑,又能满足求子祈愿。这与观世音菩萨完全一致。可以认为,对于这两位菩萨,我们信众朝拜祈请,犹如顽皮的孩子向母亲提出要求一般。无论妈祖娘娘,还是观世音菩萨,都充满着母爱的慈祥。

2006年,末学受地方政府委派,来到伏龙寺,负起重续伏龙寺之任。民国高僧弘一大师曾于此三次驻锡,前后达一年之久。后大师便去了福建驻锡,直至最后示寂于泉州。泉州与妈祖娘娘故里莆田相邻。为寻觅大师行迹,末学曾多次前去闽南,故而也多次朝拜妈祖娘娘,对妈祖娘娘的敬仰也愈深。

如今,日本,东南亚诸国,如马来西亚、新加坡、泰国、印尼、越南、菲律宾等地,都建有供奉妈祖的庙宇。其中又尤以马来西亚和新加坡为盛。而我国宝岛台湾,妈祖娘娘信仰十分普遍,台胞三分之一以上信仰妈祖,其中台南一地即有100多座庙宇,对妈祖娘娘信仰之热情可见一斑。

其实,妈祖娘娘诞生地莆田也好,末学所在地宁波也好,以及妈祖娘娘信仰兴盛的其他地方,都是沿海地区或本身即为海岛,皆是受海洋地域气候影响,容易遭受灾难,故亟须观世音菩萨和妈祖娘娘的护佑。两位菩萨相同处太多,甚至可算重叠。如定要相比较,妈祖娘娘要更为世俗些,直白地说即更接地气。众多信众认为妈祖娘娘为观世音菩萨之化身之观点,无论从何角度,应该都是可以接受的。故而,末学所在伏龙寺,秉承人间佛教思想,本着服务信众之实际需要,拟于新建药王殿内一起供奉观世音菩萨和妈祖娘娘圣像。

虔奉妈祖拜观音,伏龙殊胜结因缘。

(作者系宁波慈溪伏龙寺住持、弘一书画院法定代表人)

伏龙寺大殿遗址

奉化新姿（严龙摄）

区域概况

奉化境内的妈祖信仰与天后宫

⊗ 张牵牛、陈志诚

　　奉化位于浙江东部沿海，最早历史可追溯到约6000年的河姆渡文化时期，古越人在此繁衍生息。公元前222年，秦灭楚后奉化设鄞县，县治在今西坞街道白杜村，奉化历史拉开纪元序幕。

隋开皇九年（589），并余姚、鄞、鄮三县入句章，治小溪。唐开元二十六年（738），设奉化县，境域范围大致与今同，是古时宁波的南大门。后虽然元时升州，但隶属于宁波的体制未变，延续至今。奉化东北为地势平坦的宁奉平原，东南角背山面海，经象山港通往东海，南连宁海县，西南多山。

俗言"靠山吃山，靠海吃海"，这种形象而又准确的说法在奉化历史烙上了深深的痕迹。莼湖、裘村和松岙东南三镇，因耕地较少，百姓为了生存和生活，只能以海为生。南宋宝庆《四明志》记载奉化风俗时描述："右山左海，土狭人稠……濒海小民，业网罟舟楫之利，出没波涛间，变化如神，习使然也。"可见奉化沿海的渔民，早在此时已经擅长在海上捕鱼和经营。这虽与"以农为本"的传统封建社会生产生活方式大相径庭，却也反应出勤劳的劳动人民不畏艰险、征服大自然的魄力和勇气。但古代人类的力量在广袤的海洋面前显得那么弱小，甚至不堪一击，台风、季风和暗礁等情况无法判断，欠缺经验或者运气不佳，一场台风就可以让在海上的船只葬身大海，一个巨浪可以将船上的物品洗劫一空。无情的大自然让人无助和恐惧，渴望得到保护和安慰，这也促使人们将希望寄托在神灵身上，祈求获得保佑和平安。

西汉初年，闽越与瓯越（温台地区）发生战争，东瓯国迁至安徽，大片无人地遂被闽越移民占领。随后，浙东沿海一带的宁波，从南朝、唐末、两宋、元明之交，直至清初海禁开放以后，也一直是闽人北迁的目的地之一。北宋时，被朝廷册封的"海神娘娘"——妈祖林默，随着福建以莆田为中心的沿海渔民和移民的迁徙，其精神信仰和生活习俗，包括妈祖信仰一并落根，并在当地修建了祭祀妈祖的场所——天后宫。两宋时期，闽人开始大量移居奉化，今家谱中就有记载妈祖文化信仰的相关事迹。

从目前调查来看，奉化天后宫仅在松岙镇有两处，其他镇、街道未见。此两座天后宫在清末的光绪《奉化县志》和《忠义乡志》也有记载，均被亲切地称呼为娘娘殿。笔者调查时曾问天后宫在哪里？七八十岁的老年长者一头雾水，均不知情。经详细攀谈才知本地均唤做"娘娘"，而非"天妃"或"天后"。

第一座天后宫位于松岙镇湖头渡村南海边,清奉化《忠义乡志》载:"天后宫,湖头老鼠山,俗呼娘娘殿。照墙旁有短碑卧地,其文漫灭莫辨"。今建筑为近年新建,面宽三间,院有围墙和门台,门额楷书"天后宫"三字。正殿中奉妈祖娘娘神像一座,两侧神像各一。天后宫至今仍香火鼎盛,每逢每年农历三月廿三妈祖生辰和其他节日,对外开放,附近渔民和信徒前来祭拜,举行隆重的祭祀活动,在此地影响较广,深入民心。

第二座天后宫位于松岙镇海沿村东南约 3 公里的屿田山顶,《忠义乡志》载:"天后宫,屿田山顶,俗呼娘娘殿。"此处天后宫位于原海涂中央的一座小山上,现为一村民私宅。妈祖神像供奉于民宅后进明间玻璃橱窗内,旁有童子塑像两座和"天后宫"牌匾一块,布局略显简陋。今询问住户了解,新中国成立后原天后宫被分给他家使用,后因台风等原因房屋倒塌和维修,因此原古建筑风貌不存,只有殿前木柱石柱础似是旧物,令人惋惜。不过每逢初一、十五会有人前来祭拜,八月初十本地信徒会请僧众念经做佛事。

奉化松岙等东南三镇今地域面积达 264.8 平方公里,海岸线长达 91 公里,总人口 10 万,如此广袤的面积和庞大的人口基数现仅有两处天后宫,与本地近千年妈祖文化的影响不符,相比象山等地数量显得较少。究其原因,有以下几点:

(一)因地域限制历史上天后宫数量偏少。奉化第一大姓王姓唐代开始逐步占据今大堰、溪口山区一带,平原地区多早期居民居住。而福建北迁移民,只能通过海路或宁海象山北迁,移居今松岙、裘村和莼湖三镇,很少迁到奉化内陆平原或山区。如奉化松岙的卓氏迁自福州长乐,莼湖林氏迁自莆田桂花村等等。在文化传播上有"隔山不隔水"之说,此三镇北、西均有大山脉阻隔,对外交通不便,与周边文化交流太少,妈祖信仰没有散播到其他地区。因此历史上奉化天后宫数量本不多。

(二)信仰分化。松岙老镇上的景佑庙,距今松岙海沿天后宫直线距离仅 2.5 公里,是本镇历史上最为著名的宗教场所。明初被朱元璋誉为"开国文臣之首"的宋濂,曾作《景佑庙记》,其中记述北宋元祐(1086～1094)中,一位渔民海上遇危险,"呼神求救,公(景佑庙神)见于空中",并将船救至庙下。这段文字虽然略显夸张,但可见早在妈祖去世后即宋雍熙四年(987)不久,松岙部分渔民在危难时刻呼救本地的神灵而非妈祖,妈祖信仰文化在此时尚未在本地普及。另外,今号称"中国第一渔村"的莼湖镇桐照村,也很少信奉妈祖,倒是在本村的陈君庙,香火旺盛。

奉化自古有非常多的寺、庵和道教庙宇等,松岙等东南三镇亦如此,本地航海人群或渔民,最早信奉的不是妈祖。后期也可能因各种原因,海上保平安会祈求包括妈祖在内的多位神灵。

(三)航海人数逐步减少。今松岙、裘村两镇,往东海捕鱼的渔民较少,只有少数人在近海捕捞小鱼小虾。莼湖镇桐照村虽有远海捕鱼船,但数量从十年前的600余艘下降到200多艘。东南三镇更有不少人在浅海滩涂或内陆进行海鲜养殖,出海捕鱼人数比以前少了很多。新中国成立以来的"公社化"运动、集体生产制度是渔民减少的第一个阶段;改革开放以来,就业途径和其他工作机会增多,也使渔民人数减少。大吨位客货轮船和渔业资源的萎缩,导致航运和渔业人口减少。航海人数逐步减少导致信徒减少,信徒减少致使天后宫破败或者消失。

现两处天后宫,相比本地其他寺院道观庙宇等,建筑略显破败,辐射范围窄,影响力较小,但作为本地传统信仰和习俗的一部分,是珍贵的历史文化遗产,妈祖文化亟待社会各界关注、支持和保护。

(张牵牛,奉化区文物保护管理所馆员;陈志诚,地方文化研究者、高级工程师)

奉化湖头渡天后宫

文 卓信康

湖头渡（又称泊埠头）天后宫坐落在老鼠山南端湖头渡口山顶上，其面朝象山港，前东侧为小列山，西侧有大列山，旁边又是浙江造船厂所在地长沙湾。正中面朝小列门，面前是广阔的象山港罗头洋、白头洋渔场。过长沙湾，渔船可进伍佰岙湾港避风。所谓伍佰岙湾，号称同时可停泊伍佰只船只。浙江造船厂始建于上世纪60年代，又称反帝造船厂，改革开放后改为现名。

天后宫又称天妃宫，据资料记载，其始建于元仁宗皇庆元年（1312）。光绪辛丑年《忠义乡志》吴文江撰文记载："湖头渡老鼠山天后宫俗呼娘

奉化松岙湖头渡小列山

娘殿，照墙旁有短碑卧地，其文漫灭莫辨。"天后宫扩建于清道光十年，以后在各个时期都进行过多次修缮。

吴文江（1857～1897）是奉化裘村镇吴江泾人，贡生，著有《枌社备稽》八本，《县志校勘》两本和《忠义乡志》等。

天妃为护航、捕鱼之神。北宋时，福建莆田湄洲有个叫林默的女子，生前为拯救海难，多次在海上救人，一次在海上营救遇险船只时不幸遇难，当地百姓为纪念她，建庙祭祀。

当时航海行驶和下海捕鱼的船只都较为简陋，且常遇不测风涛。下海人希望平安，化险为夷，便把林默敬为神明，称之神女。危急时刻，祷祈于她。

湖头渡的地理位置十分特殊，它位于象山港北岸中部，元时筑有炮台、屯过官兵，明清建有巡检司、驻有官兵百余名，不仅是捕鱼渔场还是交通隘口。其东通舟山、定海，背靠鄞州堇山大山，北行百坑岭、黄泥岭古道，可到鄞州东部各个山区村宅，有"象山渡，奉化路，走过天下路，难过湖头渡"之称。清末鄞县塘溪镇沙家村沙孟海之父沙孝能曾有诗曰：

> 海色连山色，人家画意中。
> 渡头喧过客，岛畔歇渔翁。
> 矮屋临高岸，轻帆挂远风。
> 那知幽僻地，直与五洲通。

作为海上"丝绸之路"始发埠之一，湖头渡自然而然地成为一个重要港埠，妈祖信仰也随着航海和海业的发展不断传入和输出，海神福佑众生的传说亦不胜枚举且令人崇拜。

元大德十一年（1307），数百艘船舶在象山港一带捕鱼。一天突遭特大暴风雨袭击，其时天象一片漆黑，忽又雷电交击，狂风掀起恶浪，船上人危在旦夕，人们当即祈求林默娘娘拯救保护，说来也怪，只见刹那间

天空明亮,所有船舶得以急速进港避风且安然无恙。同年七八月间,民间发生瘟疫,死者相枕,停泊在伍佰岙的数百艘渔船的船员也受到感染。他们同样也祈求林默娘娘,希望保障人们平安无事,不多时果然如愿。由于屡屡逢凶化吉、化险为夷,林默娘娘的声名威望越发受人尊崇,并逐渐深入人们心底。随着航海业的发展,湖头渡也随之兴旺,天妃娘娘的信仰文化也不断地深入人心。元皇庆元年,为纪念天妃娘娘圣德,由卓文贯等人发起,在老鼠山、泊埠头上建庙一座,以求近拜祭。

卓文贯,生于宋淳祐六年(1246),卒于元至顺二年(1331),终年86岁。举人,历任青田县令、两浙盐运司某职,一生清正节俭,潜心经史,是松溪卓氏十三世人。其祖琇公,宋建隆四年(963)从福建长乐徙海来松溪,其子卓点是象山教谕,经常渡海回家,经受耳濡目染,与妈祖神化结下深厚之情。

清道光十一年(1832),由卓启镐出资发起重修天后宫,并定每年三月廿三为天后宫娘娘纪念日。

民国八年(1919),松岙一艘渔船和桐照几艘渔船到舟山岱山捕黄鱼。当时松岙船的老大是桐照人,船行驶岱山洋面,洋面白茫茫一片,无际无岸。在捕鱼时,风暴突起,随之雷电闪鸣,狂风恶浪和倾盆大雨扑面

松溪卓氏宗谱(卷十六)

而来,洋面上的船只如同树叶般,有的漂浮打转,有的舵折船覆。在多数船只遇难的危急情况下,唯有松岙船老大当即跪拜求助湖头渡泊埠头天后宫娘娘,危难时刻,似是真有神灵护佑一样,顿时风平浪静,而这时他船上缆绳只剩下几根篾丝吊着,锚缆都快要断了。要是锚缆一断,马上就会船沉入云(方言,指生死不明)。收锚后,船到岱山东沙角,海边沙滩上早已是一片哭声,场面凄冷,十分悲惨。得救后的船老大等人认为这次化险为夷,全靠天后宫娘娘保佑,他就把遇险经过讲给老板听,老板当即派卓和顺到湖头渡天后宫娘娘殿还愿,其中卓和顺发起并捐资修缮了天后宫,顺德堂族宗亦出资捐赠小列山一爿(指一座)、湖头渡里塘稻田二亩半,将其收入作为祭祀之费用。

沧海桑田,世事变更,天后宫在1943年遭日舰炮击。那是在抗日战争中,即1938年,国民革命军194师125团一个营奉命驻鄞县咸祥镇横山码头。该营为阻击日军在此登陆,修筑了坚固的防御工事。据《鄞县志》记载,"淞沪战时,国防部第一厅拟定宁波防守计划",本计划以日军不能侵入长江或于杭州湾北岸登陆或在长江下游作战受挫时,即可能在杭州湾南岸或象山港附近上岸为预备条件。预备登陆地主要以地形判断,即"宁波沿海一带淤泥多,而水浅,大部队不能随处上陆,其间可为大部队上陆者惟象山港之横山埠头附近及之伏龙山附近两处而已。"于是,在湖头渡以东各个重要点为抗战初期宁波防守的重点。

194师进驻横山埠头的一个营,以横山埠头为中心,西起湖头渡,东至球东村海岸进行布防,沿岸建筑碉堡和地堡,远在海塘背面挖掘了曲线形或折线形的堑壕。并且在小列山东侧沿海,也修了堑壕。确如宁波防守计划所预测,由于象山港口停着军舰,日舰频频轰炸骚扰,不时还有敌机绕圈侦察。象山港江道两边潮涨是大海,潮落是海涂,岸上既多小丘,又无良好道路,不适宜大部队登陆。1940年,日军就发起宁绍战役,驻防横山之营随师部也开赴前线作战,其防御工事遗存得以保存下来。

1943年的一天,在湖头渡老鼠山上的天后宫庙宇,被日军疑以为是

面朝大海的奉化松岙天后宫（刘良飞摄）

奉化松岙天后宫供奉的妈祖神像（刘良飞摄）

碉堡和地堡,于是日舰多次对其进行炮击而毁尽。

天后宫被炸毁之后,次年由湖头渡十一保保长牵头,向各甲募捐筹资,在原址上修缮天后宫,三间平屋,并塑好神像。

然而到了1976年,天后宫被奉化海带育苗厂征用,并最终被毁之殆尽。改革开放后,政通人和,社会稳定,人民生活富裕。下海的和曾经下过海的人们,凡遇恶劣天气,必想起妈祖信仰、崇拜,于是有更多的人思念她的恩惠。尤其值得一提的是,谢才女的祖先一直生活在湖头渡海边,她们以海为生,对天妃娘娘的信仰文化深入心底。她出嫁后,依然时刻想念天妃娘娘。有天深夜她还在梦中得天妃娘娘指教,治好了当地老百姓的怪病。人们为报答天妃娘娘的恩惠,在谢才女的带头下,筹资三万余元,于2008年在旧址前80米处建造房屋一间,塑神像一尊。同年,又在谢信宽、赵国华等人的策划下,在左右两旁又各造一间,并筑好围墙,此后每逢三月廿三等重大节日,当地信众都会为娘娘举行祭祀活动。湖头渡天后宫三月廿三祭祀娘娘活动,从清道光十年开始。每到三月廿三,本地和附近下海的人们陆续走来,东有瞻岐、咸祥、合岙,对港象山,西有桐照、栖凤等等。人们从四面八方赶来,有乘船的、有行走的,东道主更是赶早准备,张贴好"天妃恩惠赛神仙,泊埠船只通九州"等楹联,并点上香烛,摆好贡品。时灯烛通红,香气扑鼻,人丁兴旺,场面十分壮观。人们跪拜许愿,念念有词,祝愿"风调雨顺,国泰民安,年年丰收,岁岁平安。"

其时埠头海滩上还摆放着食品和日常用品,人群熙熙攘攘。祭祀活动有读祭文、拜天地、拜天妃、祈祷许愿等等,希望船只平平安安,下海人顺顺利利。人们在乐声和笑声中,度过热闹的一天。

(作者1939年生,系奉化松岙镇街二村人,地方文史资料研究者)

奉化松岙天后宫与妈祖信俗

文 张牵牛

位于奉化东南的松岙镇,也是距离城区最远的乡镇,今陆地面积 51 平方公里,海岸线长 18 公里,人口约 1.3 万。先秦时属于越国范围,唐代为鄞县阳乡,北宋归属忠义乡,民国为奉化第四区,新中国成立后改名松岙乡,今为松岙镇。

松岙历史上山多地少,是典型的背山面海型地理环境,由于古代海平面较高,耕地几乎没有,居民基本靠海生存,经营捕鱼为主,且居民以北迁的福建移民为主。如本地第一大姓卓氏,6000 余人,约占全镇总人

屿田山、湖头渡天后宫位置示意图

口的一半，据其家谱记载北宋时迁自福州长乐。同根同源的历史因素，以海为生的生存方式，使得妈祖信仰在此地落地生根。松岙镇是目前奉化仅有的发现供奉妈祖庙宇——天后宫的地方，早在清光绪《奉化县志》中记载："天后宫，县东九十里屿田山。一在湖头老鼠山，俗呼娘娘殿"。

海沿村屿田山天后宫。位于海沿村东南约3公里，方圆面积约2000平方米，周围农田。清光绪奉化《忠义乡志》载："屿田山，金钗山南，海岛，今筑堤成塘"。可见原来屿田山为一座海岛，后在此筑堤造田，但现在海塘位于此处南侧1.5公里处，可能后期海塘又向外扩大。

经实地探访，此处天后宫现今为私人宅院，其主人介绍是五十年代土改时分给他家的，自己家在此居住已六十多年。当笔者提出疑问庙宇怎么会被分给私人当住宅时，主人说不信可以拿土地证出来看。天后宫经历台风吹毁和多次改建后，与原貌截然不同。

天后宫建于屿田山南侧山顶，坐北朝南，面朝大海。为防止海水侵

屿田山天后宫外景

屿田山天后宫内景

袭，宫前筑有高低两重半圆形石头堤岸，山脚有石头踏步拾级而上。今堤岸仍在，踏步已被水泥覆盖。现山顶天后宫各前后三进，均为单层硬山顶，水泥砖混结构，前进明间为门厅通向水泥天井，后进檐廊梅园石柱础和阶沿条石疑似是清代原天后宫遗存。房屋前、后进的次间住人，只是在后进明间的玻璃铝合金橱柜内，供奉着妈祖娘娘的神像一座，旁有童子塑像两座和"天后宫"牌匾一方，前摆供桌，供人祭拜。笔者翻阅2008年奉化三普调查资料时，发现当时已被改建，原样无存，仅留基址，近年又有翻修和改动。

据主人介绍，每逢初一和十五，或者春节等时日，会偶有人前来祭拜。农历八月初十，有人会请僧人来此念经，仪式隆重。但妈祖生辰农历三月廿三，及妈祖飞升的农历九月初九，却没有任何活动，主人也不知为何八月初十举行祭拜活动，令人费解。

不过可以明确的是，古代天后宫在松岙及附近信徒的心目中，仍然有着崇高的地位。从选址来说，现在整个约十平方公里的松岙平原四面环山，仅南侧留有一条东西向宽约 860 米的出海口，屿田山大致位于平原中心。平原在未筑海塘前，可能为海，或涨潮为海、落潮为涂的环境。在这个绝佳的中心位置制高点上，通常会修建比较重要的建筑，而天后宫在此修筑最是恰当。

湖头渡村天后宫。原位于湖头渡村南老鼠山，今山被夷平，在原址附近海边重建。光绪《忠义乡志》载："天后宫，湖头老鼠山，俗呼娘娘殿。照墙旁有短碑卧地，其文漫灭莫辨"。现建筑为 2008 年重建，坐北朝南，面宽三间，院有围墙和门台，门额楷书"天后宫"三字。正殿中供奉妈祖神像一座。走访湖头渡村民得知，天后宫可能初建于宋元时期，到民国时因战争毁坏，后又重建，新中国成立后被国营奉化海带育苗场征用，近年又迁址重建，历经波折。所幸的是，至今仍有不少本地或附近的信众，包括渔民和普通人，都会时常前来祭拜，香火不断。每逢每年农历三月廿三日妈祖生辰，农历初一、十五对外开放。特别是每年妈祖诞辰吉日，会举办盛大的祭典活动，在湖头渡一带热闹非凡，深得人心。

湖头渡村天后宫

湖头渡村天后宫

至于为什么湖头渡天后宫要在此地修建？

第一，湖头渡是奉化东大门，向东极目，便是茫茫大海。此处修建天后宫，又位于小山之上，地理位置较好。当古代的渔船回港到松岙，看见的第一座建筑即为天后宫娘娘殿。出海打鱼时，看见的最后一座建筑也是娘娘殿。这对海上风云莫测的渔民来说，有海神妈祖的保佑和庇护，是莫大的心理寄托和安慰。夜间行船，娘娘殿的灯火还能起到灯塔一样的航标作用。

第二，湖头渡村位于松岙最东，也是奉化最东，扼守奉化东大门，历来是军事重镇，《奉化县志》记载其为"奉邑第一要害"。湖头渡东、南临海，西、北为山，翻过西山头，便是松岙平原，可从此借陆路长驱直入奉化和宁波。为此，宋元时期，在松岙湖头渡村设有田下巡检司，驻扎官兵，管理海防、缉拿盗匪和维持边境治安。明代倭寇作乱，侵扰沿海居民，复又在湖头渡设置了塔山巡检司和长岭烽火台等军事设施，用于驻军和传递信息。烽火台修筑于奉化东南三镇的高山上，同鄞州、象山、宁海一带的烽火台隔空相望,可互相传递军情,为当时抵御倭寇、保境安民作出了重要贡献。军事重镇另一个侧面反映的是其对本地社会的影响力。驻军会带动本地经济消费,推动普通人口聚集和增加。为此,湖头渡人口基数的增长,尤其是靠海渔民的增加,经过千年的繁衍和发展,奠定了妈祖信仰的人数基础,也是湖头渡修建天后宫的最可能原因。

两处天后宫,均供奉与松岙历史渊源较深的妈祖,感念海神娘娘对船员的保佑。虽然现今科技发达、气象信息了解及时、对神灵的科学自然观普及,但千年来的文化积淀,终将让妈祖娘娘长存于松岙等奉邑儿女心中。

宁海湾（尤才彬摄）

区域概况

宁海境内的妈祖信仰与天后宫

✎ 李恒迁

　　宁海位于浙江省东部，长江三角洲南翼，北连奉化市，东北濒象山港，东接象山县，东南临三门湾，南壤三门县，西与天台、新昌为界。早在新石器时代，就有先民在此生息劳作，西晋太康元年（280），始设宁海县，悠久的历史积淀了厚重的地域文化。

　　宁海目前还保留着一些原始的民间风俗。如宁海的龙舞，是过去人们敬神、请神、娱神的主要祭祀活动之一，历史悠久，源远流长。宁海的灯舞，则是沿海人民祈求五谷丰登，风调雨顺，吉祥如意，生活幸福，以及出海捕鱼安全返航等的向往与心愿。宁海的祭孔舞也曾是众多的极具特色的祭孔舞蹈之一（现在却很难见到了)。

宁海属于妈祖文化圈内的重要地区之一。宁海县乡土文化专家应可军先生曾作过调查和研究,发现宁海历史上曾有大大小小的妈祖庙20余座,有的叫"天妃宫",有的称"娘娘宫",大多称"娘娘庙"。信奉妈祖多是历代船工、海员、商人和渔民,宁海妈祖信仰形成的主要原因可能与居民迁徙相关。宁海县历史上从外省迁入的居民有相当一部分是福建人,他们漂海北上,定居于宁海沿海一带,如力洋毛屿村民很多是从福建迁徙而来,而这些移民本来就虔诚地信仰妈祖,迁居宁海后,其民风习俗,甚至船舶制造技术(毛屿平头舢板在宁海相当有名)也沿袭了下来,依然保留着古老的妈祖信仰,胡陈港钓鱼礁娘娘庙就是毛屿人始建,他们的信俗影响着周边居民的信仰。特别是林姓人,都认为其是妈祖的后裔,他们以最大的热情信仰妈祖,而其他姓氏又与林姓联姻,妈祖也是他们的骄傲,因而妈祖信仰活动非常活跃。无独有偶,福建莆田也有叫宁海的地方,其地有座圣墩庙,路允迪乘船出使高丽途中遇狂风巨浪,即是向莆田宁海的圣墩庙神女请求庇护,最终化危为安,被传为千古神话。

妈祖信俗是以崇奉大爱精神为核心,以妈祖宫庙为场所,以庙会、习俗和传说等为表现形式的民俗文化。宁海的妈祖宫庙,都分布在长达176公里的海岸线上(围垦前远不止此数),现有的妈祖宫庙,有的独立存在,有的附属于其他神庙,或者是多庙合一。

由于宁海地处三门湾,因滩涂淤涨、围海造田,村落与海日远,渔民变成了农民,信众转向了妇女,水母娘娘变成了送子娘娘,再经上世纪中后期的文化断层,妈祖信俗有所衰减。同其他地区一样,近些年在频繁整治小庵小庙,按照"堵疏结合、正确引导、合理布点、规范管理"的原则,各地基本上都采用了"保留式、集聚式、依附式"相结合的方式,对小庵小庙进行整治和集中管理,因而,相当一部分妈祖庙建筑被改作他用,令人遗憾。

(作者系《宁海古村落》主编,地方文化研究者)

宁海娘娘宫

文 李恒迁、吕晓岚

千百年来,人类与海洋之间的关系密不可分。妈祖,作为海洋文化中最重要的民间信仰神,在全世界范围内拥有数亿的信众,在海上丝绸之路沿线地区信众尤多。浙东沿海一带,特别是背山濒海、渔业繁荣的宁海,属于妈祖文化圈内的重要地区,流传着不少有关妈祖娘娘的动人传说。

据长街《龙山陈氏宗谱》记载,清康熙(1661~1722)后期,风调雨顺,国泰民安,沿海居民安居乐业。勤劳勇敢的龙山居民靠着土地与海洋的馈赠,过着自给自足的生活。然而原有的土地难以养活逐渐增加的人口,于是他们决定在村前辽阔的海涂上围海造田。

乾隆初年(1736~1795),龙山人又一次决定联手围塘。他们对外塘、焦头、长垅这片海涂进行勘测,决定从村西南的山嘴(现外斗门处)开始到村东南的天打岩筑一条长600多丈的围海大堤。勤劳的龙山人伐木打桩,砍柴填缺,抛石压柴,运土筑坝,几经寒暑,终于大功告成。可谁知大潮汛一来,堤岸决堤,大坝被冲,多年努力转眼付诸东流。浸染了大海的气魄与坚韧的龙山百姓毫不气馁,在大家的顽强努力下,大堤坝一次次筑成,却又一次次被汹涌的海潮冲毁。如今我们还能看到的外塘墩、长垅墩、焦头墩、悬水垅墩等高墩,都是当年大堤坝一次次被冲所形成的。

中秋当晚,天文大潮导致大堤坝第四次被冲。次日一早族长帮正公、帮道公、光芬公等人来到被冲的缺口处察看汛情。这次不但合拢的大堤坝被冲,其他好几段堤岸也被毁,被毁长度共有一百多丈。望着屡次被毁的堤坝,想到这几年为了围海,已将村庄财力、物力几乎耗尽,村民们欲哭无泪,心情十分沉重却无可奈何。

正在这时,不知是谁发现在堤坝外十几米处有两排整齐的脚印,自西向东排列。这就奇怪了:谁会这么早就在海涂上行走呢?仔细观察发现,这些脚印轻且小,像是女性所留下的,但迈开的步伐却很大,大得出奇……疑点重重,大家百思不得其解。正当这时,一位头戴竹笠、身背渔篓、长须飘飘的老者出现在众人面前,众人见此翁气度不凡,便以心中的疑问相询,老者说道:"这是水母娘娘走过的足迹。"说完竟倏忽不见。

水母娘娘,即民间尊奉的妈祖,她受历代帝王册封,封至天妃、天后、天上圣母,水母娘娘是民间俗称。大家立刻明白,这是妈祖娘娘在给大家指点迷津!此足迹线确是一条理想的筑堤线。大家不顾海涂泥泞,一齐跪下向妈祖娘娘致谢祈祷。

按照妈祖娘娘指引的筑堤基线筑堤,工程进度快得惊人,并且一次就堵缺成功。从此一条又高又大的长堤屹立在海涂上,如海上长城,固若金汤,任凭风吹浪打,岿然不动。大堤内的海涂经村民蓄淡开垦成了800多亩良田。村民自此又过上了丰衣足食的生活。

为了报答妈祖娘娘的恩德,清乾隆十年(1745),大家在堵缺的堤坝内侧(今娘娘宫村北)建造了一座红墙青瓦、飞檐翘角、雕梁画栋的"妈祖宫",内奉祀妈祖娘娘,后人世代春秋祭祀。该庙俗称娘娘宫。后来庙边有了居民,建立了村庄,该村就叫"娘娘宫村"。

1950年后,该庙改作轧米厂房,后又改为供销社,最后拆建为卫生所,仅存东厢檐阶石及部分道地所铺的石板。娘娘宫村民不忘这位造福于民的妈祖娘娘,于2009年在遗址旁重建了"妈祖宫"。这座庙不但是

长街境内十多座妈祖庙中最为雄伟的,也是宁海县境内所有妈祖庙中最为雄伟的。

长街伍山道士岩山上另有座娘娘庙——东山洞娘娘庙,它俯视着碧波浩淼的岳井洋,洋上往来的船只都受它佑护,周边乡邻对它非常虔诚,庙里香火很盛,这背后也有着神奇的传说。

相传伍山有个王姓村民,日常以讨小海为生。其孝心在周边的村落中是出了名的。时值蟹壮虾肥之际,他的高龄老母常念叨白蟹是如何的鲜美。他清楚,老母是馋白蟹了。于是他选择了合适的潮讯,来到岳井洋的海边"车白蟹"(一种用小网抲蟹的方法)。

王某是远近闻名的"车白蟹"高手。这天,他来到岳井洋惯常"车白蟹"的地方,想趁着好潮汛大捕一场。不曾想网网落空,毫无所获。正在迟疑之际,他忽觉网中有异样触动,心中大喜,立即起网,谁知竟是一只沉重的石香炉!正准备把它扔回海中,忽然间发现石香炉做工精致,朦胧中似有袅袅香烟冒出。他对着石香炉自言自语道:"香炉啊香炉,如果保佑我下一网能车满白蟹,我就把你带回供奉"。说完王某又撒一网,果真收起满满一网白蟹!于是他相信这只石香炉必是神异之物,便挑起担子,一头白蟹一头石香炉地担着回家。路人异之,问其缘由,王某只说"宝贝,宝贝"。待至道士岩山脚,担着石香炉的这一头猛地往下沉,如有千钧之重,任他使尽全力也无法担走向前。

想起母亲常常说起"不肯去观音"的传说,王某思忖着石香炉莫非有灵性,于是说道:"香炉啊香炉,如果你想在此落脚,那我担起时,你这一头就往上翘;如果想跟我回家就不要沉着不走"。当他重新挑担时,石香炉这一头竟真翘起,王某如自己所承诺,将石香炉留在此处。

回家后,他将此奇事告知母亲,老母亲竟说"对了,对了"。原来,老母亲昨夜做梦,见祥云浮起于海面,云间隐约有仙女出没,老母亲知道这是水母娘娘降临了。加上儿子所遇奇事为印证,老母亲反复叮嘱其子,一定要好好建一个水母娘娘庙,供好香炉。

宁海长街娘娘宫（妈祖宫）（李恒迁摄）

第二天，王某回到道士岩山脚处，祈拜求问石香炉该供奉何处。他用两只大蛤蛎壳当珓贝问卜："香炉啊香炉显显灵，两只蛤蛎壳三次开口都朝上，我就上山供你，三次开口都朝下，我就在山脚下奉你。"结果蛤蛎壳三次都是口朝上。山上正好有石穴（名曰东山洞，天然生成），石香炉即被供奉于此。从此，传说中的水母娘娘就此安身。后来人们塑成水母娘娘像，又扩建小屋数间，庙中香火延续至今。

妈祖庙在力洋又有另外一种传说。

力洋镇外山村地处胡陈港西岸，旧称马鞍塘（因村前有一山形似奔腾骏马，名马鞍山，村以山名）。村后有一庙，名曰"娘娘庙"。其来历颇为神奇。

清嘉庆年间，村民董氏先祖下海捕鱼，见一青石浮于海上，甚是神奇。董氏先祖将其视为珍宝，请回家中。当夜，董氏有梦，一个慈眉善

目的女子告诉他，此青石为海神化身，可佑一方平安。董氏就在家前造房供奉，并祈求佑护。可是董氏生活依旧困顿，且妻子孕育不顺。后来奇石又托梦告知个中缘由，说是董氏诚心可鉴，但房后猪圈污染了仙泉。原来供奉奇石的房子后面确有一眼泉水，水出于石缝中，本是清澈甘甜，常年不竭，但建猪圈后却为其所污。次日，董氏立做迁移清洗，并在仙泉边栽花植树。此后，董氏得子连连，生活丰裕。当地村民得此消息，纷纷来此求吉问卜，问卜后出海捕捞，鱼获满仓，非常灵验。于是众人纷纷捐钱捐物，扩建庙宇供奉奇石，称"娘娘庙"。一时香火鼎盛，成为周边村庄的保护神。据说隔海村民听闻奇事后为求平安，竟将奇石偷偷抱走供奉，亦有灵验，可惜其后奇石不知所终。"文化大革命"时期，"娘娘庙"被捣毁，2004年重建。

此类传说有众多版本在宁海地区广泛流传，且在胡陈港、白峤港还曾有"大鲨鱼拜娘娘"、"海猪（豚）拜娘娘"的壮丽景象。据力洋红岩洞娘娘庙石碑所记：八月十五大潮汐时期，成群大鲨鱼从三门湾海口游入胡陈港上游，大鲨喷水，小鲨腾跃，场面颇为壮观。此景被两岸百姓称为"大鱼去力洋红岩洞拜娘娘"，直至胡陈港大坝合龙后才不复有此奇观。无独有偶，三月廿三——妈祖生日的前后几天，白峤港也会惊现"海豚拜娘娘"之景：大批海豚（俗称海猪）犹如黑色潮水般沙沙地涌进港口，时而跃出海面，时而潜入水中，来至茶院东南溪前墙头娘娘庙码头，行点头礼后潜回水中出港。这种奇特的海洋生物自然现象，被当地百姓称为"海猪拜娘娘"。近年来由于海豚数量锐减，此等壮观之景亦不复存在。

在宁海，"妈祖"被称为"天妃娘娘"，纪念妈祖的庙，有称"天妃宫"或"娘娘宫"。妈祖是渔民的保护神，也是宁海沿海民众的巨大精神支柱，下海远航前他们必到妈祖处焚香礼拜、祈求平安，世成惯例。妈祖崇拜是渔民信仰的一部分，所以妈祖庙多建在码头或岛屿上。据初步调查，我县历史上曾有过大大小小的妈祖庙20余座，主要分布在三门湾畔，少数分布在象山港畔。

然而随着社会发展与时代变迁,生产生活方式巨变,人们大肆堵港围田,沧海变成桑田,对妈祖的信仰由航海保护神渐而转向司子嗣,信仰人群由渔民转向广大妇女,所以妈祖娘娘又异化成送子娘娘。如力洋红岩洞娘娘庙,妈祖娘娘即被塑成送子娘娘,但其塑像旁边仍保存着船模①。上世纪中期开始,妈祖信仰之风日偃,如长街龙浦湘岙的娘娘庙近期倾圮;大麦塘娘娘宫,建粮库时被拆;亭头娘娘宫,造公路时被拆,曾推倒重建,后因造沿海大通道时又被拆,现仅残存石柱;胡陈港口钓鱼礁娘娘宫,清代末年毛屿人所建,建冷藏库时庙被拆掉,后移建在礁顶上,规模不大。

世道转换、人事变迁,妈祖的传说却世代延续。当我们触摸着这一座座尚存的娘娘宫的青砖残瓦时,地域文化、民族历史的温度就这样在我们的指尖蔓延不绝,使得我们能够隔着千百年的时光,仰望先民祈求平安、富足,并希望与自然和谐共处的朴素愿望和对天道自然的坚定信仰。

(李恒迁,《宁海古村落》主编;吕晓岚,地方文化研究者)

---

① 若单从娘娘名称与船模这两个特性分析,西店樟树村的将军庙中的娘娘和西店海口皇封庙中的送子娘娘疑似妈祖像。

宁海娘娘宫村的妈祖庙

✎ 葛云高

娘娘宫村的妈祖庙位于宁海县城区东郊,坐落在长街镇的香花山下,长亭港畔龙山塘的百丈块头地方。距县城35公里,距长街镇所在地3公里,沿海南线公路穿村而过,交通便捷。

明嘉靖元年(1522),时龙山塘围海造田。面对潮水大、工程难、进展缓慢,发起人林绅士眼看一次又一次围成的大坝被海浪冲毁,村民的心血成泡影,为此他茶饭不思,心事重重。一天,他拖着疲倦的身体,坐在靠山的海塘边工地蒙眬入睡,梦见海面上祥云满天,霞光普照,一位红衣

宁海娘娘宫(李恒迁摄)

海神娘娘脚穿红缎鞋,手抱如意徐徐降落在他的身旁,指点他围塘的坝基形状。不一会儿林绅士醒来,发现这是南柯一梦。但奇怪的是退潮后,原筑坝基的不远处出现了长长的一行脚印。林绅士想,莫非是妈祖娘娘指点的坝基状。于是,他就召集各村围塘的首事,讲述梦境情况,经与众围塘首事商量后,焚香膜拜,祈求妈祖娘娘保佑,同时许下了宏愿:若海塘围成,建庙来祭祀妈祖娘娘。后来在妈祖娘娘的保佑下,各村民众团结协作,经过三年的千辛万苦,终于围成龙山塘坝。

各村首事们也是说到做到,塘坝围成的第二年,即明嘉靖四年(1525),由龙山村、新城村、梅㕔村、长街村、大湖村、山头村等二十七村,决定出资合建一座"天妃宫"。明嘉靖五年(1526),建成了坐北朝南的大殿五间,东厢房三间,西厢房三间,建筑面积约400平方米,占地面积约700平方米。大殿当中神龛供奉妈祖娘娘,旁有童子和侍女。左边神龛供奉土地公和土地婆,右边神龛供奉财神和文昌帝君,两边站立千里眼、顺风耳诸将。

庙和佛寺、道观不同,奉祀的多是当地境主爷、保护神,源于远古宗教中对自然力的崇拜。随着社会的发展,自然崇拜色彩渐渐消失,神转而具有人格化。因此,神一般由历代聪明贤哲人士、英雄或功臣来充当,所以,妈祖就是人格化的神。娘娘宫村妈祖庙是为纪念她围龙山塘的功绩,所以建庙奉祀。

古代聚落通名一般有家、房、屋、庄、宅、园、厂等,这些通名往往在前面加姓氏,以"姓氏 + 通名"形式使用,带有明显的宗族色彩。其中多以"家"最为通行,其次为"房、屋、庄",再次为"宅、园、厂"等,反映民众重宗族重血缘的居住特点。

然而娘娘宫村名却很特殊,它不是以姓氏命名血缘的村落。在清同治元年(1862),各地的外乡人聚居在"天妃宫"的周边后,形成了一个聚落,有金、胡、葛、娄等姓氏居住。他们当时想取什么村名好呢?一时想不出来,看到有名望的建筑物实体"天妃宫",就直接将"天妃宫"作为村名,

称为"娘娘宫"村。另一方面,也是为记住妈祖为民造福的恩德。有句谚语是"先有天妃宫,后有娘娘宫村",就是对娘娘宫村的起源作形象化的说明。

娘娘宫村的"天妃宫"在明清时期的宁海名气很大,家喻户晓,各地香客到此朝拜,香火鼎盛。因有二十七村合建,有20余亩田地的收成供"天妃宫"日常开支所用。在农历三月廿三妈祖诞辰日和农历九月初九羽化升天日,二十七村的信众都要到"天妃宫"举行隆重的祭典。祭典有主祭一人、与祭若干人,司仪、司香、读祝文等各一,还有司钟、司鼓、司乐、司僚等执事。祭典在鸣炮、鸣钟奏乐中开始,主祭、与祭等各就各位虔诚地上香、行三跪九叩大礼,接着行"初献礼""亚献礼""终献礼",最后是焚祝文、焚宝帛,在香烟缭绕、钟鼓齐鸣和震天炮声中礼成。

整个祭典过程,雍容肃穆,瑞气氤氲。二十七村妈祖信众,一万多人聚集在天妃宫之前,虔诚上香、膜拜、祈福,虽然人山人海,依然秩序井然,真是一瓣心香到天妃宫。传说在祭典之日,长亭港中的大鱼也跃出水面,点头来膜拜妈祖娘娘。

可惜的是,1949年土地改革时,天妃宫内的神像遭毁。"文化大革命"

宁海娘娘宫(李恒迁摄)

中,两边厢房又被龙浦卫生院拆毁。而后整座大殿无人修理,慢慢被风雨侵蚀并最终倒塌。到2006年,以娘娘宫村老人金振岳为首事,组成七人小组,筹建"妈祖庙"。在周边各村信众的踊跃乐助下,筹得资金四十余万元,在原天妃宫的地基上历时三年,建成一座歇山顶式的三开间妈祖庙,建筑面积约240平方米,占地面积约3000平方米。还重塑了全堂神像。

新建的妈祖庙洁净美观,围墙大门两边立有两盏高8米的升降式天灯,烧经用的经库,像小宝塔一样屹立在围墙边沿,道地上有铁铸香炉一只,两座灯台排列两旁。庙大殿的殿门楣上,悬挂有"妈祖宫"匾额一方。廊柱有"千山匍匐朝天后,万水逶迤拜海神"对联,庙大门柱两旁有"千秋妈祖慈爱同日月,万姓儿孙平安共海天"对联。庙内妈祖神龛两边柱有"邀寰海庙宫同敬三炷香,携普天儿女齐喊一声妈"对联。此三联为著名诗人、浙江海洋学院海洋文化研究所所长、中文系教授方牧(王学渊)题写。

2012年中华妈祖文化交流协会副秘书长周金琰一行应邀前来传播妈祖文化时,向该庙赠送清乾隆五十三年(1788)为妈祖进行国祭时,"护国庇民、妙灵昭应、弘仁普济、福佑群生、诚感咸孚、显神赞顺天后"的圣旨仿印件,现挂于庙内东墙。

民间信仰,自古以来就是随着社会的发展而形成的。近年来,妈祖信仰具有多方面的文化意义和社会功能,所以在2009年9月30日,联合国教科文组织决定将"妈祖信俗"列入世界非物质文化遗产,成为中国首个信俗类世界遗产。

"传闻利泽至今在,已死犹能效国功"——这是宋代状元黄公度的诗句;"扶危济弱俾屯亨,呼之即应祷即铃"——这是明成祖永乐皇帝的题诗。这些诗句即是对妈祖精神的高度概括,同时又说明历代政治家和文学家都很重视发展妈祖的教化功能,希望使这一民间信仰成为促进国家昌盛、民族团结、民生富饶的推动力。

(作者系宁波市非物质文化遗产《方孝孺传说》名录传承人、宁海县徐霞客研究会会员)

宁海斗门头村的娘娘庙

文 葛云高

宁海县力洋镇斗门头自然村有一座小庙，叫护龙庙，又称娘娘庙，坐落在该村的大洋山西麓、力洋港口斗门头埠边，距宁海县城区27公里，距力洋镇政府所在地约500米。沿海南线、盛宁线公路在此相接且穿村而过，交通便捷。斗门头村是属于田交朱行政村的一个自然村落，坐落于黄枝山西南的山嘴间，东近创业路，西系力洋溪，前临马袈地，故村名原称马袈地，后因有港口埠头，有陡门，改称陡门头，谐音写成了斗门头。

斗门头的村名不是以姓氏命名，原因是该村地处力洋港口的斗门头埠畔，村内建有三处陡门（斗门），为村落截住海水和田地不被海水浸入而建，故村名就以陡门（斗门）而名。村里的三处陡门（斗门）都是由条石垒筑而成的，据该村的朱姓老伯说，这些条石都是从福建运载而来的，在妈祖的护佑下一路平安抵达，造福该村。

据《朱氏谱》载，清嘉庆十四年（1809）朱昌和从田交朱迁居于此，继后又有项、应、王、周诸姓迁入。村民以农耕为主，兼营渔、航、牧，新中国成立前后，该村有近洋作业的罟船和渔船，常赴三门湾、石浦及东海大洋捕鱼。村里还有去宁海县城赶集的至白峤港埠头上岸的航船，及运输货物的三桅杆大船，运出当地的粮食、竹木柴炭等物资，然后又从宁波、上海、福建等地带回布匹、南北果品等货物。时至1961年，因毛屿港筑坝截流，海洋成了滩涂，以后就在滩涂上种植棉花、橘子、水稻等农作物，该村的船只才失去历史使命。

相传在清道光五年（1825）八月的一天夜晚，力洋港口斗门头埠头一艘夜航渡船，突遇狂风巨浪，船上的人拼命地喊救命，忽见船桅顶上闪现一道红光，有一朱衣女神端坐于上，随即风平浪静，全船人员转危为安，人人见状无不称奇，待船到对岸将要靠埠时，发现女神不知去向，后来才知道是天后娘娘显灵相救。

那时有位乘客是宁海深甽上湖人，名叫李必兆，他对天后非常仰慕和感激，以他为首事召集乡里之人，在力洋港口斗门头埠头边、大洋山西麓建一座庙，用以虔诚敬奉。于是乡里村民们有钱的出钱，有力的出力，经过一年多时间的努力，终于在清道光六年（1826）建成娘娘庙。庙宇坐北朝南，庙门朝西南大开。

此后该庙在历史长河中历经沧桑，1942年曾进行过重修，1958年庙里的神像被人捣毁。到了1992年，以斗门头村的妈祖信众为主，又开始集资重修，规模虽小，确切地说只有平屋一间，建筑面积也只有150平方米左右，但庙内依然供奉有妈祖娘娘、土地、财神和千里眼、顺风耳诸神。2006年力洋到斗门头村建硬化道路，在经过庙前时，将庙门堵塞了，重新开了朝东方向的一扇小门。后该庙又于2015年重修。

有道是潭小水深有龙则灵，庙小民爱天后则灵。《三教源流搜神大全》（卷四）载有妈祖："邑有某妇醮于人，十年不字，万方高禖，终无有应者，卒祷于妃（指妈祖），即产男子。嗣是凡有不育者，随祷随应。"在娘娘庙求子也同样应验，因而当地人也把妈祖作为施赐子嗣的神祇来崇拜。妈祖在信众心目中的地位，早已超过海上保护神的范围。近几年来，由于该庙名声鹊起，故常有香客到此朝拜，香火日盛。

妈祖在世时，所谓身为女巫，实际上是与宋代道教活动有着密切的联系，如广为流传的"窥井得符""灵符回生"等故事，尤其是神人授予铜符之后，从此妈祖神通广大，日常奔波于海上，法力玄通，人称"神女"，这是典型的由巫得道成仙的道教神话故事。

宁海斗门头村娘娘庙（冯莉莉摄）

宋廖鹏飞《圣墩祖庙重建顺济庙记》云："独为女神人壮者尤灵，世传通天神女也。姓林，湄洲屿人。初，以巫祝为事，能预知人祸福，既殁，众为立庙于本屿……元祐丙寅岁、墩上常有光气夜现，乡人莫知为何祥。"由此可以看出，自元祐丙寅（1086）妈祖民间信仰开始形成，至宣和五年（1123）"赐庙额曰顺济"，仅仅过了三十七年，官方就对妈祖信仰予以首肯。

宋徽宗本身自称为"教主道君皇帝"，他对妈祖首次封号，起因于北宋末高丽国王俣病死，其子继

位，派使者来宋告哀。宋宣和四年（另有一说为宋宣和五年），给事中路允迪奉使高丽，船在黄水洋遇风暴。恰好此船上水手从莆田雇来，危难中祈祷妈祖，因而转危为安。返国后，路允迪将妈祖显灵护佑一事上奏朝廷，宋徽宗于是赐"顺济"庙额，妈祖信仰从此获得了认可，于是妈祖神话中道教的色彩愈加浓厚，如《三教搜神大全·天妃娘娘》把妈祖列入道教诸神之中，在妈祖"俨然端坐而逝"后，"见其舆从侍女，拟西王母云"。把妈祖的舆从车仗，直接与道教尊神西王母相提并论。明代《太上老君说天妃救苦灵验经》中，又把妈祖说为"北斗降身，三界显迹，巨海通灵，神通变化"。这些无疑是把汉族民间信仰的妈祖，逐渐纳入庞杂多端的神仙谱系，进而提高了妈祖信仰的宗信度。

加之历代皇帝的尊崇和褒封，使妈祖由民间神提升为官方的航海保护神，直至今天的和平女神，可谓神格越来越高，传播面越来越广。随着近代华人的足迹，妈祖的影响也传播到日本、东南亚、美国、欧洲等国家和地区，并终将有一天会遍布全世界。

宁海斗门头村娘娘庙（冯莉莉摄）

宁海境内天后宫图志

文 李恒迁

宁海现存的娘娘宫庙均分布在海岸线上,从岳井洋、车岙港、胡陈港、毛屿港、力洋港、白峤港、一市港、旗门港到黄墩港、铁江,从三门湾到象山港仍然存在的有:长街伍山后洋娘娘庙、伍山外塘道士岩东山洞娘

娘庙、伍山月兰天后宫娘娘庙、伍山下湾塘水牛相觩水母娘娘庙、田湾岛娘娘庙、龙浦横洞平安庙中奉有天后娘娘、山头下公和村出海庙中奉有水母娘娘、五福上港村娘娘殿、龙浦娘娘宫村妈祖宫,胡陈港钓鱼礁娘娘庙,力洋外山娘娘庙、斗门头护龙宫娘娘庙、红岩洞娘娘庙、下张庙山头娘娘庙,茶院东南溪前墙头娘娘,跃龙街道雪坡村瀛岩天妃宫,越溪乡里家岙村福庆庵中奉有两位水母娘娘(俗称望海娘娘),一市官塘周护龙宫天后娘娘殿、箬岙村镇宁神祠供奉天妃娘娘、清泉寺中的娘娘大殿供奉天后娘娘、里岙村跃龙庵中有天后娘娘塑像,西店铁江村永圣庙五圣殿奉有妈祖娘娘塑像(俗称望潮娘娘)、樟树村的将军庙中疑似妈祖像和船模、海口村皇封庙中疑似妈祖像和船模。

三月廿三 —— 妈祖生日的前后几天,白峤港也会惊现海豚拜娘娘之景:大批海豚(俗称海猪)犹如黑色潮水般沙沙地涌进港口,时而跃出海面,时而潜入水中,来至茶院东南溪前墙头娘娘庙码头,行点头礼后潜回水中出港。这种奇特的海洋生物自然现象,被当地百姓称为"海猪拜娘娘"。近年来由于海豚数量锐减,此等壮观之景亦不复存在。

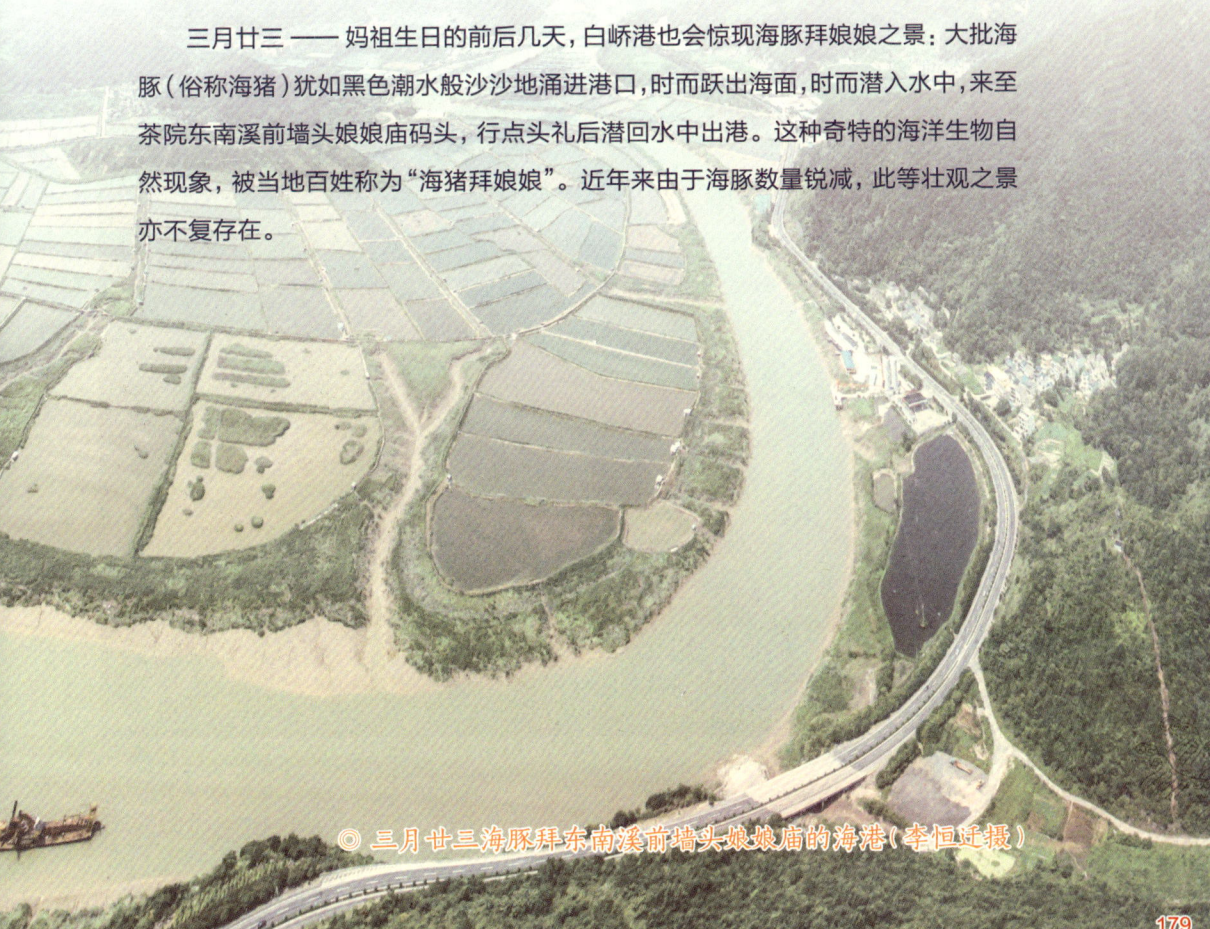
◎ 三月廿三海豚拜东南溪前墙头娘娘庙的海港(李恒迁摄)

◎ 长街伍山后洋娘娘庙

◎ 长街伍山外塘道士岩东山洞水母娘娘庙

◎ 长街伍山月兰天后宫娘娘庙

◎ 长街伍山下湾塘水牛相觑水母娘娘庙

大爱妈祖 — 妈祖信仰在宁波

◎ 长街五福上港村娘娘殿大门

◎ 长街五福上港村娘娘殿

◎ 长街龙浦娘娘宫村妈祖宫

◎ 长街龙浦娘娘宫村妈祖宫中妈祖像

◎ 胡陈港钓鱼礁娘娘宫

◎ 力洋外山村娘娘庙

◎ 力洋斗门头护龙宫娘娘庙

◎ 力洋红岩洞娘娘庙

大爱妈祖 妈祖信仰在宁波

◎ 力洋下张庙山头娘娘庙

◎ 力洋下张庙山头娘娘庙内景

◎ 东南溪前墙头娘娘庙全景（2009年重建）

◎ 跃龙街道雪坡村瀛岩天妃宫（2008年重建）

◎ 跃龙街道雪坡村瀛岩天妃宫内景

◎ 一市官塘周护龙宫天后娘娘殿

◎ 一市镇箬岙村镇宁神祠供奉天妃娘娘

◎ 一市官塘周护龙宫天后娘娘殿（周衍平摄）

◎ 一市官塘周护龙宫天后娘娘殿内景（周衍平摄）

◎ 一市官塘周护龙宫天后娘娘殿妈祖像（周衍平摄）

妈祖信仰在宁波

◎ 西店铁江村镇东廊桥边的永圣庙五圣殿内供奉妈祖娘娘

象山港日落（俞忠魁摄）

区域概况

象山境内的妈祖信仰与天后宫

文 竺桂良

　　象山三面滨海，一路穿陆，是一个典型的半岛，岛屿星罗。民多捕鱼、海运，祈求出海平安，唯求天后娘娘。清康熙二十三年（1684），海禁既弛，闽粤居民来石浦经商、海运、海捕，商贾辐辏，闽粤居民定居石浦人数超过土著，带来了他们的信仰，特别是天后信仰，并捐资建造天后宫。

　　浙江天后宫，大都为闽人所建，当时为何不称妈祖庙？当地有传说寇珠与妈祖是同一天诞期，又同是北宋时人。

　　象山一邑，沿海所奉天后，有专祀，有附祀，据不完全考证如下：

　　柴呑龙圣宫：在昌国卫蛟龙柴呑村。祀天后寇珠，有楹联为证：

"天后舍身救圣主,千年万载美名扬。"宫为四合院式,依山而建,大殿五楹。有戏台,台梁题"光绪十四年建"。每年正月十三、三月廿三庙祭。每逢诞期,附近村民前来神前调换"香符袋"(孩童和青少年挂项胸间,祈求平安,每年一换。袋由红色或杏黄色布做成,方形,广二寸,上缀穿纽,内藏符咒,外书吉语。另加一枚"厌胜钱"同挂一索)。今神前烛架上挂满以旧换新之旧香符袋。庙会演戏酬神,但禁演《狸猫换太子》,问何故,村民黎财宝老人说:看了狸猫换太子,天后娘娘想往事,想到当年伤心处,宁肯一棒被打死。

玄真宫:在昌国卫前街西端,依山面东。建于明洪武间,前后二殿,2004年毁于建路。主奉真武大帝,后殿奉天后娘娘。(按:传说明成祖乃真武大帝投胎下凡,永乐间派郑和七下西洋,海上平安有天后娘娘护法。又昌国卫指挥武胜曾下西洋,亦受天后保护平安。故奉真武,亦奉天后。)

三山天后宫:在延昌街,清嘉庆九年(1804),福州寓户黄其鸣等捐建,浙江巡抚陈若霖捐俸书额"三山天后宫"。左门额"河清",右门额"海晏",正门竖"三山天后宫"。门楼5楹联戏台,左右5厢楼。后殿5楹,厢楼各3楹。清嘉庆间,内设三山会馆。光绪二十三年(1897),内设普安水龙会。前有广场、照壁,陈若霖题字犹可见。昔外为海涂,今离海200米。旧宫拆建学校宿舍,唯留照壁与嘉庆廿五年禁碑一块。1996年,在后殿重建天后宫,大殿3楹,主奉天后,附祀甚杂。

蚩蚩庙:在延昌合兴街西端(今称朝航路)。清咸丰五年(1855)建,民国七年(1918)修。为兴化天后宫,福建兴化会馆设内。久废。

铜关天后宫:在延昌铜关路廊之上,俗称"铜关庙"。铜关天后宫原规模较大,占地3亩。外为照壁,进山门依次为门楼、戏台、大殿、后殿及厢楼,三进两横;大殿祀天后,后殿为慧云庵。始建年月无考,清光绪十六年(1890)重修,民国十六年(1927)毁于火。时宫住持阿祖师太,见火势勿收,急将天后神像移出,幸免于火,后送藏于天台国清寺。国清寺方丈资助,于民国二十一年捐资重建,计大殿、后殿各7楹,左右厢楼各2楹。前殿石柱有释之南题联:"海不扬波纵无岸无边稳渡慈航于旦夕;民皆乐业应诚惶诚恐群歌母德最高深。"闽侨设崇武会馆于内。清道光二十一年(1841),英吉利兵舰复陷定海,旋犯邑之钱仓、石浦。是年八月初三,英舰3艘,两次进犯铜瓦

门,均为昌石水师营外委王月升击退,石浦得安,众谓天后保佑。今庙尚存,神殿称圣母殿。

石浦天后宫:在沿港中路第一冷冻厂后面山上。始建年月无考。清康熙间王廷凤创捐重建,里人设王廷凤像于后殿。清乾隆十四年(1749)、道光十九年(1839)重修,颇具规制,兼作闽广会馆。殿右有宫殿式舱舟模一艘,大小如舢舨,俗称娘娘船。大殿有一匾"大德曰生",举人佘勉翰书。1962年,拆建工人俱乐部而毁。

阳明山庄妈祖殿:在延昌阳明山庄内,1989年建,祀妈祖。

玉女山妈祖庙:在洋山岗西龙庵后,王爷庙左。2004年新建。原有娘娘庙在今址北,毁于火,迁建今址。祀妈祖。

东门天后宫:在东门岛东门村中。始建年月不详。清嘉庆二十四年(1819)重建,1986年捐修。1999年重修戏台,为县文物保护单位(今为省文物保护单位)。农历三月廿三为诞期,四月初八(出洋)、六月廿三(回洋)、九月初九(天后升天)皆演戏敬神,禁演《狸猫换太子》。2003年农历六月廿三,始举行"谢洋妈祖赛会"。2006～2009每年正月十四夜均举行妈祖巡洋夜游,皆"火树银花不夜天,十里港岸人头攒",盛况空前。

东门岛妈祖升天台:在门头山上,2003年建。缅甸玉天后像高5.1米,底高4.8米,总高9.9米,意为九九重阳升天之日。

南汇小塘庙:原庙在巉头西,1956年毁于台风,重建。2007年因建冰厂水库而庙迁丁家村。大殿3楹,祀寇珠。其所塑寇珠与众异,立式,侍者捧盒、宝瓶。

宫前天后宫:在对面山岛宫前(岛东南、下湾门港东口)。光绪二十八年(1902)建,村废宫毁。

胡椒湾天后宫:在对面山岛胡椒湾村中,光绪二十九年(1903)建。附祀顺风耳、千里眼、八仙。三月廿三诞期,七月半香期。

蒲湾娘娘宫:在金星蒲湾村中,始建年月无考。宫殿式,有戏台。祀寇珠。

勾头娘娘宫:在檀头山岛勾头村,光绪六年造。祀寇珠。

南嘴头娘娘宫:在檀头山南嘴头村,祀天后。

大沙天后宫:在檀头山岛大沙村,光绪六年(1880)造。民国二十九年

（1940）6月11日,为日军烧毁,杀死7人。

长坑妈祖庙:在檀头山长坑村。民国间漂来神像,村人立庙祀之。

金芦天后宫:在南田水湖涂村,光绪八年(1882)建。大殿3间,有戏台。

金漆门天后宫:在金漆门小南山嘴。清同治五年(1866)建。亦称圣母宫。

吉港天后宫:在万金山。久废。光绪廿五年(1899)建。

珠门天后宫:在高塘岛乡珠门村。始建年月无考。2001年重修。

花岙圣母娘娘宫:在花岙岛花岙村。宣统二年(1910)建,民国七年(1918)修。

屿岙天后宫:在涂茨镇屿岙村,始建年月无考。1956年毁于台风,近年重修。殿内有娘娘船模一只,挂殿壁。

长沙天后宫:在涂茨镇长沙村南八亩地,滨海。始建年月不详,1966年拆毁,1989年重建,即毁于台风。2001年重建。

毛湾天后宫:在涂茨镇毛湾村,建于清末,2000年因围垦筑塘,由猫头嘴迁建上马石,附祀千里眼、顺风耳。

爵溪教场宫:在爵溪镇,2006年三宫合一(另有青门宫、斗北宫)。

爵溪青门宫:久废。

爵溪斗北宫:久废。

圆山头娘娘宫:在旦门圆山头。

捕槽湾娘娘宫:在旦门捕槽湾。

黄桅坑娘娘宫:在黄埠黄桅坑山半。

前山娘娘宫:在黄埠岭脚前山。

鹁鸪头天后宫:在晓塘乡鹁鸪头村中,光绪十三年(1887)建。附祀千里眼、顺风耳。(注:原文有删减)

(作者1936年生,系《石浦镇志》《昌国卫志》《象山县交通志》主编)

象山石浦东门岛天后宫

文 乃平、爵连、素莲、亚林、圣凡

石浦东门岛天后宫,坐落于石浦镇东门村直街北,背依官基山,面朝东门港,宫庙坐北朝南,二进二横,呈"口"字纵长方形,依坡递升。建筑面积1280平方米,占地面积2000平方米。砖木结构,为穿斗、抬梁式混合建筑。浙江省文物保护单位。

门殿、厢楼硬山造,混合构架。门殿五开间,深五架,明次间前步为门廊,亦作四架卷棚顶,梁面、雀替、牛腿雕刻花果、鸟兽;门墙墀头上部仿屋盖做法,顶塑小坐狮守护大门;明次间均辟一关二扇大镶板门,门簪4枚,六角形,其上直立朱金雕刻龙纹边饰"天后宫"匾额。廊柱粗大,高

石浦东门岛天后宫(翁志刚摄)

石浦东门岛天后宫（翁志刚摄）

足高领扁鼓形础与素面覆盆式柱顶石,简洁古朴。柱对楹联:"生于庶民益于贫民恩披黎民,出于湄洲功满九州惠播神州""岛以妈祖秀,一港澄明映日月;人因天妃福,万民款洽辉春秋"。为宁波市书法家陈启元和县人陈先弟书。入门置倒座戏台,与山门搭桁构筑,歇山顶。戏台正方形,边长4.5米,台高1.95米,台沿设美人靠式矮木栏杆。台顶藻井由八块穹板拼组而成,中镶嵌圆形铜盆,以收音色,达圆润宏亮、余音绕梁之效。筒瓦屋面,瓦花漏脊,两山卷尾龙吻。中火焰珠下塑"三顾茅庐"人物,意为礼贤下士,求贤若渴;戗饰瑞兽,角脊瓦口为方孔圆钱（原悬饰象首）,垂脊塑骑马武将。台柱联:"两副面孔,演尽悲欢离合;一曲戏剧,唱醒今古奇观"。颇耐人玩味。厢楼各三开间,深四架,南次间为梯间,平瓦屋面,重唇沟滴,骑马砖脊栋。北山平顶马头墙,其外附建小平房一间。倒座与两厢之上层前檐装修衬板大拷"卍"字纹花格木栏杆。

大殿五开间,歇山顶,通面宽16.84米,明间面宽4.8米,次间3.6米,尽间2.42米,通进深8.77米。明间两缝侧样为七架前后廊,次、尽间四

缝各加中柱、山柱。隔架科以卷云纹方垫板替代，十字隔架科三踩单翘，脊桁下作垂莲柱，梁面、梁头及雀替多刻饰草龙、拐子龙与花卉。前廊露明，作四架卷棚顶，桃尖随梁上以荷叶墩承五踩重假昂，正心单栱托卷棚桁与弯月形桃尖梁，圆坐斗刻为仰莲，梁面刻饰草龙与历史故事人物，雀替刻牡丹花。前檐撑栱，尽间刻凤凰，明次间缺失（传为倒挂狮子），其上牛腿，刻各种枝花，挑檐枋以伸出檐柱之梁头与牛腿上三踩单翘、正心重假昂斗栱支撑，其间雀替等刻拐子龙纹与朵花之类。石板地坪，高足鼓形础，素面覆盆式柱顶石。平瓦屋面，平缓舒展，瓦花漏脊，两山卷尾龙吻，正脊中塑双云龙戏火珠，下堆塑回环双鱼纹，寓"年年有余"，背阴作凤穿牡丹。上置塔式五联珠宝瓶。垂脊端塑二武将。屋脊字塘前书"风调雨顺"，背书"合境平安"。殿额枋上悬有"灵昭海国""民不能忘""千秋遗迹""百世蒙庥"等匾额，为民国时邑人任筱甫、丁希贤等所赠献。殿有"海不扬波，稳渡显拯遐迩；民皆乐业，遍歌母德开源"和"聪颖睿智贞身自强美德实至天，力效公益扶弱济贫人仪堪称后""胆略超凡平险消灾恩惠泽渔舟，知书达礼行善济世红光耀海洲""梦观音吞钵花禀纯灵之精华，释深奥治疑症怀神妙之慧法"等联语。明间，石座神龛奉妈祖娘娘，头戴彩珠凤冕冠，衣着金黄色绣凤彩袍，慈颜善容，旁金童玉女；次间，左神龛奉送子娘娘，右神龛奉武财神；尽间两侧顺风耳、千里眼及顶风、平浪神像。

天后宫的兴建历史悠久，素为岛上渔民的精神支柱。新中国成立后，曾一度借办"渔民子弟小学"。20世纪80年代，学校搬迁，由乡人潘妙青（女）、颜妙福（女）、许良玉、韩素莲（女）等先后发起，得象山县文管会和岛上渔民鼎力相助，先后耗资150余万元，复其原貌。系县内保存最完好、整修最精美的妈祖文化旧址，为浙东妈祖文化奇葩。

东门岛在象山半岛南端，接宁海之东，故名东门，与石浦隔港相望，亦海道要冲。《汉书·地理志》载：越有天门山。《舆地广记》谓，即今象山东门岛也。清诗人王植三，在《东门竹枝词》诗中云："逶迤山势自西来,谁把天门跌荡开。浪起中流横石阃,天教雄险镇明台。"东门岛象石阃一样,横卧在浙东海疆中间,镇守明州、台州之地,为"屏陆隙海,郡之要镇"。唐辟为渔港商埠,宋嘉定二年(1209)立东门寨,元设巡检司,明洪武间(1368~1398),昌国卫从舟山移置于此,筑城捍守。

20世纪中叶,设气象台于炮台山,预报台风,卓有成效。东门人靠海为生,以渔为业,新中国成立后摆脱渔霸苛杂,始得复苏。80年代以来,渔业兴盛,蔚为"浙江渔业第一村",一派欣欣向荣的气象。

东门岛民世代业渔,海上生涯,出入于惊涛骇浪中。出死入生,渔民祈求神灵庇佑,已成习俗。所奉海神,即为天后娘娘——妈祖。妈祖姓林,因出生月余未有啼哭,故取名"默"。生于宋建隆元年(960)三月廿三,卒于宋雍熙四年(987)九月初九,是一位生活在福建莆田湄洲岛的民间神奇女子。聪颖灵悟,有识天文、懂医理、擅泅水的超常本领。一生扶危助困,济世救人,矢志不嫁,专心慈善,深受人们敬重和爱戴。她是从人民中走出来的被神圣化的历史人物。历代《象山县志》皆有所载,《续

石浦东门岛天后宫(翁志刚摄)

文献通考》："神，莆阳湄洲林氏女，少能言人祸福。……至清圣祖康熙二十三年，封天后。五十九年奉旨春秋致祭，编入祀典。"在象山，传她曾随父兄来东门，渔船出海遇风，祷之无不应，渔民感其恩泽，在岛东南官基山南麓原老道头旁，立祠塑像，按时致祭。村民凡提及"娘娘菩萨"，莫不家喻户晓，妇女、儿童则称之为"福建来的娘娘太"。

东门天后宫创建年月，众说纷纭，一谓建于余立东门寨时，一谓于元设东门巡检司时，也有说在明洪武间昌国卫迁东门时。考其所用石质构件形制，大致可认定其为清代以前，今门楼栋梁上有"大清嘉庆二十四年（1819）重修"题识。

按时致祭海神妈祖，在东门已成习俗。夏历三月廿三，为妈祖诞辰，也是东门渔民扬帆出海，北上岱衢洋，捕洋山黄鱼的启程日。出海前举行祭祀庆典和演庙戏，确保平安丰收，成为村民一年中盛事。庙会自十五日开始，各长元（船主）备三牲福礼，荐享天后，虔诚祈祷，上供必择涨潮时分，期财源随潮滚滚来。各长元（船主）还把"船菩萨"及千里眼、顺风耳神，恭恭敬敬放在后舱圣堂神龛内，香烛悉备。引路红灯笼一盏挂在船头，以驱邪保平安。天后宫日夜连台，演戏日期自五天至十天不等，号"出洋戏"。庙戏过后，趁良辰吉时，顺风顺水，大捕船扬帆北上。也有携家带口去岱山的，船埠上人头攒动，锣鼓阵阵，鞭炮声声，在开船号声中，渔船操棹扬帆。

洋山黄鱼汛于夏历六月二十日结束，渔船返航归里，再次到天后宫演戏庆丰收，庆平安归来，称"谢洋戏"或"还愿戏"，由高产渔船出资包演，盛时连演十天十夜，天后宫热闹非凡，人流如潮。

夏历九月初九，为妈祖羽化升天之日，渔民村姑纷纷到天后宫，进香祈福，又有一番盛况。岛上韩素莲等热心乡人，每多方奔走，共襄盛举。癸未年（2003）九月九日，一尊缅甸玉天后妈祖雕像，高5.1米，底座4.8米，总高9.9米，耸立门头山巅，以纪念九月初九妈祖升天之日。天后雕像，晶莹洁白，奕奕生辉，面朝大海，巡视海洋，护国庇民，保佑渔

石浦东门岛天后宫（翁志刚摄）

船民年年平安。

在妈祖升天台不远处，有抗倭古炮台遗址，尚有清代铁大炮两门，是浙东沿海民众英勇抗击外来侵略者的历史物证。旁还有观海亭、海神桥、蔡元培雕像题词碑、《渔光曲》外景纪念碑和"毋忘国耻"碑、天门馆、古灯塔、二难先生墓等文物古迹。伫立门头，每当潮涨，海浪拍岸，涛声轰然，茫茫东海，海天一色，蔚为壮观。

（作者系象山地方文化研究者）

象山石浦延昌天后宫

⊗ 受田、世财、贞安、东旭、圣凡

  石浦延昌天后宫，坐落于延昌天宫弄6号，宫庙三开间，坐北朝南，平瓦屋面，骑马砖脊栋，抬梁式砖混木结构，板筷，水泥地坪。筷或是象山的方言读音，象山人管望砖叫筷，有竹筷、板筷、砖筷，砖筷最好，板筷其次，竹筷最易得，最为廉价，亦最易为虫所蛀。

石浦延昌天后宫（翁志刚摄）

石浦延昌天后宫（翁志刚摄）

　　明间神龛奉天后，头戴彩珠凤冕冠，身着金黄色绣凤彩袍，旁二玉女，又千里眼、顺风耳，匾"德配天地"；左次间，神龛奉南、北斗，匾"斗星阁"，又神龛奉文、武财神，匾"财源亨通"。

　　斗星阁里供的是南斗星与北斗星。南斗六星和北斗七星本是天上的星辰，但古人认为它们和人的生死寿夭密切相关。自东汉起一直流传着"南斗注生，北斗注死"之说，在全国各地都建有南斗星君庙和斗姆殿。这种星辰崇拜反映了人类追求长寿和害怕死亡的心理，这种心理乃出自人的求生本能，所以古人崇拜南北斗是可以理解的。在古代，一直流传着一个南斗星君为人延寿的故事，这个故事出自《搜神记》卷三。说的是三国有个叫管辂的术士，精通占卦、堪舆、相面。一天，他见到颜超，认为其貌"主夭亡"，将不久于人世。时颜超仅19岁，其父一听很着急，求管辂想办法为颜超延命。管辂对颜超说："你赶紧回家准备一坛好酒，一斤鹿脯。卯日那天，你到割麦地南面的大桑树下，会看到两个人在下棋。你上去用酒肉招待他们，只要杯中酒喝完就马上斟酒，不可怠慢。

若他们问你什么,你就跪拜,什么都不要说。"颜超依言而行,果见二人在下棋。于是将酒和鹿脯摆在他们面前,并斟满两杯酒。只见那两人只顾下棋,拿起酒杯就喝,拿肉就吃,看都不看颜超一眼。酒过数巡后,坐在北边那人忽然见到颜超,叱曰:"你来这里干什么?"颜超不答,唯拜之。这时,坐在南边那人说:"刚才吃了他的酒肉,不能太无情吧?"北坐者说:"文书已定。"南坐者说:"借文书来看看。"他见文书上写着颜超阳寿只有十九岁,便取笔在文书上添一"九"字,对颜超说:"汝寿可至九十九。"颜超拜谢而回。管辂见他满脸喜色,说:"看来你增寿成功了。北边坐人是北斗,南边坐人是南斗。南斗注生,北斗注死。凡人受胎,皆从南斗过北斗。所有祈求,皆向北斗。"《三国演义》第六十九回也讲述过这个故事。

右次间,神龛药师神,匾"妙药济世",又神龛奉土地公、婆。水泥戏台一座。南门外墙尚留石刻"三山会馆"匾额。

延昌旧称盐仓前,这里原是一片海涂滩叫"塘岸",为闽船锚泊之地。时闽船的船头,均设有一储放盐的船仓,故这一带塘岸叫"盐仓前"。新中国成立后,改名为延昌前,与盐仓前谐音,意为石浦城区昌

三山会馆(翁志刚摄)

盛延伸之地。

延昌原住户，大多为早年福建移民，如纪家、柯家等。虽与福建远隔千里，却有着几百年的血缘渊源。福建商人经海道来此落脚营生，或以石浦为中转点，将甘蔗、桂圆、红糖、柚橙等运销沪、甬各地。这一带海上贸易关系绵延数百年而不衰。奉妈祖为海上保护神的民俗信仰，也随之传入。

清嘉庆九年（1804），福州人黄其鸣等捐建天后宫于石浦延昌街。浙江巡抚陈若霖（福州人），捐俸竖额"三山天后宫"，其海涂砌南北二道头，以便行旅，勒石道旁，内设三山会馆。嘉庆二十五年（1820）宫庙竣工，前后工期达17年。后由福州闽县举人陈敬丹等福州祖籍人士管理庙务。旁三山会馆二层楼房八幢，称上八间、下八间。会馆系同乡会别称，为福建同乡提供援助，协助解决诸如医疗、海事、食宿、诉讼等事宜。"三山"系福建福州市别称，以旧福州城内九仙山、乌石山、越王山而得名。

陈若霖（1759～1832），福建闽县（今福州）人。清乾隆五十二年（1787）进士，初授庶吉士并进入文渊阁参与校勘《四库全书》。乾隆五十四年，任刑部主事，累迁至郎中。陈若霖在刑部任职期间，秉公执法，无私断案。束路县村民王洪中被他人围殴，告状无门，不久后上吊自杀。陈若霖得知该案情况，逐个审问并加以严查，最终查明案件实情，并因此受到议叙。依照惯例，陈若霖在部任职期满后，应当外放任职。但由于他精通律学，仍然被留在刑部任职。在此期间，陈若霖数次和诸大臣一道，前往各省共定秋审案件，其素以宽恕著称，绝不枉及无辜，数次受到嘉庆帝嘉奖。象山石浦籍的越剧表演艺术家尹瑞芳曾演过根据闽剧《陈若霖斩皇子》改编的《冤雪龙泉井》戏，这虽然是一个虚构的故事，但是可见陈若霖在福建百姓心中的清官地位。

原延昌天后宫背负青山，一泓清流绕墙东流。建筑面积约1600平方米，占地约2400平方米。殿宇巍峨，戏台的顶棚采用传统藻井结构，层次丰富，雕工精致，具良好的音响效果，为象山古戏台之最。殿侧厢房

石浦延昌天后宫（翁志刚摄）

及后院精舍为二层楼房。殿、楼、台错落有致，雕梁画栋，富丽堂皇。

新中国成立后，庙宇改作延昌小学校舍，神像、供具悉数被毁，山门、门楼及戏台被拆。改革开放，政通人和，于2000年，王兴根、刘根全、龚世财、秦美萍（女）等人发起，多方筹资20余万元重修。

农历三月廿三，妈祖娘娘诞辰之日，停泊在石浦港的浙、闽、苏、沪、港、澳、台渔船商轮船员和当地群众，人涌如潮，敬拜妈祖娘娘。管庙众柱头和船老大分别在天后宫、延昌船埠头操办庆典活动。妈祖堂悬挂红灯，点烛烧香，三牲福礼满堂。邀请剧团演出五天五夜，有时十天十夜。石浦渔港热闹非凡，每艘泊港渔船的桅顶，均挂红灯笼一盏，每对渔船的网船桅杆下，摆起五盘福礼，点上一双红烛、三支清香，供祭妈祖娘娘，虔诚祈祷"保丰收平安"。尚有民间的龙灯、马灯、鱼灯、舞蹈等，近千名群众参加庙会。锣鼓声、鞭炮声响彻云霄。

石浦是移民地区，特别是清康熙二十三年（1684）沿海开禁以来，多自闽、广、甬、台州迁来，故石浦一镇方言有六七种之多。如沙塘湾、铜钿礁等处为闽南音，南关桥多台州音，中街多甬音，昌国为越音，北门为石浦土音。又金星一乡，靠山村庄为土音，海边村庄为台州音。坦塘岛古属南田，至今还是南田音。既多移民，必有移民组织，故石浦多同乡会及同乡会馆，乃康熙展复沿海后逐渐设立，为清中期社会政治、经济、文化变迁产物。石浦地处浙中沿海，港口优良、交通便捷，闽广及台州商渔农民前来侨居或者定居者众多。五方杂处，人数超过土著。移民为联络乡谊，组织同乡会，提供同乡人士生活依靠和精神寄托。继而发展为同乡会馆，功能日益加强并规范化，神祀、善举、公约等是其基本功能。联络乡谊与神祀联系一起，各地客籍大都海裔，一直崇奉踏海救难、屡显灵验的化身天后。各地天后宫往往是他们会馆所在地，天后崇拜为会馆树立集体象征和精神纽带。会馆也祀乡贤，石浦南关桥外天后殿奉闽人王廷凤（廷凤，清福建晋江人，康熙间任定海镇，每岁巡哨，泊舟石浦，捍卫地方。又创捐重修天后宫，民感其德，置像于天后宫祀之）。其善举不仅为生者处逆境时施以救助，如济生堂、仁济堂、乐善堂等为侨民养病、治病之所，亦为死者创建义冢、暂厝、归葬等。公约要求会员遵循规章制度、维护集体利益、调解土客、客客矛盾，维护社会秩序。清嘉庆二十五年（1820），延昌三山天后宫（三山会馆）内立《勒石永禁》碑一通，乃福建闽县举人陈敏丹等呈请浙海关事务，严禁官吏勒索渔民便是一例。

近年来，积极创建渔村村落文化活动中心，延昌天后宫成文化活动场所。传统龙灯、马灯、鱼灯和民间舞蹈、戏曲、太极剑、太极拳、功夫扇、腰鼓等文体队伍，如雨后春笋般涌现。开设乒乓、棋类活动室，还有藏书2000余册的阅览室，渔民出海捕鱼可随到随借。修复后的天后宫成为渔民休闲、娱乐的活动场所。妈祖文化凝结起来的团结互助之风，永世长流，万年常存。

（作者系象山地方文化研究者）

象山石浦延昌泉州会馆天后娘娘

⊗ 爵连、世财、素莲、亚林、东旭、圣凡

石浦延昌泉州会馆，坐落于延昌老街与东关路廊之间。沿着狭窄的延昌老街石板路，往西行200米，顺着20余级石阶，就至红墙青瓦的泉州会馆。石库门山门一洞，一关二扇大板门，额石刻"泉州会馆"四字。

会馆，旧时都市中同乡或同业的组织机构。汉京师已有外来同郡人的邸舍，南宋杭州有外郡人为同乡谋公益的组织。名称最早见于明代，清代更盛。一般以县、府、省为单位，也有由相邻地区合组的，如石浦闽广会馆、台州会馆，多由外地官僚士绅所组织；在商业城市的都由外地工商行帮所组织。近代有纯同乡性会馆（后称"同乡会"）或纯同业公会馆（后称"同业会馆"）。一般为同乡和同业内部的利益服务，常为本组织内部有力者领导或匡持。

史载，泉州原为南宋著名海外贸易港口，后置市舶司，曾居"东方第一大

延昌泉州会馆（雷志强摄）

延昌泉州会馆内(雷志强摄)

港",海外交通兴盛空前。东起日本、三韩,南至南洋诸国,西通波斯湾沿岸阿拉伯国家和东非等地,又是国内首屈一指的集散港。泉州海道航线的开拓,促进天后信仰的传播。石浦为浙洋中路重镇,是泉州商船所经之地,信仰也随之传入。

会馆进大门7级石台阶,有石板小天井,正屋3间,坐西北朝东南。平瓦屋面,重唇沟滴,骑马砖脊栋,硬山,砖木结构,石板地坪。中堂神龛奉保生大帝,左红脸广泽尊王,右黑脸池府王爷,称三王爷。建筑面积约80平方米,占地面积100余平方米。

相传,清乾隆年间(1736～1795),泉州商船常把桂圆、荔枝、红糖等南货及木材运抵石浦,将石浦海货等土特产运往福州、泉州等地,来往频繁,生意兴隆。泉州商船大多泊于东关山脚海岸边,为泉州同乡提供食宿、海事诉讼等援助,在东关山坡造会馆,称"泉州会馆"。

馆内中堂神龛奉天后娘娘,头戴彩珠凤冕冠,身着金黄绣凤彩袍,雍容华贵。旁为接待用房等。进出船民进香不绝,日日辉煌。

20世纪50年代,会馆改为延昌船舶修理合作社用房,天后神像、供具法器散失。80年代,修船社搬出后,由东关村民捐资修复,不知何故仅塑三王爷神像,取名"保生大帝堂"。传保生大帝为泉州人士吴夲,又称大道公、吴真人(979～1036),字华基,出生于北宋福建路泉州府同安县白礁乡(今属漳州台商投资区白礁村)。祖籍泉州安溪县感德镇石门村。李光地《吴真人祠记》称:"吾邑清溪之山,其最高者曰石门。吴真人者,石门人也,乡里创庙立祀,子孙聚族山下,奉真人遗容。"曾任宋仁宗时期首席御医,后悬壶济世,医德高尚,深受人们敬仰。去世后被朝廷追封为"大道真人""保生大帝"。保生大帝是福建省历史悠久的民间信仰。生前为济世良医,受其恩惠者无数,其医术高明,医德高尚、闻名遐迩,民间称其为"吴真人",尊为"神医"。乡民建庙奉祀尊为医神。著有《吴夲本草》一书。

广泽尊王圣号为"威镇忠应孚惠威武英烈保安广泽尊王",简称"广泽尊王"。此外尚有郭圣王、郭王公、圣王公、保安尊王诸称。据传广泽尊王宝姓郭氏,名忠福,系五代后晋天福年间人氏,郭子仪十一世孙,开闽郭在嵩五代孙,理柱之子、乐华之孙。后唐同光初年(923)安溪石排山下蓬莱崇善里诞生,为杨茬长者放牧,后来机缘得到崔芸公堪舆恩师献风水宝地,并指引迁居现泉州南安诗山公园内龙山宫位置居住,时年16岁。在诗山凤山寺第二殿左边大房古址,盘膝于古藤上坐化得道成神。据当地方志中载,广泽尊王成仙登神后,神通广大,有求必应,行仁赐福,兴神助战,功勋卓著。自宋至清,获历朝皇帝6次敕封祭典。

池府千岁,姓池名梦彪,陈留人氏。文质仁心,天资聪颖,性情刚直,治军严正,用兵如神。唐高祖入关时,因助唐开国有功,授封"中郎将""折冲都尉"。贞观十七年(643),随唐太宗亲征高丽国(韩国),势如破竹,又加封为"宣威将军"。池府王爷是一位文质彬彬的神圣,为何金身造型是黑脸,眼大如豆,看起来威严无比呢?传说池府王爷某夜梦见一位瘟神,奉玉帝旨令下凡降灾、散布瘟疫。池王知道这件事后,便请这位瘟神到府中饮酒畅谈。瘟神畅饮之后,已有几分酒意,就吐露下凡之意。池王心肠慈悲,恐百姓受灾,托言借看药粉,趁瘟神不注意时将那包瘟疫粉全部吞下。药粉进入池梦彪腹中,药性发作,随即满脸变黑,两眼突出而亡。瘟神带着池梦彪的灵魂参见玉帝,玉帝感念其爱民救民的精神,敕封其为"代天巡狩池府千岁",六月十八日为圣诞千秋。每年农历三月十五、七月十五日,香火尤盛。

在延昌老街还有延昌宋皇宫,始建年代不详。现存为清中期建筑,由山门、倒座戏台、大殿和两厢楼组成,砖木结构,硬山造,除戏台外基本保存完整。大殿五开间,进深八架,用材粗壮,梁架结构及柱基较具特色,梁、枋精雕细琢,石刻线条流畅,为县内少见。2007年10月30日,延昌宋皇宫被公布为第六批象山县级文保单位。

20世纪30年代,电影《渔光曲》以此作为外景的拍摄地点,蔡楚生、聂耳、王人美等著名艺人来此驻足怀旧。90年代,浙江宋城集团在宋皇城沙滩上开发营建中国渔村,此地成为旅游胜地,游客纷至沓来,又在此举办中国(象山)开渔节,吸引海内外人士竞相前来。

福建人不仅将妈祖信仰带到石浦,同时也把王爷信仰等地方神道也带到了石浦。

(作者系象山地方文化研究者)

象山石浦铜关天后宫

文 爵连、阿万、东旭、圣凡

石浦铜关天后宫,在延昌铜关路廊之上,俗称"铜关庙"。七开间,坐西北朝东南,平瓦屋面,重唇沟滴,歇山单发戗,瓦花漏脊,两山龙吻,脊中火焰珠。字塘正塑"风调雨顺"与"梅兰竹菊",字塘

石浦铜关天后宫(圣凡摄)

石浦铜关天后宫（圣凡摄）

背塑"国泰民安"与玉兰、葡萄、兰花、蟠桃。发戗饰瑞兽，垂脊立武将（瓦将军）。砖木结构，方椽砖箧，石板、水泥地坪。

天后宫在象山沿海多见，但有这样规模的建筑，却是十分少见。殿中神龛奉天后妈祖，头戴彩珠凤冕冠，身着金黄绣凤彩袍，雍容华贵，旁立金童玉女，又千里眼、顺风耳。铜关天后宫远近闻名，香火不绝。

铜关，又称东关。铜关天后宫，据民国《象山县志》，始建于清道光年间（1821～1850）。在东关路廊北面，海拔40米处的小山岗上。清时，东关山前，泊满从福建泉州、惠安、崇武等地来的渔船和绿眉毛商船，有许多福建人迁居于此，祭海神妈祖的习俗也随之传入。

铜关天后宫原为一座规模宏大、气势非凡的庙宇。三进两横，平面呈"日"字形，山门、大殿、后殿及前后两厢楼，旁有观音阁及生活管理用房，宫前筑有照壁。山门置倒座戏台，四时八节常演戏娱神，尤农历三月廿三娘娘寿日，少则三五天，多则十天十夜。前殿七开间，中堂悬挂"圣母殿"匾额,神龛奉圣母娘娘座像。

后殿称"慧云庵",比前殿高出3尺,亦七开间。前殿有石刻楹联:"海不扬波纵无岸无边稳渡慈航于旦夕,民皆乐业应诚惶诚恐群歌母德最高深。"建筑面积1800平方米,占地2000余平方米。

民国十五年(1926),毁于一场大火,成了焦土。时宫柱首阿祖尼师,从大火中抢出"圣母娘娘"神像,运藏至天台国清寺。后由国清寺方丈资助,重建宫庙,现大殿中堂石柱尚有"民国二十一年岁次壬申秋月吉旦"字样。宫庙前、后殿竣工后,因资金不足,山门、两厢楼停建。后因战乱,一直未能复其原貌。

20世纪50年代,天后宫被作为石浦竹器生产合作社的办公用房及职工家属住宅。80年代,除前殿复为"圣母殿"外,其余房屋仍为居民住宅。

铜关天后宫,背倚青山,面临渔港,铜瓦门跨海大桥、石浦港尽收眼底。潮涨潮落,船进船出,远眺东海碧波,不由心旷神怡。

闽侨设崇武会馆于内。清道光二十一年(1841),英吉利兵舰复陷定海,旋犯邑之钱仓、石浦。是年八月初三,英舰3艘,两次进犯铜瓦门,均为昌石水师营外委王月升击退,石浦得安,众谓天后保佑。(王月升,昌国卫人,时沿海警甚,王月升驻防铜关庙,亲手操炮,两次击退英舰。)

铜关天后宫还与一项石浦民间音乐相关。石浦"细什番"是一种旋律和锣鼓交替应用、打击乐器和丝竹乐器竞相交织的器乐演奏。据传,细什番最早由闽籍来石浦港锚泊的渔民传入,能考证到的时间约在1900年左右,距今已有一百多年历史。当时福建海洋渔船称作"红头船",成群来石浦港停靠避风补给,船上的渔民就住在石浦延昌铜关,用自带的乐器演奏"细什番"。石浦延昌打钓人王尚生,喜好音乐,觉得"细什番"十分动听,便带领数名同乡,亲赴福建学习,带回"工尺谱"及正宗演奏方法,在石浦延昌一带组成了石浦的首支民间乐队,时间约在1920年左右。石浦的另一音乐爱好者陈永国在"文化大革命"前后见过传入的"工尺谱",现已失传。

"细什番"传入石浦后,民间先后建起延昌、石浦、盐厂、岳浦、高塘、昌国、金星等多支演奏乐队。乐队人数6至10人不等,大多以中老年人为主。平日里他们从事着各业,但在约定的时间或节庆活动期间,便会聚集在一起认真排演或自娱自乐,与福建那边的做法极为相似,有一种怡然自得的居家生活气息。石浦、延昌的民间艺人,已坚持演奏"细什番"50余年,并传给了下一代。

石浦"细什番"的演奏乐曲非常动听,有特色,深受群众喜爱。演奏形式分为行姿和坐姿两种,行姿各用一人以器具背三只鼓及四面锣,一人随后打击,多用于民间喜庆场面,如庙会、踩街、接新娘、送洞房。参加文艺晚会在舞台演出时,以坐姿为主,采用落地十面云锣架及落地大鼓架,以求美观。近年来,石浦地区送殡时也要演奏"细什番",且有兴起之势。

福建人来象山不仅带来妈祖文化,也带来了民间音乐艺术。

(作者系象山地方文化研究者)

象山石浦洋山岗妈祖庙

⊗ 永全、圣凡

石浦洋山岗妈祖庙,坐落于石浦镇五新村洋山岗,因奉有五位王爷像,又称妈祖、王爷殿。五新村位于石浦镇城区北门户,是由五爱、汝溪、洋山岗、三架村、里山五自然村合并而成。

妈祖庙三开间,坐西南朝东北,平瓦屋面,重唇沟滴,瓦花漏脊,三叠式马头山;脊中正塑"和合二仙",背塑"福禄寿"三星;字塘,正塑"风调

石浦洋山岗妈祖庙(圣凡摄)

石浦洋山岗妈祖庙(圣凡摄)

雨顺",背塑"国泰民安"。石廊柱,明袱月梁雕刻龙纹,牛腿刻枝花,鼓墩式石础,平面柱顶石,石板地坪。

柱联:"仙山木盛妈祖王爷总显灵,高山水清药到病除保平安。"明间三关六扇、次间二关四扇大拷篆书"寿"字格心镶玻璃六抹头大门,裙板浮雕金色团龙纹。门联:"愿四季平安永消疫疠,望八节无危长保康宁。"朱金云龙匾纹"妈祖王爷殿"额。抬梁式砖木结构,七檩前后廊式不带斗栱大式构架,用4柱,蝙蝠形驼峰梁刻草龙,下置垂莲,方椽板箧,梁柱间稍有雕刻,显古朴简洁。

明间神龛奉池、田、李、温、郭五王爷神像。次间,左神龛奉妈祖,头戴彩珠凤冕冠,身着金黄绣凤彩袍,彩绘麒麟背景,旁二玉女;右神龛奉文财神、土地公婆。殿联:"妈祖威名保佑地方百姓安宁,五圣王爷显灵威震五湖四海。"额:中"威灵显赫",左"有求必应",右"神化盛德"。2013年春建。

原庙,清康熙元年(1662),由闽人宋氏创建于洋山岗北麓,茅草房1间,奉妈祖。康熙十九年(1680),福建翔安宋、叶二氏,为生计带家小到石浦"讨海"(下海捕鱼),从福建湄洲妈祖祖庙、翔安五王爷祖庙,分灵

妈祖与池、田、李、温、郭王爷塑身到石浦。后因海盗活动猖獗，迁居于洋山岗，为出海平安、消灾延寿，于康熙四十九年（1710）原址重建，六开间，砖木结构，历5年竣成。供奉妈祖与五王爷，称"妈祖、王爷庙"。不久毁于火。民国间，信众迁建于洋山岗南麓，砖木结构1间，供妈祖。70年代末，扩建为5间，平瓦屋面，砖混结构，红琉璃脊栋，硬山，两山红琉璃草龙吻，脊中红琉璃两龙抢珠。

　　王爷信仰，是福建、台湾一带民间特有的信仰。王爷和妈祖，是台海沿海信仰的两大系统，妈祖保佑渔家，遇上不好的人事物，很多人都会骂说"瘟神"。但在福建、台湾一带，带来灾祸的瘟神，早从疫鬼成为神明，升格为"王爷"和"千岁"，祭祀的"王醮"是最特殊宗教科仪之一。送王船或烧王船时节，看看台南地区上百处王爷庙或千岁府，便知端倪。王爷去瘟疫，都是道教的守护神，不同的是，相传妈祖真有其人，也只有一人，王爷属神话时代的产物，只要有人信，就是王爷或千岁，数千年来，王爷人数可不少。

　　王爷意为皇帝的兄弟，和皇帝万岁相比，要小一级，故也叫"千岁"。但闽南话中的王爷并不全是皇帝兄弟的意思，而是对于有功德，或者受到崇敬、尊重、敬畏的一种尊称。王爷信仰就是对于这些人的崇拜而产生的民间信仰。这种尊称可以在口述中认为受到玉皇大帝册封，也可以没有这种册封而是百姓对其的尊称。在闽南语中常常这样对人说：哪天你靠自己奋斗成功，人家当你是王爷公、王爷伯，这体现了人们对于王爷的崇敬。闽南语中也有这种说法：你这个人这么坏，干嘛不让王爷抓去。这体现了人们对于王爷的畏惧。福州人骂人的时候，也有"让瘟神抓去"的说法，这和闽南话是异曲同工的。

　　送王船是王爷信仰的重要仪式。但需要指出的是，不是所有王爷信仰都有送王船仪式。这固然和经济条件限制有关，也和传统的习惯有关。另外需要说明的是，不是所有的送王仪式都和王爷信仰有关，其他的信仰也有送王的风俗。新中国成立后，我国大部分地区治愈血吸虫病，毛泽东主席以喜悦的心情写下了"借问瘟君欲何往,纸船明烛照天烧"的著名诗句。古代的人们通过驱放水灯彩船,让瘟疫和灾难通过水流漂走,表达人们美好的愿望。这种流放纸船、木船的形式后来演化成了王爷信仰中最重要的仪式。人们认为前来巡境的王爷将乘坐王船返回天庭,巡游天河。送王船的仪式通常在一些地方是固定的,三年一次或四年一次,甚至有十二年一次。其中三年一次或四年一次的居多,如厦门钟宅村以鼠、龙、猴年作为送王船固定的年份。如果有重大灾难或瘟疫,也会在神明的示意下举行。送王船这种仪式是围绕着王船的制造、出仓、祭奠、焚烧展开的。送王船的日期一般在农历十月,也有四月送王船。如果某年为送王船的年份,当地的一些人会早早聚集商量本年的送王船仪式的准备工作。一般这项工作由某个寺庙牵头策划,活动的地点也是在该庙举行,参加的人员一般以该庙的祭祀圈信徒和该区域的居民为主。也有以家族为核心展开这项活动的,如厦门海沧新垵村邱姓家族送王船活动。王爷信仰中还有一种仪式就是送王。送王和送王船不同,送王仪式中没有烧王船,这和经济条件有很大的关系,有些小地方无力承办大型的送王船仪式,因此都是采用送王的仪式,最初也许是经济原因,但慢慢也就形成了该地区的传统。如厦门穆厝和坂美的送王,这两个地方人口不多,规模较小,送王都没有采用烧王船的仪式。厦门坂美的送王一年一次,一般都选择在农历十月上旬。而穆厝的固定为每年农历十月十八。除通常的送王和送王船仪式外,王爷仪式还有"暗访"的仪式,这种仪式不定期地在夜间举行。主要工作是缉捕恶鬼,驱除邪祟,气氛极为阴森,不像日间神明游境一样热闹。区域内出现瘟疫或其他不如意的事情,人们就请王爷来社区暗访驱除恶魔。王爷信仰还常常夹带着其他仪式,如做普度、拜鬼魂与占卜生活中杂事等,体现了闽南信仰中的繁杂,也是王爷信仰仪式和其他仪式的相互传播整合。

(作者系象山地方文化研究者)

象山石浦对面山岛湖礁湾圣母娘娘庙

🖎 素莲、亚林、圣凡

石浦对面山岛湖礁湾圣母娘娘庙,坐落于对面山岛东北角、对面山北麓、湖礁湾渔村中。庙一开间,坐北朝南,平瓦屋面,硬山,红琉璃脊栋、两山草龙吻、脊中两龙抢珠,砖木结构,方椽板筿,水泥地坪。神龛奉圣母娘娘,头戴彩珠凤冠,身着金黄绣凤彩袍,慈颜善容,两旁千里眼、顺风耳及财神、土地神。两壁墙上挂有张果老、蓝采和、曹国舅、汉钟离、何仙姑、吕洞宾、韩湘子、铁拐李八仙图。虽然画工一般,但八仙在老百姓当中则深有影响。

石浦对面山岛湖礁湾圣母娘娘庙(圣凡摄)

石浦对面山岛湖礁湾圣母娘娘庙(圣凡摄)

八仙的故事在中国流传久远,影响广大,在古典文学、戏曲、绘画、雕塑作品中,都有八仙的形象。但八仙信仰并不是一开始就有的,而是在道教传播过程中,经过民间传说、文学创作的改造,逐渐形成八仙。

而妈祖信仰却是实实在在的。故每岁的三月廿三圣母娘娘诞辰日,以及七月半念"太平佛"时,都会有人在庙前及村中路口放旱灯,点烛进香者也甚多。

相传圣母娘娘庙始建于清光绪中晚期,后多次修葺,2001年10月重修。建筑面积30平方米,占地面积45平方米。

对面山,距石浦东南3公里,与东门岛灯塔隔港相望,相距最近处150米。清光绪元年(1875),楼、刘姓始祖自三门迁此建村。全村80余户,楼、刘两姓居多。靠海为生,以渔为业,出没于惊涛骇浪中,出生入死,渔民祈求神灵庇护,便成习俗。所奉海神妈祖,当地人称之为"圣母娘娘"。

庙南山上,有坑道井一口,水清澈甘冽,可自流引用。庙西翻过小山岭与对面山村相邻。庙东岬角雄踞,海岩嶙峋,斗风搏浪,海融岩洞多处,

长500米大沙滩称黄沙湾，可谓戏耍坐卧、采贝拾螺好去处。庙北有一长方形的大岩石，镇守东门门头航门。下有石老虎礁，地势险要，海潮汹涌。船只入港，可泊于村北海湾，石砌道头便于补给、人员上下。有渡轮往返湖礁湾—对面山—东门—石浦之间。原在村北小山嘴，建有铁架灯桩，与东门门头岬角灯塔相映照。环境幽雅，林木葱郁，燕鸥翻飞，阳光、沙滩、岛礁、碧海、蓝天，令人喜爱，是大可开发为休闲旅游的一块宝地。

对面山岛隶属于石浦镇管辖，位于石浦渔港南面，东门渔村的东面，南田岛的下湾门两水道之间，是石浦渔港与东门渔港的天然屏障之一。小岛像是一个荒废的弃岛，人烟稀少，杂草丛生。但越往里走，越觉得生机盎然。沿着一条弯弯曲曲的山野小径，眼前有几处平房，几条护家犬，有闲坐漫聊、弄锄拨花的老人，以及一大片长势茂盛的菜园和果田。对面山岛有4个自然村，分别为对面山、湖礁湾、上布袋、下布袋村。胡椒湾村前岭头处长满胡椒，故名。又说村两小湾处有礁、礁内有"湖"，又名"湖礁湾"。其地貌宽阔，光秃秃的岩石浮出海平面，岩石奇形怪状，却不难行。立于岗头高处，观望东南西北，港湾、船舶、村落、岛屿、飞鸥、蓝天、白云等四方美景尽收眼底。这里的人家平时均务农，有时也去海边搞点海鲜回家。对面山岛四面环海，东南北面各有外过滨、黄沙湾海涂、马桶盖礁、中泥山嘴，有很多贝壳类可拾，用小渔网就可以捕来虾、蟹、鱼类等。村里的居民说，历史上，对面山渔村属南田县管辖，现在归属石浦镇。村庄与城镇没有陆路可通，渔船就是渔民的轿车，造价高的要十几万，便宜的也起码要六七万元。村与村之间以前有小路，无人行走，早已成蛮荒，除非退潮以后，礁石上攀爬，海涂里穿趟，才能走遍几个村庄。东南方那边叫作黄沙湾海涂，大潮汛时完全露出海面，可徒步而过。占地近千亩，由于从地图上看是个月牙状，因此又有个好听的名字叫"月牙湾"。

石浦对面山岛湖礁湾圣母娘娘庙，其法脉能够传承至今，弥足珍贵。

（作者系象山地方文化研究者）

象山石浦昌国蛟龙村柴岙龙圣宫天后娘娘

文 文戈、素莲、亚林、东旭、圣凡

石浦昌国蛟龙村柴岙龙圣宫,坐落于昌国蛟龙村柴岙自然村。宫庙坐北朝南,二进二横,平瓦屋面,骑马砖脊栋,硬山,脊中塑寿星,重唇沟滴。山门红琉璃脊栋,牌楼式,门内置倒座戏台、小天井。石阶4级,渐进递升,大殿五开间。明间神龛供奉天后娘娘,头戴彩珠凤冕冠,身着金黄绣凤彩袍,雍容华贵;次间左右两神龛,奉平水大帝(夏禹)、张元帅、

石浦昌国蛟龙村柴岙龙圣宫(圣凡摄)

石浦昌国蛟龙村柴岙龙圣宫天后娘娘（圣凡摄）

田元帅与小将军、土地、财神诸神。正殿柱上有对联3副，由外及里分别是："人生忠气山河壮，千载精神日月光""山川结为衣冠气，南海莲花九品香""天后舍身救圣主，千年万载美名扬"。宫匾"龙圣宫"，殿匾"天后娘娘"。门楼戏台也有对联，云："玉笛飞声赤凤来，金铃对舞红莲拆。"建筑面积360平方米，占地面积430平方米。

清乾隆间，黎姓祖宗从宁海迁入建村，初以打柴为业，故称"柴岙"。今农渔兼营，村有码头，供渔船停靠补给。相传，清朝末年有村民在新鹤沙滩上发现漂来天后娘娘木雕像一尊，遂捧回家供奉。一日，村民做梦，梦见天后娘娘开口，自述她从福建来，若建庙祭之，定会保佑渔民，出海风平浪静，捕鱼满舱而回。此事一传扬，蛟龙、鹤头等地村民纷纷有钱出钱、有力出力襄助造庙，称"龙圣宫"，并供奉天后妈祖娘娘为海上保护神。"文化大革命"期间拆改为小学。1999年，村民、善男黎阿宝，见学校合并，旧址闲置，于是发动渔船老大资助，先后募得3万余元，修复晚清建筑原貌。

每年法事最盛为正月十四和三月廿三天后娘娘寿日。按传统习俗，在正月初六那日，燃稻草给天后娘娘烘脚。十三晚上，娘娘神像出巡。全村村民轮流做东，一年轮一户人家。轮到的村民，所有的法事开销均由其承担。他得将佛像迎到自家堂前，献上三牲福礼供奉3日，然后恭送回龙圣宫。十四日晚上，在村里大晒场上做戏，并有"同兴"绝技表演，背着大旗串阵，用燃烧着的火圈绕身转，挥刺铜棍甩自身，直甩得血淋淋，待娘娘神像回龙圣宫安座后，传其伤口会自愈。这种表演甚是血腥，今已不传。三月廿三日是娘娘寿日，每逢诞期，附近村民前来神前调换"香符袋"（香符袋：孩童、青少年挂项胸间，祈求平安，每年一换）。今神前烛架上就挂满以旧换新之旧香符袋。

龙圣宫香火颇旺，周围的鹤头、半边山、昌国、石浦等地渔民也赶来点烛烧香。相传，天后娘娘很灵验。一次，渔民们穿着笼裤在家闲居，天后娘娘要他们"出洋"，说是明后天潮水涨起，黄鱼拢群，并说在那有几根棒子插着的海面便是。果然，在那插棒子处黄鱼拢群，船舱装载不下。渔民年年生活平安，捕鱼丰收。为此，渔民认为天后娘娘法力广大，产生了不少传说，并引申出种种如妈祖是救国救民的寇准之女——寇珠。有楹联为证："天后舍身救圣主，千年万载美名扬。"另外在神诞日会演戏娱神。

蛟龙村，由蛟龙得名，陈姓占70%。清康熙年间，其祖从福建迁此建村，因山势逶迤若蛟龙，名蛟龙山，村以山名。蛟龙村附近有半边山，传说半边山是当年猪八戒去西天取经的路上与东海龙王的太子相战，用钉耙劈成两半的，一半留象山，另一半甩去了台湾的基隆。象山民间《风情歌》唱道：半边山，半边山，一半在象山，一半在台湾。本属一座山，八戒劈成山两爿，这里称为东半边山，那面称为西半边山。海峡两岸水连水，山连山，同文同种同江山。

昌国卫，距象山石浦镇10余华里，距象山县城西南80里，曾是明朝四大海防名卫之一。洪武十七年（1384），置卫于昌国县城内。洪武二十年，迁徙卫于县南之东门山。洪武二十七年，以东门悬海，薪水艰阻，徙

后门山，跨山为城，周长7里，成为明代四大海防名卫之一。明永乐十五年（1417）修葺，成化年间重修。嘉靖三十二年（1553），复营缮以御倭，城控临海洋，屹为保障，下辖4所。随着时间的推移，历史的演变，当年金戈铁马练兵场、戒备森严的屯兵所都已不存在，昌国卫依山而筑的城墙也早坍塌。

但昌国卫的许多旧时风俗至今犹在，有谚曰："我拉昌国卫，一年两头会。前街咚咚嘭（锣鼓喧天），九井巷弄鬼打墙（空无一人）。"一年两头会，是指清明会和十月醮会（在农历十月初一）。参与清明会巡行的队伍有数百人，大多由地方村民主动报名。前来参观人数约有五六万人，二里长街，道为之塞。汽车排队自南门至东门、至鹤头岭，长2公里，盛况空前。重新打开了近五百年"清明太平会"非物质文化遗产的"清明上河图"，打开春游、怀古、祈福、恤孤、巡游的清明文化图卷。

除这两会，昌国卫的元宵节也是十分热闹。昌国卫的元宵节民俗始于明朝洪武年间，距今已有600余年的历史。但自上世纪60年代始，这些民俗活动淡出人们的视线。近年来渐渐恢复，游灯会、吃糊辣、看新娘、扮故事、升天灯、坐桥头、请团箕……昌国卫的元宵民俗可谓独具特色，有"三十夜的肚（有得吃），十四夜的鼓（有得看）"之说。

妈祖是渔民的信仰，龙圣宫的妈祖祭祀，虽然年代不长，但她的来历有着神秘的传说，对渔民来说，能保佑他们出海打鱼平平安安，满载而归的神，都应万众朝拜，因而声名远播。

昌国卫昔为象山的重要军事海防地，有着丰富的历史文化积累，使得各种信仰文化相得益彰。

（作者系象山地方文化研究者）

象山南田岛金漆门圣母宫

文 三尊、东旭、圣凡

　　南田岛金漆门圣母宫,坐落于南田岛小南山嘴岗坡、金漆门水道口北。宫庙五开间,坐东朝西,面临南田湾。筒瓦沟滴,瓦花漏脊,硬山,两山卷尾龙吻,脊中火焰珠,字塘塑"风调雨顺"。明间辟一关二扇大门,次间辟水泥浇铸云龙圆窗,尽间辟铝合金玻璃方窗。因岗坡风大,五间均包檐,砖木结构,抬梁式建筑,鼓墩式柱础,方椽砖箍,水泥地坪。明间神

南田岛金漆门圣母宫(圣凡摄)

南田岛金漆门圣母宫（圣凡摄）

龛奉妈祖，头戴彩珠凤冠，身着金黄绣凤彩衣，慈颜善容，背景彩绘龙凤呈祥，旁玉女金童；次间，左神龛奉财神，右神龛奉三官大帝；尽间，左千里眼，右顺风耳。龛联2对："威镇南田岛万民敬仰，恩赐金漆门千古流芳""万里海疆沐神恩，千帆竞发蒙圣佑"。

原殿南有露天石戏台一座，在"文化大革命"中拆除。始建于清同治五年（1866），梁有"信圣母宫，邦公建启"题识。时三开间，平瓦屋面，骑马砖脊栋，硬山顶，两山起戗，抬梁式砖木结构，一关二扇大板门，石板地坪。建筑面积247平方米，占地623余平方米。

清光绪十二年（1886）十月重修。"光绪二十年菊月吉旦"又重修，梁上记有"台州渔胞金贵庚等16人捐银重修"等字样。1999年2月，金漆门村及附近村民又集资重修，原三间置玻璃窗，并在南首扩建2间，山脚铺台阶213级至圣母宫。2005年，大修并建附属房2间，信女周月琴等管理。

南田岛金漆门外即猫头洋，与著名的渔山渔场最近。民国时，每年鱼汛期间，各地木帆渔船到此卸货、补给，最多时达上千艘次。金漆门村专做渔货的店铺就有18家，曾为三门湾渔会所在地。

明洪武十七年（1384），因东南沿海倭患，金漆门一带为封禁之地，立有永远封禁碑。清道光时因匪患严重，又立碑封禁。今圣母宫前有一方形石碑，正刻"奉旨永远封禁金漆门一带各沓"，侧镌"道光三年立"字样。至清光绪元年（1875），浙江巡抚杨昌济奏请南田开禁，十月获准。

封禁碑（圣凡摄）

百姓对圣母宫甚是崇拜，有"拜佛拜一世（音"系"），不如到门头拜一记"一说。圣母宫历来香火鼎盛，每年农历三月廿三寿日期间，渔村信众均要请戏班子演戏娱神，少则五天，多至七天，来自三门、高塘、石浦、鹤浦信众多达千人。

南田岛，在象山县城丹城南33.2公里处，石浦港南侧，介于对面山与高塘岛之间，北距大陆最近点直落港1.25公里。南北向，葫芦形，长14.7公里，宽10.1公里，岸线78公里，面积90平方公里。东、南及西南海岸曲折多湾，基岩多裸露，北及西北海岸较平直，多石砌堤岸。

南田岛为县内第一大岛。民国《象山县志》载，因其地处县南，"田尽膏腴，其塘田皆天造，不假人工"，故称"南田"。平原以淡塘泥田、灰泥田等水稻土为主，滨海地带多浆粉泥、咸黏土，种植水稻、棉花、油菜等作物。动物有野猪、穿山甲、蛇、鼠、蛙、野鸡及各种鸟类，养有鸡、鸭、猪、牛、羊等。沿海泥涂盛产蛏子、青蟹、泥螺等。

南田岛原为"南田八岛"主岛,开发颇早。县人陈汉章《南田志略》云,象山立县后即有居民。小百丈、樊岙、高坎头等地墓葬的发现及铜镜、铁刀、器皿等文物的出土证明在唐代已有人居。明洪武十八年(1385)为防倭患,南田八岛与定海、玉环同被列为封禁之地,南端金七门今存洪武间所立的"奉旨永远封禁"残碑。明末清初,张煌言、张名振以此为基地坚持复明斗争近20年。清光绪元年(1875)"南田八岛"开禁,招民开垦,先后设南田招垦局、抚民厅。民国元年(1912)改置南田县,治樊岙,29年撤县设区,划归三门县。

南田岛是石浦港天然屏障之一,交通方便。沿港建有码头6座,小网巾、韭菜湾、前龙头、后龙头设有渡口。日有渡轮往返于石浦、高塘、对面山。鹤浦是全岛政治、经济、文化、交通中心,日有班轮通石浦、蟹钳渡及三门海游等地。樊岙港为全岛内航河道,机动船直抵樊岙,历为沟通南北的交通纽带。

金七门,介于南田岛与南山之间。北岸小南山西坡娘娘宫边的石崖上刻有"金漆门"三个宋体大字,"金七门"盖缘此谐音而来;一说此处为南田第七条水道,两边礁石金黄色,呈犬牙状,故名"金七门",又名"金漆门",亦称"金齿门"。

今天的金漆门圣母宫,既是一个古老文明的缩影,又是一个遥远历史的记忆,站在门前,依然给人一种神奇的感觉。

(作者系象山地方文化研究者)

象山泗洲头天后宫

🖊 亚林、东旭、圣凡

泗洲头天后宫,坐落于镇区清风弄。大殿三开间,坐北朝南,平瓦屋面,骑马砖脊栋,观音山,方椽板簦,砖木结构,水泥地坪。山门东向,一关二扇大板门。殿门皆实木落地门窗,上镶玻璃。明、次间均二关四扇。建筑面积127平方米,占地270平方米。山门东向,寓意紫气东来。

泗洲头天后宫(圣凡摄)

泗洲头天后宫（圣凡摄）

明间神龛供奉天后，头戴彩珠凤冕冠，身着金黄绣凤彩袍，雍容华贵。旁立二玉女，无金童。次间，左神龛奉文财神，匾"财运亨通"，右神龛奉武财神，匾"生财有道"，祈求财富。或是因为泗洲头近海的缘故，妈祖也成为镇上非常重要的信仰。祈求出海平安，是渔民的心愿。

泗洲头镇位于县境本土西南部，北接西周镇，南连宁海县长街镇，东北靠白仙山与茅洋乡相连，东南临蟹钳港、马岙门与新桥镇相望，西与宁海县胡陈乡接壤，面积74平方公里。

镇由泗洲头得名。泗洲头历为石浦去宁波、丹城去宁海的必经之地。抗日战争初，甬港被封，上海运往浙江内地的货物一度取道石浦——泗洲头——西周一线，转运至宁海、奉化等地，直至石浦沦陷。新中国成立后，先后修成盛宁、泗西、泗马公路，泗洲头成为县西南公路交通枢纽。泗洲头港可泊机动船20余艘，石浦至蟹钳渡客轮湾埠马岙渡。

泗洲头是县西南商业和集市贸易中心。民国时，曾有大小商号二三十家。旧时，泗洲头以商贸闻名于象山，虽称镇实为仅二百余户的海滨小集镇。

天后宫始建于清中早期,圮于 20 世纪 50 年代初。据镇上的耆老回忆,原先的天后宫是平瓦屋面,瓦花漏脊,重唇沟滴,观音山,砖木结构,飞椽砖簹,梁柱间置斗栱,朱红廊柱,弹石天井,山门南向。

1997 年末,由汤友云、奚根林、奚根法、叶守焘 4 人发起重建。后于 1998 年 12 月、2006 年 3 月、2007 年 3 月、2008 年与 2012 年、2014 年、2015 年 10 月等多次修缮。

宫庙下不远即道头,时泗洲头为西南乡水陆交通枢纽,船只进出港均要上香祭祀,常年香火不绝,烛光通明,成为一道景观,充满期盼的人们,都可以在这里许下心愿。

(作者系象山地方文化研究者)

象山涂茨毛湾天后娘娘宫

⊙ 亚林、东旭、圣凡

涂茨毛湾天后娘娘宫，坐落于猫头嘴，殿三开间，坐东朝西，平瓦屋面，覆瓦漏脊，观音山，砖混结构，水泥地坪。明间神龛奉娘娘，头戴凤冕冠，身着金黄绣凤彩袍，慈颜善容，左为文财神，右为娘娘小塑身行神，并千里眼、顺风耳及金童玉女；次间，左神龛奉天、地、水三官并太白金星、真武大帝，右神龛奉土地公婆、魁星。殿门皆大拷落地门窗各4扇。左厢房5间，中间山门，右厢房3间，均平瓦屋面、骑马砖脊栋。建筑面积500平方米，占地670平方米。2007年9月迁建，由村民黄阿明管理。

涂茨毛湾天后娘娘宫（圣凡摄）

涂茨毛湾天后娘娘（圣凡摄）

毛湾村东南有海湾，以猫头嘴得名猫湾，谐音"毛湾"。村民以渔为主，故奉天后妈祖为海上保护神。清光绪中晚期，在猫湾嘴涂滩旁，建平屋1间，塑像祀之。每当大风来临，渔船避风，泊于宫前，上岸进香。善男信女虔诚祈祷天后保佑，祷之甚是应验，渔民感其灵，纷纷还愿，"神威显灵"锦旗、匾额，挂满四周。宫虽小，但远近闻名。附近十里亭、后七埠等村民，每岁五月初五（端午节），朝拜者络绎不绝，宫内烛光通亮，香烟缭绕。毛湾村又称"上马石村"。村东原有一大块石，径2米大小，青灰色。相传，康王赵构避难于象山东乡离去时，登此石上马，后人称此石为"上马石"，村因此别称为"上马石村"。此石20世纪80年代遗失。

2000年8月，政府于猫头嘴围筑海塘。村民商议，将娘娘宫迁建于村东上马石旁。平瓦房3间，砖木结构60平方米，东首1间为娘娘殿，西首2间，为出资建庙者倪惠凤夫妇生活用房。前为天井50平方米，外砌围墙。

近年来，因海洋资源衰退，毛湾人转产改业，从事建筑、办企业、从商者不少，渔业人数逐年递减。但乡人祭祀妈祖习俗未变，逢年过节，皆到娘娘宫，点烛上香，祈求安泰。

大爱妈祖　妈祖信仰在宁波

象山涂茨长沙天后宫

文 松才、爵连、亚林、圣凡

涂茨长沙天后宫,坐落于长沙渔村八亩地海滩上首。仅一间两弄,坐西北朝东南。平瓦屋面,瓦花漏脊,重唇沟滴,硬山顶,人字间架,砖木结构,水泥地坪。远远看去,宫庙甚小。但明间的红色廊柱,却十分显眼。庙前灯山层层递收,上加歇山盖,做成仿古建筑屋顶样子,看似

涂茨长沙天后宫（圣凡摄）

涂茨长沙天后娘娘（圣凡摄）

香火也是十分兴旺。

  进入庙宇，便是妈祖的神龛，头戴彩珠凤冠，身着金黄绣凤彩袍，旁立金童玉女。神龛朱红色，涂上金漆，雕刻精细，也让人觉得金碧辉煌，神龛外挂明黄色帏帐，上绣飞天仙女。神龛前供花，显然是干花，但红红绿绿，给人一种暖色的调子，让小小的神庙里充满着一种信仰的温馨。左神龛奉济公，右神龛奉土地公婆。

  民间的庙宇，祭祀的神灵，多出自百姓的祈愿。老百姓觉得渔村必须得到妈祖的庇佑，于是建了妈祖庙。他们也希望种地得到土地公、土地婆的保佑，所以又供奉了土地公、土地婆。当然他们也喜欢打抱不平的济公，于是又供奉了济公活佛。

  天后宫西有一南北狭长沙滩，东长山嘴头有渔业码头。有渔业的地方，肯定有妈祖信仰，因为妈祖是海上的守护神。

  清代乾隆间，李、忻两姓，分别从本县钱仓、鄞县迁入建村。天后宫

则建于清中晚期。全村靠海为生，以渔为业。海涛汹涌，命在旦夕，渔民供奉天后妈祖娘娘为海上保护神，世代相传成俗。

原庙门朝北，上书"天后宫"三字，门联："娘娘发慈滴泪育鱼养灾民，亲居后宫施发金银保太平。"这个对联似乎并非严格意义上的对联，只是民间顺口溜似的祝福语，直截了当，开门见山地说明了渔民的真实想法和祝愿。旁立一石碑，刻"明洪武娘娘，为人贤淑而闻名于后世"。联与碑文似乎与妈祖无涉，说的是明洪武娘娘马皇后，何故不详。不过朱元璋的马皇后，也是一位非常贤德的皇后，在百姓当中也有非常好的口碑。民间信仰本身有一定的自由性，象山一些小庙祭祀有寇承御。寇承御是谁？《狸猫换太子》中的宫女寇珠，为救太子舍命而亡。民间的信仰，不少是对真善美的信仰，是对忠义的信仰。

1966年"文化大革命"时庙被拆毁。1989年，农历二月二十六日重建，是年农历八月初一毁于台灾。2001年，农历四月十七日又重建，重建人忻张钿等。原神龛有联云："贵座圣宫心慈万民眼观八方，妙手显灵神方救生信者庆安。"

（作者系象山地方文化研究者）

象山涂茨屿岙干门娘娘宫

⊗ 松才、爵连、亚林、圣凡

涂茨屿岙干门娘娘宫,坐落于峙岙老道头上30米山坳中,三开间,依山面海,坐西朝东,平瓦屋面,红琉璃砖脊栋,脊中二龙抢珠,硬山顶,砖混结构,水泥地坪。门为月洞山门,南向。整个娘娘宫的外墙涂刷成黄色,很是醒目。远远望去,像座寺院。

涂茨屿岙干门娘娘宫(圣凡摄)

明间神龛奉坐、行娘娘各一尊，均头戴彩珠凤冠，身着金黄绣凤彩袍，慈颜善容，旁立金童玉女。民间信仰里，在庙中常常把主要神像塑两尊，一为坐殿菩萨，一为出殿菩萨。坐殿菩萨是固定式的，通常泥塑，且较为高大。出殿菩萨一般仅真人大小，为香樟木雕，同时穿戴凤冠霞帔。有庙会，有出巡仪式，就要抬着行神出巡。但这庙中的两尊神像大小差不多，很难区分哪是出殿哪是坐殿的，且并排而坐。按常理应一前一后，可能是庙小缘故吧。神像前挂明黄色帏帐，上绣"金玉满堂"四字，又绣龙凤等吉祥图案。前面是一张元宝桌，同样雕了各种花纹，涂上红色漆饰，主要花纹都贴了金，在桌前也挂桌帏。桌帏上刺绣"有求必应"四字。案上摆放香炉，两边有两盏油灯，类似长明灯。"油"与"寿"谐音，民间信仰里，"添油"有"添寿"之意。同时添油灯，保佑眼目清亮。

次间，左神龛为三世尊佛、净瓶观音，右神龛为文财神、土地公婆及地藏菩萨。在老百姓里面，佛道似乎并没有什么区别，他们似乎释迦也

涂茨屿岙干门娘娘（圣凡摄）

拜，元始天尊也拜，目标单纯而现实，只要为自己好即是可以，也无区分心。可以说他们是因为无知，也可以说他们看穿了一切，所谓万殊归一，殊途同归，于是一团和气，儒释道合而为一了。

东山墙壁上悬挂绿眉毛船模一艘。船也是民间对财富的象征。船是元宝型的，同样满载而归，寓意是非常好的。

次间包檐、方窗，明间二关四扇不锈钢大门。建筑面积90平方米，西侧偏屋一间8平方米，似管理用房。前有天井60余平方米，竖有旗杆，上挂"娘娘宫"大旗一面。

宫下近则大港口、干门港，远则大目洋，一年四季均有象山、鄞县、奉化、宁海等渔民在海上捕鱼捉蟹，海损、海难常有发生。为求渔民平安、丰收，吴氏太公于清同、光年间创建这座娘娘宫。时为一间两偏，砖木结构，殿内二侧塑十八罗汉。民国三十三年（1944），宁海峡山渔民捐资重建，梁柱均改作石制。翌年上半年，被日军舰炮轰塌一角。兵荒马乱，无力修葺，新中国成立后又"破除封建迷信"，一直破败。1956年"八一"台灾宫毁，塑像安至蒲门太平庙。1971年，信士吴安邦主持重建，砖混结构。1982年后，又多次修建。庙下有一岩井，井水清澈甘甜，冬暖夏凉。村民吴安邦管理。

屿岙，旧志称峙岙，因与海中鹅蛋山对峙而得名。中间有外干门水道，有客货轮航船，每日一班通舟山六横涨起港和沈家门。屿岙东面，即是牛鼻山水道，"皆番舶闽船之所经"（宋宝庆《四明志·二十一卷》）。清代，常有福建船只靠埠于此。为祈祷海神妈祖庇护，闽人船只出海进港，均要祭祀，香火甚盛。站立宫前，远处鹅蛋山、大小擂鼓山、西屿山诸岛礁，尽收眼底。天光海色，云霞映海，涛声阵阵，海鸥声声，帆影点点，令人流连忘返。

象山晓塘鹁鸪头天后宫

⊗ 文戈、东旭、圣凡

鹁鸪头天后宫,坐落于鹁鸪头渔村,倚山面海,一间两弄,坐北朝南,青瓦屋面,骑马砖脊栋,硬山顶,砖木结构,红漆木桁板笾,水泥地坪,水泥天井,红色墙面。大门一关二扇,两旁玻璃窗。建筑面积25平方米。前有25平方米小天井,庙前有旗杆。这样的天后宫似乎十分局促,但终是渔民的信仰场所;小小天后宫的外墙涂刷成红色,在浙东,"红庙黄寺黑祠堂",是一种对颜色的信仰区分。红色暖色调,是中国人的喜爱,远远看去,十分显眼。渔民怀着心中的暖火,到天后宫祈福,保佑他们出海

晓塘鹁鸪头天后宫(圣凡摄)

晓塘鹁鸪头天后娘娘（圣凡摄）

平安，满载而归。

神龛奉天后，头戴彩珠凤冠，身着金黄绣凤彩袍，慈颜善容，旁立金童玉女。左奉土地公婆，右奉文财神，两边又有千里眼和顺风耳。千里眼、顺风耳的形象颇为狰狞，外表虽凶，实则内心极为和善。村民对他们能为渔民出海观气象、测风雨，保佑海上捕捞安全，甚是恭敬，雅称"气象雷达神"。

每年农历三月廿三，天后娘娘寿诞日，村里必演戏娱神庆贺。当然唱戏也有禁忌，比如《哪吒闹海》之类的戏是不能唱的。如果犯了忌讳，则戏班会领不到戏酬。

据介绍，原宫庙三开间，瓦花漏脊，重唇沟滴，硬山顶，抬梁式建筑，鼓墩式石础，平面柱顶石，石板地坪。香火不绝，红烛高照，四周挂满"长生供养""有求必应"等锦旗。

该宫的历史与村民迁来的历史差不多，渔民到了哪里总会把信仰也带到哪里。天后宫始建于清光绪中晚期，民国期间宁海人重新修建。新中国成立后，神像、供具悉数被毁。20世纪60年代，拆去建小学校舍。20世纪80年代初，村民集资重建。村民周祝森管理。

据民国《象山县志》记，清乾隆间，顾、任、金三姓村民合力围成小海塘，称"小塘"。后诸姓相继迁入，小塘连成大塘，遂以"蒸蒸日上"之意改称"晓塘"。

鹁鸪头村，位于原坦塘岛鹁鸪山南端，因处鹁鸪头山嘴故名。宫庙西南为猫头洋的满山洋面，与高塘岛的纱帽绿、下牒屿，以及宁海满山岛，隔海相望。伫立宫前，云舒云卷，浪奔浪流，日出日落，船帆点点；海风习习，燕鸥声声，渔舟唱晚，流连忘返。清光绪间，南田开禁后，谢、戴、周三姓始祖自本乡谢家、中央塝和天台、临海迁此建村。搭草厂、织小网、涨虾为生，世代以渔为业。鹁鸪头濒临三门湾，海水里有丰富的鱼虾资源。后来，邻村诸姓陆续迁入，成为晓塘乡唯一的渔村。

在三门湾口浅海区，在潮位最低时，鹁鸪头人用毛竹插入海底泥涂中作为桩头，将四株毛竹缚成"井"字形的毛竹架，用四根绳索将网架的四角系在桩头上，虾网长10米左右，口大尾细，当潮平时，将虾网口系在竹架上。涨潮和退潮的潮力使井字架竖起来，这样，海水中鱼虾就进了网。网眼前粗后细，虾网属部1米多长外，称为网袋。网眼又密又细，小虾也漏不掉，到潮平或泽停时，人们摇着小舢板，用一根带钩的长竹竿将网袋捞上来，拉进船舱，解开网袋底结头，鱼虾就倒进了船舱。人们用苎麻线织成渔网，用白玉湾山上栲树皮加上猪血放在大锅里煮过，这样网能耐海水浸泡。渔民们摇着小舢板船，先在牒屿海域涨小虾，后来慢慢发展，1958年至1960年间，那时涨虾业最兴旺时，在鹁鸪头涨到满山（属三门）、田湾（属宁海）海域，有600株桩头，年产鱼虾约3000吨。

虽然因为渔业资源越来越少，加上海水污染严重，渔业的繁荣时代已经过去，但妈祖在渔民的信仰中留了下来。

（作者系象山地方文化研究者）

象山茅洋蟹钳渡娘娘庙

文 亚林、东旭、圣凡

茅洋蟹钳渡娘娘庙，坐落于花墙村西南、蟹钳渡头东北间。

花墙村，在溪口街西南4.2公里处，旋岩头南麓，沿盛宁公路北侧呈块状分布。《顾氏宗谱》载，明洪武十二年（1379），其祖世贤自本县南田迁。顾、刘、朱三家均有雕塑花纹围墙，故名村为"花墙"。全村以农为主，有耕地295亩，其中水田121亩；山林555亩，其中毛竹23亩；柑橘30亩。有运输船8只，养蛏子300亩。

茅洋蟹钳渡娘娘庙（圣凡摄）

蟹钳渡，是一个交通渡。在茅洋乡花墙村西南与杨岙山硼石码头之间，两岸均有石砌道头和候渡亭。

茅洋蟹钳渡娘娘庙，三开间，坐西朝东，平瓦屋面，骑马砖脊栋，硬山顶，二山及脊中置玻璃球，方椽板笾，人字隔架，砖木结构，水泥地坪。明间神龛奉娘娘，头戴进贤冕冠，身着金黄绣凤彩袍，雍容华贵，旁立金童玉女，供桌奉"天后长生禄位"；这妈祖的造像与其

茅洋蟹钳渡天后娘娘（圣凡摄）

他地方一般戴凤冠的略有区别，而且神像是贴金的。次间，左神龛奉土地公婆、千里眼，右神龛奉文财神、顺风耳。

殿门铝合金落地门窗，上镶玻璃，中4扇，左右各3扇。山门南向，朱红一关二扇大板门。建筑面积96平方米，占地面积160平方米。1994年3月修建，2004年重建。天井植有芭蕉、芙蓉及冬青树等。

蟹钳渡娘娘庙始建年代传为清中晚期。蟹钳渡在陆上交通不发达的旧时，为象山西乡、丹城来去石浦、南田、高塘岛及宁海长街等地要埠，又是蟹钳港、岳井洋作业小渔船的集散地。埠虽不大，名声倒也响亮，20世纪60年代就有"东谷湖，西谷湖，当当中央一条大马路，汽车直通蟹钳渡……"等歌谣。船多客多，香火日日辉煌。

象山高塘岛珠门圣母娘娘庙

🖋 三尊、爵连、东旭、圣凡

高塘岛珠门圣母娘娘庙坐落于珠门村西老鹰山嘴，殿仅一间，坐西北朝东南，平瓦屋面，泥鳅脊栋，硬山顶，砖混结构，水泥地坪。因为是现造仿古建筑，并没按古建标准严格建造，外形看去并不特别古朴、协调，只是没人在乎它的样子。屋面紫红色琉璃洋瓦。

殿中的神龛中奉圣母，头戴彩珠凤冠，身着金黄绣凤彩袍，慈颜善容，旁边金童玉女并顺风耳、千里眼。神前挂黄色帏帐，上绣龙凤，挂一排七彩流苏。外面又挂宫灯和红灯笼，龛前则是一张元宝供桌，上摆香

高塘岛珠门圣母娘娘庙（圣凡摄）

高塘岛珠门圣母娘娘（圣凡摄）

炉、烛台，并供着一壶油。用油供神的习俗，意为添阳寿、耳目清亮。

娘娘庙建筑面积20平方米，占地面积40平方米。门联："男男女女平安无恙，家家户户丁财两旺。"匾"圣母娘娘保佑"。东首墙上悬挂"慈母关爱"锦旗一面。大概是许愿后还愿送来的。

整个建筑，始建于清晚期，后来里人多次修缮。2001年，有到珠门开石子厂的三门人，出资重修。

珠门村南临珠门港，建有石砌道头两座，西可见猫头洋满山岛，东邻金高椅村，200余户、900余人。清咸丰六年（1856），梅姓从三门上任迁此建村，但现今胡姓居多。村民农渔兼营，以渔为主，主要养殖紫菜和近海珠门港张网作业。

渔民奉圣母娘娘为保护神，每年农历三月廿三圣母寿日，前一日众多信女陪生（夜），翌日备三牲福礼，礼拜娘娘菩萨。

七月半念太平佛，扎稻草船数十只，置纸灯其上，在珠门港顺潮而漂，曰"放水灯"，如火龙出游，浩浩荡荡，甚是壮观，祈祷捕鱼人太平无事。

高塘岛乡，位于县境南部。北靠石浦港与石浦镇相望，东隔蜊门港、南田湾与鹤浦镇相对，南与西濒三门湾。由大小50多个岛礁组成，乡政府驻高塘，乡因高塘岛而得名。历史上多属象山县，明洪武二十年（1387）被封禁，清光绪元年开禁后，先属南田招垦局，后属南田抚民厅。民国元年（1912）属南田县蓬莱区，民国二十九年属三门县南田区。

珠门港，在高塘岛与花岙岛间，东接金高椅港，西通三门湾。北岸有一岩石圆如珠，习称"珠岩"，水道由此得名，乃锚泊良地，可避9级北、东及南风。珠门渡旧址在高塘岛西北珠门村。民国初有航船往返宁海县健跳（今属三门县），十日一航班。后渡客趋三门口，渡废。

因为妈祖是渔民的信仰神，所以渔民到了哪里，妈祖信仰也就传播到哪里。

此庙圣母非"海上女神"林默娘，系"陆上女神"陈靖姑，又称陈十四姑。生于唐大历二年（767）正月十五，另说天祐二年（905）。福建福州人。据《闽都别记》《福州府志》载，父陈昌曾为朝廷户部郎中，另说为商人。靖姑为民除害而殒身于古田临水。尊称极多：临水夫人、顺天圣母、顺懿夫人、天仙圣母、慈济夫人、碧霞元君、注生娘娘等。这位民间传说中的神性英雄，因为善于医药、除妖、扶危、解厄、救产、保胎、送子、决疑，护国佑民，功德无量，圣迹远播福建、浙江、江西、两广、台湾与东南亚等。陈靖姑的传说很具传奇色彩，因偷吹间山镇山牛角令地动山摇，降雨解灾又斩杀雷神，多次触犯天条，24岁阳寿便终。现在闽、台、浙东南各地，均以立庙奉祀。其寿日为正月十五，但此庙的圣母寿日亦与妈祖同为三月廿三，不知何故。

（作者系象山地方文化研究者）

象山花岙岛圣母娘娘庙

文 三尊、爵连、东旭、圣凡

　　花岙岛圣母娘娘庙坐落于雉鸡山南麓,殿三开间,两首包檐,坐西北朝东南,平瓦屋面,泥鳅脊栋,硬山顶,砖木结构,抬梁式建筑,水泥地坪。建筑面积 80 平方米,占地面积 160 平方米。外墙红色,外形简陋。明间神龛奉圣母,头戴彩珠凤冠,身着金黄绣凤彩袍,慈颜善容,旁金童玉女;

花岙岛圣母娘娘庙(圣凡摄)

花岙岛圣母娘娘（圣凡摄）

次间左神龛奉文财神，右神龛奉魁星、土地公婆。神龛前元宝桌上置签诗筒，花瓶里插干花。

花岙岛圣母娘娘庙始建于民国戊午年（1918）农历三月。殿内悬挂"水德参天"匾额和"神威显赫"横幅。长年香火不绝，红烛高照。

每年农历三月廿三，举行娘娘生日庆典演戏娱神。七月半前一日，村上众多信女在此念太平佛，请僧道放焰口。纸船数十，点上蜡烛，傍晚时在庙前沙滩施放水灯，祈求天母娘娘保佑全村老少平安，海上船只太平。

花岙岛位于高塘岛南，西靠三门湾，东临南田湾，因岛上多花鸟，故称花鸟岛，又因孤悬于海，亦名悬岙岛，后二名合一称花岙岛。岛有一峰，雄伟挺拔，巨岩屹立，高200余米，状若大佛之头，故别称"大佛头山"。清雍正《浙江通志》云："大佛头，县南一百五十里，高出海中诸山数百丈，周一百余里，日本人入贡以此山为向导。"岛南部雉鸡山南坡为花岙村。清光绪元年（1875）开禁，杨姓祖自温岭大溪迁此建村。现全村150余户，金姓居多。农渔兼营，渔业从事近海捕捞和养殖。村民历来奉天母娘娘为海上保护神，是以建圣母娘娘庙。庙南临三门湾猫头洋，庙前有一片弓形沙滩，其旁有一大片千年大樟树茔，庙北的雉鸡山上有张苍水屯兵遗址，为国家级重点文物保护单位。

虽然这个妈祖庙的历史不久，始建于民国初，或许与张公抗清的事也并不着边，但张苍水是知道妈祖这位尊神的，他曾在福州、厦门、壶江岛等地抗清，知道福建的百姓都信仰妈祖，他还写过天妃宫的诗。

登湄洲（壬辰）

不尽沧浪兴，孤洲眺晚晖。

海翁称地主，野父说天妃。

舴艋风前出，镰锄雨后归。

侏禽虽未解，一笑亦忘机。

登湄洲，谒天妃宫（癸巳）

苍茫一曲带烟霞，闻说飞仙此驻家。

石髓沁香流乳酪，云根瀚雾想铅华。

楼前缥缈凌波袜，槛外参差贯月槎。

湘女雒妃多往迹，曾无精爽遍天涯？

重登秦港天妃宫（丙申）

郡山依旧枕翁洲，风雨萧然杂暮愁。

海蕊经寒香更远，松枝带烧节还留。

荒祠古瓦兴亡殿，绝壁回潮曲折流。

身世已经漂泊甚，如何海外有浮鸥！

舟山莲花洋（迟名尊摄）

区域概况

舟山境内的妈祖信仰与天后宫

✎ 金涛

定海，今为舟山，地处甬江口外的外海海域，由1339个岛屿组成。北靠沪杭甬，面向太平洋。"浮吴会，达瓯闽，中翼于省会，控扼其海口。"它不仅是我国东海岸之中枢和甬江之门户，而且是中国第一大渔场和中外文化交汇处。据清康熙《定海县志》载，唐开元二十六年（738），定海始建翁山县，宋时改名昌国，清康熙二十七年（1688）建定海县，并由康熙大帝亲赐御匾《定海山》，寓"海定波宁"之意，为当年宁波府所属的六个县邑之一。

据定海的出土文物考证，早在新石器时期，定海是鱼龙图腾的发祥地，并有鸟图腾和龙图腾崇拜。汉唐以后，定海渔夫和船户信仰的海神是东海龙王敖广和普陀山观世音菩萨。宋时,福建莆田湄洲岛的妈祖信仰开始兴起,并通过"海上丝路"和"漕运",以及福建渔民北上舟山从事捕捞活动,使得妈祖信仰在定海境内广泛传播,并在大小岛屿广建庙宇,成为定海渔夫和船户最为崇信的海神信仰之一,至明清时期达到顶峰。在定海历史的某一时段,定海妈祖庙的总数甚至超过观音寺院,足见其信仰之盛。

当然,妈祖信仰在定海境内的发生与流布,有其多方面的原因:

一是地域环境。舟山群岛是中国最大的渔场,福建渔民一年四汛,大半时间在此劳作。例如沈家门,宋元时期为福建渔民的集居地,旺汛时多达3万余人。因此,福建的妈祖信仰,必然随渔船北上,四方流布,并被舟山渔民所接受。

二是历史因素。唐中期后,随着东海航线的开辟,宁波及其定海,成为我国与东北亚诸国"海上丝路"的主通道和贸易港。尤以南宋时期,赵构建都临安,北方领土被异族占领,为调拨闽粤粮食北上,必须开辟海上通道。据清康熙《定海县志》载:"宋元时期,定海岑港有'六国港口'之称。元代,定海的金塘沥港为南粮北调的'漕运'中转港。"《小洋岛志》曰:"宋时,江浙闽粤,海运频繁。为漕运之方便,船商首户在本岛设库建仓,建立中转站。时闽粤船户信奉天后,为求航行之平安,由周、陈两巨商发起,并于南宋绍兴元年(1131),在本岛建天后宫,供奉天后娘娘。日后,南北船户至本岛必上岸供祭。"由此可见,定海妈祖信仰的形成与流布,与"海上丝路"及漕运的兴起大有关联。

三是神灵传说。例如:妈祖奇异的身世和个性,妈祖在世时的化草救商、降伏二神、救父寻兄等故事,以及在羽化升天后,她身着红衣,踏波而来为渔民解危救困的传说,经过北上的福建渔民和船商巨贾,在建庙和口传的过程中广泛传播,在定海民众中造成了深刻的影响。

四是生存状态的特殊性。当年,宁波所属的六个县邑,其他五个大都是滨海地区或是半岛,唯有定海"悬居海中,四面澎湃",并在风口浪尖求生存。

所谓:"三寸板内是娘房,三寸板外见阎王"。因此,他们祈求海神庇护的愿望与心理需求更为强烈。而在众多的海神信仰中,妈祖不像东海龙王那般虚幻,也不像观音菩萨那么尊贵,她是有求必应、救危解困的渔家女儿,是最具平民化和世俗化的东海女神。所以,天后妈祖更为定海的渔夫和船户所崇信。

据清康熙《定海县志》所载统计,仅定海本岛,在康熙三十三年,各乡各岙有奇神怪庙165个,供奉天后的36个,约占神庙总数的1/5。民国十二年(1923)春,定海所属的21个区,祠庙扩展到377个,天后宫83个,占庙宇总数的1/4以上。而在边远的嵊泗列岛,民国晚期共有神庙40余个,供奉天后的20余个,占庙宇总数的1/2。这就说明,在定海的神灵信仰中,天后妈祖具有至高无上的地位,并且随着时间的推移,信仰更加旺盛,越是小岛,庙宇越多。但因战乱或历史上的其他原因,现今定海境内的天后宫仅存20余个。

"天后妈祖镇海宇,海不扬波传福音"。综上所述,定海的妈祖信仰,由于其独特的地域环境和历史背景,以及独具异彩的习俗文化,不仅为宁波的妈祖信仰增添了丰富的内涵,并为妈祖信仰在海内外的广泛传播,做出了重要贡献。

(作者系作家、民俗学家、海洋文化专家,教授)

舟山定海天后宫

⊗ 金涛

据清光绪《定海厅志》载:"天后宫,在南门外东山之麓,康熙年间定海总兵蓝理创建,旁为八闽会馆。同治年间,商民又另建福兴街,即保定会馆。"《厅志》中又载:"神姓林氏,兴化莆田都巡君之季女。生而神异,能力拯人患难。宋元祐间邑人祠之,水旱瘟疫,舟航危急,有祷辄应。元大德三年,以漕运效灵,封护国庇民,明著天妃……天历二年,加封福惠。清康熙二十三年,诏封天后。"上述记载,虽说较为简略,但已确立了定海天后宫的庙址、创建人和创建年月,以及有关天后的身世灵迹和建庙的缘由。

综上所述,定海天后宫的创建人为总兵蓝理,庙址在定海城区南门外,创建的年月,据推算应在蓝理在定海任总兵时期。蓝理是康熙二十九年(1690)赴定海上任的,公元1701年左右离任。迄今算来,此庙已有300余年历史了。

关于天后宫旁的八闽会馆,建于康熙年间,按年月估算,可能是与天后宫相近时间建造的。"八闽"为福建的别称,闽即福建。八闽会馆则是在定海经商的福建籍船商、渔商和其他商人集会以及议事的场所,故称会馆。若从会馆与天后宫的布局看,有两种类型:一种如宁波市区的庆安会馆,天后的庙宇和戏台均在会馆内。一种如定海的八闽会馆,建于天后宫旁,均为福建人出资建造。若说同治年间的福兴街,含"福星高照,

生意兴隆"之意。当年的情景,肯定是商铺林立,街市繁华,并以福建商人为主体。而保定会馆建于鸦片战争之后,有"保卫定海、护国佑民"之寓意。

据悉,天后宫与八闽及保定会馆,在1950年定海解放时尚未拆除。那年头,每逢清明节前后,即阴历三月廿三天后诞辰日,保定会馆总要出资请戏班子来演几天纪念天后的庙戏,戏台在天后宫的大殿前。但是,看戏时要男女分开,男的站在什么地方都可以看,女的要有限制,只能站在会馆月楼的长廊上看戏。否则,女的站着看戏时,面对戏台,屁股朝着大殿中的天后娘娘,视为不敬,这倒是个奇特的习俗。可惜,定海的天后宫和八闽会馆等,迄今已荡然无存,今人已难见当年之风貌了。

不过,庆幸的是笔者在近几年获得了2幅珍贵图片,一幅是定海天后宫供奉天后的内景,一幅是定海天后宫的外景。这就为我们认知天后宫的历史和原貌,提供了可靠依据。

其中,一幅天后宫内景的图片,是2005年笔者从《宁波旧影》画册中发现的。画册中有一组19世纪中叶有关舟山的图片,其中有一幅题为"定海天后庙"。

从画面上看,前面供奉的是天后神像,容貌秀丽,慈祥和善,旁边还有若干小神像。有三个拖着长辫子的定海士民在跪拜。旁边站着两人,一人摊开一本经书,似乎在祈祷着什么,另有一人肃穆立于一旁。而在天后的背后,则是一个大型的立体雕塑群像,中间那位飘逸欲飞的似乎是白衣大士观世音菩萨,画的上端还有明灯、天上小仙女及其他人物,真的是画工细腻逼真,场面壮丽辉煌,气势磅礴,生动地反映了170余年前定海人的服饰穿戴、风土人情和妈祖信仰,是研究定海天后宫的宝贵文献。

另一幅图片是2014年笔者从《大清帝国城市形象》一书中发现的。

从画面上看,当年的定海天后宫,高大宏伟,装饰华丽,庄严的宫门正门上有"天后宫"三个大字,屋顶上有螭龙盘旋的彩色雕塑,两边门柱

定海天后庙（又称天妃宫）内景（《宁波旧影》）

上都有楹联。

关于蓝理和天后宫的关系。《舟山历史名人谱》中记载："蓝理，号义山，福建漳浦赤岭畲族乡人。康熙二十二年夏，诏命施琅率领水师攻打澎湖，蓝理为先锋。蓝理出征时，焚香祷告妈祖，并在妈祖神助下，率先冲入敌阵，杀敌80余人，但在激战时中弹受伤，连肠子都快流出来了。蓝理勇猛异常，大喊一声：'妈祖保佑！'结果盘肠大战，攻克澎湖，进而统一了台湾。因蓝理在此战役中战功显赫,晋级加封,授参将,加左都督。康熙二十九年,调镇定海。"而在康熙二十三年,康熙大帝诏封妈祖为"仁慈天后"。无疑,正是此因,蓝理为感恩妈祖而在定海创建了天后宫。

近日,笔者在观察定海天后宫那幅内景图时,感到妈祖身后的壁画上为什么有白衣大士观世音?观音与妈祖又有何种的联系?顿使我想起了定海民间流传的两个传说。一说妈祖是观音身边的龙女化身。有一年,观音带着龙女和善财童子,从王母娘娘蟠桃会回普陀山,路过福建莆田洋面,见海妖作怪,残害渔夫船户,一股妖气直冲天庭。观音心中不忍,龙女也面露怜惜之色。但因观音有要事急回普陀山,只得匆匆而归。事隔不久,刚巧有莆田信徒林愿来求观音,观音心想:"还是让龙女投胎下凡,去做海神,为渔夫船户们降妖灭怪吧!"于是,龙女奉旨投胎,成为林愿之女,取名林默。由于林默是龙女投胎,所以有非凡的神通,能乘席渡海,降妖灭怪,又有菩萨心肠,救船户和渔夫于生死存亡的危难之中。二说妈祖是观音的滴血成胎。有一年,观音为降伏海中巨兽鳌鱼,在东海洋上展开了激烈的争斗。虽说,最后观音降伏了鳌鱼,成为她巡海的坐骑,但在战斗中不慎中指被鳌鱼的利爪所伤,手指滴血。忽而掀起一阵大风,把观音的滴血吹到了千里之外。刚巧,那天晚上,莆田的林愿夫人在院中观月赏景,见空中闪过一道红光,直奔院中而来,她惊愕得张口后退,想不到这红光居然闪电般窜入她的口中,不久她就怀孕了,产下一女,即为林默。因为林默是观音的滴血成胎,不仅与观音有血缘关系,而在生前她就喜欢穿红衣,着红袄,即使羽化为海神后,她也是常常提着红灯,化作一道红光,显灵于渔夫和船户面前。

当然,还有一个理由:定海普陀山,是中国唯一正宗的观音道场所在地,观音又是佛教中的菩萨,是佛祖释迦牟尼的左右侍。俗话说得好:"背靠大树好乘凉",妈祖落户定海,方方面面还得靠观音来扶持。也许,这正是定海天后宫那幅壁画的来历。

再说祀典。在古代,定海天后宫的祀典是十分隆重的。其原因:一

定海小沙天后宫

是定海城区历来是舟山群岛政治经济文化之中心,是定海县衙的所在地。二是妈祖从宋徽宗赐庙额"顺济"起,到清朝的康熙大帝诏封为"仁慈天后",历来被皇帝所推崇。康熙五十九年时,妈祖与孔子和关羽,并列为最高级别的国家祭典,并规定每次祭典,由当地官吏亲自主持,春秋二祭,行三跪九叩大礼。

为此,《定海厅志》载:"雍正十二年,诏府州县一体建庙奉祀,各官彩服,将事二跪六叩首行三。献礼祭品:帛一、白瓷爵三、羊一、豕一、酒尊一、金刑一、簠簋各二、边豆各四。"可见祭品之丰,场面之大,礼仪之重,并要官吏读祭文和焚烧祭文敬天后。

定海天后宫,不愧为定海境内天后宫中的第一大庙也!

舟山普陀沈家门天后宫

文 金涛

普陀沈家门，位于舟山本岛之东端。港口宽大，港域水深，港域面积320万平方米，航道长11.5千米，可泊渔船1万余艘，历来为我国东南沿海闽、粤、浙、沪等省市渔船的泊锚地和避风港，也是全国最大的鱼货集散地和投售处，素有"中国渔都"之美誉。而沈家门天后宫的旧址，就坐落在港口北岸的一个小山墩上。

据清光绪《定海厅志》载，该志的《庄图》中印有沈家门天后宫的宫图。据沈家门的世居老翁说，沈家门的天后宫，始建于500多年前（又说300多年前），先有天后宫的宫名，后才有宫墩、宫前、宫后等地名。

为此，普陀区史志办邬永昌先生，在《舟山晚报》撰文说："中国渔都沈家门的腹地，有一座低矮的小山叫宫墩。'宫墩'的地名，源于这里的天后宫，所以地以宫名。"又说，"她的始建者和信奉者，大都是沈家门沿海一带的渔民、船民和这些地方的士绅、官宦及其海外乡亲。她的鼎盛期是十九世纪末至二十世纪初。那时候，一上宫墩，首先看到的是一对高耸直立、上有方斗下有石基的旗杆和随风飘扬的旗幡。"

当年，宫的正殿，供奉着木雕的天后妈祖神像，高约3米，身披霞帔，头戴凤冠，端庄祥和、和善可亲，造型精美，显示了高超的工艺水平。正殿的两边墙面，悬挂着大型的"绿眉毛"船模。而在殿梁、檐下以及幡上，挂着"护国佑民""海不扬波"等鎏金匾额或金色刺绣。东边的墙面上，还有一幅"海中灵迹"的巨幅壁画。

那时候,每当渔船因避风进港,或在三月廿三神女出世,九月初九神女羽飞之日,这里都要举行重大的祭祀活动。许愿或还愿者集聚于此,热闹非凡。可惜,1939年6月23日(农历五月初七),日本侵略军入侵定海。就在那一天,人们崇信的沈家门天后宫,被残暴的日本鬼子莫名其妙地放了一把火,把天后宫的庙宇全烧掉了。

然而,建筑可以焚毁,历史难以磨灭。若追忆庙史,沈家门的天后宫,应从她的别称说起。例如:明天启《舟山志》,天后宫称之"圣母宫"。清康熙《定海县志》,天后宫称之"天妃宫"。而在民间,又有老宫、新宫等称呼。其实,这些庙名,指的都是始建于500多年或300多年前的沈家门天后宫。

现今看来,这沈家门天后宫的始建年代,一时难以确定。但据《定海厅志》等史料记载,妈祖信仰很可能在宋代时,随着福建渔民北上捕鱼而传播到沈家门,但未必建有宫庙。而在明代,沈家门由福建渔民等筹资创建起了天妃宫,则是志书中有载。当年,天后宫又称圣母宫或圣母庙,庙中供奉的最初称为"天上圣母""天妃娘娘",至清代康熙年间,福建的商人和普陀的渔民,为了感谢海神天后又再次捐资重建,并在原有庙宇的东南首,扩建了东岳殿、观音殿等。

据当地老人们回忆,此天后宫坐北朝南,背山面海,沿坡而建,古木婆娑,风光幽雅,是一座典型的浙东式古庙。而在清代重建后,天后宫又经商人、渔民等捐资重建,规模是越来越大。至民国初期,天后宫的占地面积15亩左右,大小殿宇60余间。

然而,在扩展的过程中,天后宫也历经灾难和坎坷。民国九年,舟山发生了百年未遇的强台风过境,天后宫遭到了严重损害。天后宫东首的东岳殿及十余间厢房,全被暴雨淋塌。民国十一年(1922),由常住天后宫的普陀山灵灿法师主持,四处募捐,并依靠郑姓、朱姓柱首等配合和支持而重新扩建。扩建后的天后宫,前为山门,后为正殿,中间明堂筑有戏

普陀山天后宫

台,东西两侧是东岳殿、观音殿、武帝殿,后厅为厢房等建筑。山门前有两根高达 20 余米的幡杆,旗幡上绣着:"沈门艺萃千家竞技,海港波平万舸争航"的吉祥联句。

但是,需作说明:古代的沈家门天后宫,不仅是天后的庙宇,也是普陀诸岛"满天神佛"、诸教合一的宫殿。例如:殿内供奉的除天后外,还有送子观音、三官菩萨、财神菩萨、东岳大帝、孔子等大小不同的神像。由于诸神菩萨同居一庙,同时满足了不同群体的精神需求,为此沈家门的天后宫,信徒众多,香火特别兴旺。

同时,沈家门天后宫还有个特点,则因地处大明军港——沈家门港的北岸,它与明代的海上战将有着密切的联系。从明洪武二十年(1387)始,沈家门为备倭水寨,成为明代的汛防之地。明代抗倭名将戚继光,舟山参将张可大等,都曾驻扎过此地。戚继光在沈家门天后宫驻扎的时间,约在嘉靖三十四年至四十年间,直至戚继光率舟师自沈家门出击,与俞大猷等配合,合力追击,直捣倭巢,至浙江沿海的倭寇基本肃清,他才离去。而张可大到沈家门天妃宫巡视的时间,约在明万历四十一年至四十七年(1613～1619),即他在舟山任职的这段时间。他当年有感而作的诗作:"海云面面护神宫,屹立中流砥柱雄"和"紫竹已同群木秀,白鸥犹带晚潮飞"等,都与沈家门天后宫有关。

由此可见,沈家门的天后宫,在古代,不仅是人们朝拜"天后"和祭祀海神的地方,也是官方驻扎和众神共祭之地。尤其在清代,天后宫的祭祀由官府主持,并被地方政府列入祀典。作为东海女神的"天后",在人们的膜拜声中,从"统御百灵、海不扬波",到"抗击倭寇、保卫海疆",并兼管"生儿育女""头痛发热"等民生俗事。天后的神灵信仰,已由航海神,逐步演变为具有多种功能的护海神了。

关于沈家门天后宫的祭祀活动,规模最大的则为天后诞。据传,天后宫的最初功能,是船工祭祀海神并举行酬神演出及聚会娱乐之场所,宫下的街道,则是商业集市和年货市场。后来,天后的地位越来越高,沈家门又是福建商人和渔民最集聚的地方,更是全国第一大渔港。因此,沈家门的天后诞,其规模和气势非同寻常。

据悉,每当农历三月廿三天后圣诞时,天后宫就张灯结彩,鼓乐齐奏。要表演龙灯、高跷、旱船等游艺节目,有童男童女装扮的各种娱乐场景,还要请戏班演三至五天的庙戏。更可观的是港中的万艘渔船,都要挂出五色彩旗,要把"天后旗"高高地挂在桅杆的上端,形成了"满港彩旗漫天舞,天后圣风泽海东"的壮观场面。而当天后生辰到来的那一刻,港中的万艘渔船和商舶,要在同一时间吹响螺号,鸣放礼炮。真的是:"号炮齐鸣、惊天动地""云蒸霞蔚、气象万千!"

与此同时,这一天,沈家门及周边诸岛的善男信女,也都携带供品,纷至沓来,聚集在天后宫内上香拜祀。其中有焚香诵经的,燃烛供斋的,烧纸度牒的,超生化缘的,求卜问卦的,捐资修祠的,以及其他形式的佛仪习俗等。此时,整个庙宇上空,香烟弥漫,霞岚雾霭,呈现出一派宁静祥和之气,沈家门十景之一的"宫墩烟径",由此形成。

舟山岱山高亭天后宫

✎ 金涛

岱山，位于舟山群岛的东面，由岱山本岛、大衢岛、长涂岛等大小不一的众多岛屿所构成。现今，高亭是岱山县府的所在地。

旧时，高亭有个天后宫，位于高亭镇内，始建于清嘉庆二十三年（1818），迄今算来，也有近200年的历史了。虽说此庙已破败不堪，但宫中尚保留一块清代的石碑，有助于我们了解它的庙史。

这块石碑，立于清光绪八年（1882），主要内容是定海直隶历知事陈某应岱山船户刘克成等要求重申有关雇用出海渔民丧亡赔偿标准之规定。

那么，有关处理海难赔偿问题的石碑为何立在天后宫内？这与天后宫的信仰又有什么关系？

上文已叙，福建的妈祖信仰，始于宋元时期由福建人传入舟山，至清光绪十年，舟山的天后宫已有26处，高亭天后宫为其中之一。这块石碑，就是在那个时期立在宫内的。

岱山是以海上捕捞和制盐为主的渔业县，是全国十大渔业县之一，岛上居民大都以海为生，以渔为业。当年，高亭附近的海域，俗称"岱衢洋"，是舟山最著名的大黄鱼汛中心渔场。每年阴历四五月间，江、浙、沪、闽等渔船云集于此，船至数千，人至数十万。所谓"小汛停泊大汛行，石首来时似潮涌""连樯渔艇乱如麻，星光错杂舞横叉"。在此情况下，渔民在捕捞时，难免要发生海上纠纷或海难事件。因此，这块石碑的确立，实为当年实际情况之需要，这是其一。其二，天后妈祖是渔民崇信的护海神，天后宫又是岱山信众集聚区，这个区域，俗称"庙界"。因此，庙界即天后宫，也就成了当年岱山渔户和船商的祭祈、洽谈和议事之地。在此立碑，一可便于清朝官吏按文立规，二可借妈祖崇信来震慑渔户，可谓一举两得。

据悉，岱山高亭天后宫的建造，还有个重要原因，则与它所处的地域环境有关。因为高亭有个主峰叫摩星山，峭壁悬崖，山高路险，并把高亭与岱山本岛的其他地方分隔开来，成了一个相对的独立区域。当年，岱山本岛，每四年要举行一次迎神赛会，是以东岳宫为中心的。而高亭因地缘相隔，无法参与，只得单独赛会，高亭天后宫也就成了高亭赛会的主赛场。

直至岱山解放前，每逢妈祖诞辰，岱山都有庙会和庙戏，由各社庙邀宁波"大全福"等京戏班来岱山演出，经费由各庙或各界义捐

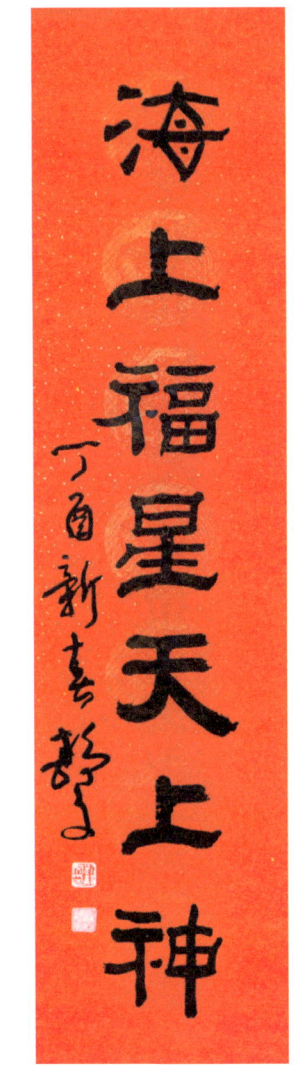

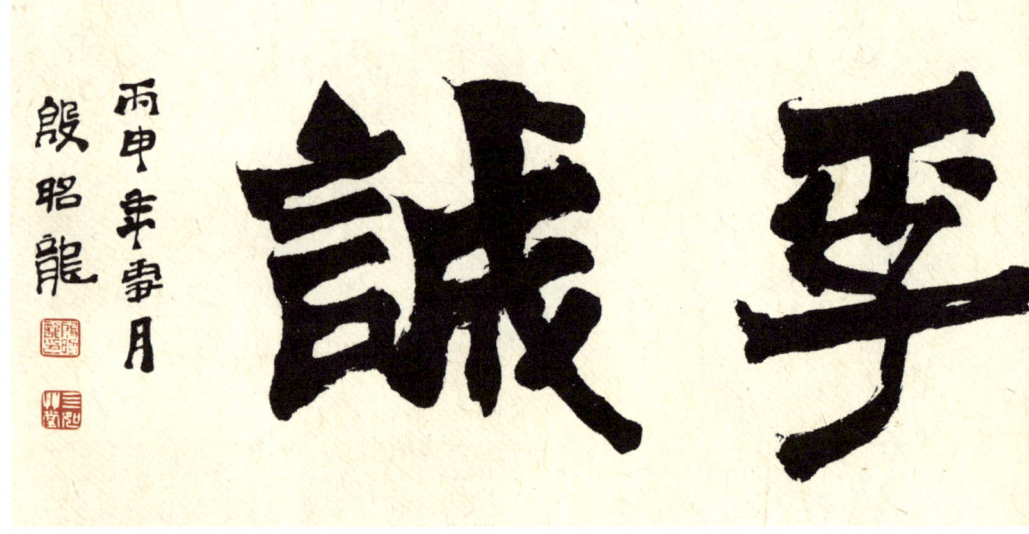

支付。一般情况下,首演于高亭天后宫,后至各庙续演。

现今,高亭的天后宫尚有古戏台柱石两根,上有楹联。上联是:"假笑啼中装出当年真面目",下联是:"新声歌里犹存昔日旧衣冠"。戏台上还有一石楣,横于两柱之上,横批是:"今古鉴"。

关于高亭的祭祀习俗,主要是"祭洋"和"谢洋"。昔日,岱山的一些商船和渔船,在出海和鱼汛结束时,都要在庙中或船上进行祭祈天后的活动,俗称"祭洋"和"谢洋"。

若说习俗的形成,源于高亭渔民的传统思想。他们习惯把捕鱼的海域叫作"洋田",把海面俗称洋面。出海叫开洋,祭海叫祭洋,回港叫拢洋,鱼汛结束叫谢洋。很明显,这些俗称的形成,是深受我国古代农耕文化对海洋文化的渗透和影响。

祭洋。岱山的祭洋仪礼,一般在每年渔船第一次出海时进行,又称"祭海"。祭洋的情况有两种:第一种是渔船的单个祭祀,供品与仪礼就较为简单,一般是一刀肉或是一个猪头,再加上糖、盐和蔬菜糕饼,先去天后宫供祭,后在船上祭祀。祭毕,渔民就扬帆出海去了。第二种是整个岙口集体出海和集体祭祀,那规模和场面就大得多了。先是祭品,一

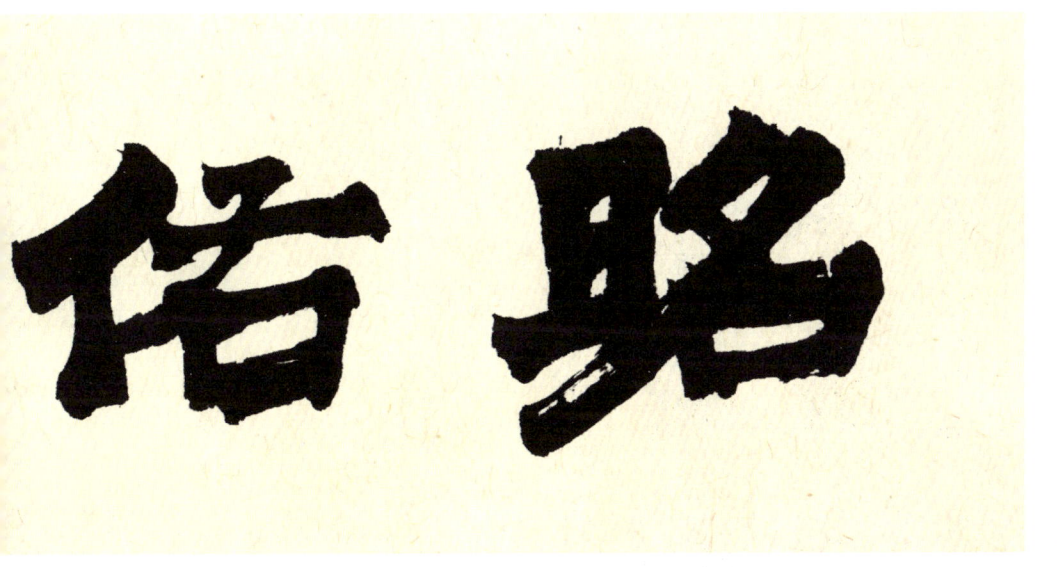

殷昭龙 书

般是全副猪羊，还有鸡鸭鹅鱼等众多供品，以及水果和鲜花，满满的一供桌，摆祭在天后宫的正殿中。祭祀毕，又将三牲等祭品移至船上和海口，重复摆祭。此时，岙口中公认而具有领袖性质的船主，要首先鸣放三响礼炮，并要在供品中酌取一二，连同一壶酒，撒向大海，俗称"散福"。同时，船主要读祭文和焚烧祭文敬天后。而后，领头的船主带头解缆离岸，众船尾随其后，在岸上舞龙舞狮，在热烈的鞭炮和鼓乐声中，整个岙口的渔船，浩浩荡荡地出海去了。

再说"谢洋"。谢洋是在上半年鱼汛结束之后，一般在阴历六月廿三进行，俗称"六月廿三大谢洋"。在旧时的鱼汛中，上半年岱山有大、小黄鱼汛、墨鱼汛，鲳鳓鱼讯等，是一年中最辛苦的日子。若喜获丰收，一定要用大福大礼，酬谢天后，犒劳渔民。因此，"谢洋"的礼俗，要比"祭洋"更为隆重而热烈，故而又称"谢洋节"。

谢洋节的程序，先是渔民把船锚好，把船上的网、橹、舵等渔具离船上岸，安放在仓库中。而后，开始进行众多的节庆活动。

谢洋节的活动主要有以下几项：一是祭典。祭典的仪式在天后宫进行。祭典天后时除了全副猪羊等供祭外，还要燃龙凤花烛，杀财猪，送船

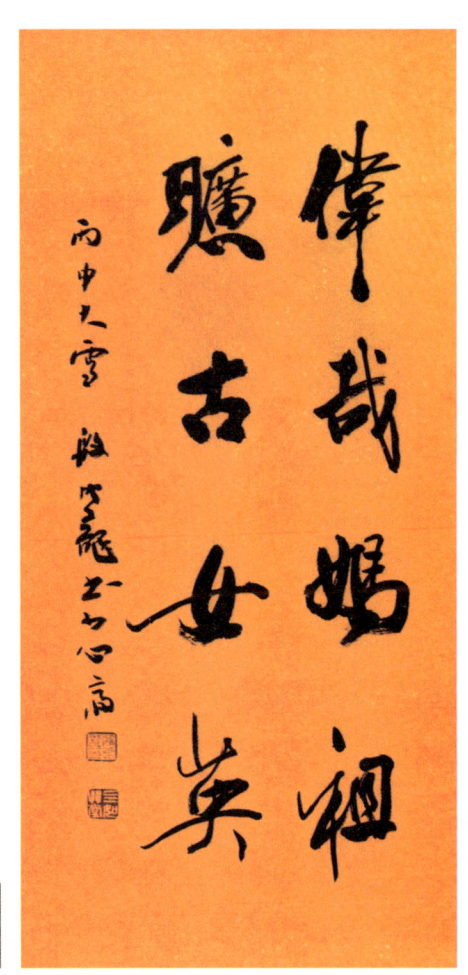

殷昭龙 书

还愿,"水族朝圣"等,并有柱首领头,率领全岙渔民,进行大型的祭福和佛事活动。

二是庙戏。节庆时,要请外地戏班在天后宫演三日三夜庙戏,内容都是崇敬天后的。形式有京剧、绍兴大班或是越剧,还有木偶戏。木偶戏又称傀儡戏,是海岛小朋友最爱看的小戏文。据民国《定海县志》载:"傀儡戏大者,多民间酬神演之……旧时,民间所立各庙会,则在各庙中演之,谓之庙戏,多至三五日不等。而渔人报赛之戏,多在夏秋时各海山进行,谓之谢洋。"

三是踩街。踩街是谢洋节的重头戏,是由舞龙、舞狮、马灯、船灯、海八仙、高跷、抬阁、跳蚤舞等组成的游艺队列,在大街上巡游进行。若是那一年有妈祖出行,踩街时地方乡绅要"跪礼迎神",船主和船员们皆望尘拜伏,各地柱首仕女皆闻风前来,放鞭炮,擎绣幡,举香花,鼓乐齐鸣,夹道相迎。这种期望平安的仪式,有时甚至因为人多而堵塞道路。当年,高亭天后宫的繁华景象,正如一首古诗中所咏:"予以海上观秋涛,群黎建庙前致辞。"

当然,现今高亭的天后宫,已无昔日之风貌,但她对岱山及高亭镇的影响,处处可见。例如:该地唯有的一条街,就叫"宫前街"。光绪年间,高亭又名"宫前镇"。现今岱山列入非遗项目的"祭海"和谢洋大典,则是当年"祭洋"和"谢洋节"的历史遗存。

舟山嵊泗金平天后宫

文 金涛

嵊泗，位于舟山群岛的西北端，西邻上海吴淞口和长江出口处，北为中国第三大岛崇明岛，南接大衢、鱼山诸岛，东出海礁为浩瀚的太平洋，是日韩诸国出入中国的主通道。全境有近百个大小不一的岛屿，均为以渔捞和海产养殖为业的悬水小岛。若与定海境内的其他区域相比较，临近外海，风急浪高，面积狭小，高山裸脊，并且是"无风三尺浪，有风浪过

嵊泗金平天后宫（龚忆梦摄）

嵊泗金平天后宫（龚忆梦摄）

岗"，环境更加险恶，处境更加艰难。因此，岛上的神灵信仰尤为强烈。

据悉，旧时嵊泗有人居住的岛屿18个，天后宫竟有25个。现今，邻近嵊泗县城的金平天后宫，则是嵊泗及舟山保存得最完整的一个。

据《嵊泗地名志》载："金平天后宫，位于金平岛金鸡山东麓的一个小山坡上，坐西朝东，古木苍翠，布局有序。始建于同治元年（1862），重修于光绪十八年（1892）。庙宇分前、后两殿，并有左、右两厢房，道地中央为万年台。其前殿又分正堂及左、右两偏殿。正堂中供奉天后神像，两旁有两个小神像，即千里眼和顺风耳。庙宇为木石结构，坡屋顶，天棚装饰，简洁而华丽。镂刻花瓣、卷叶和浮雕，画面上有菩提树下，两僧相戏，丰肌秀骨，衣裙飘逸，刀工精湛。门外的左右墙上，各阳刻一幅金鸡奋飞图。"

上文所述，乃是金平天后宫的庙址、建庙年月和庙宇的建筑与布局。但是，金鸡山的岙口并不大，为什么这里建有妈祖庙？金平天后宫的"金鸡奋飞图"与天后信仰又有什么关系？这不得不从当地流传的一个民间传说说起。

旧时，金平岛附近有个著名的嵊山渔场，是冬季带鱼汛的主渔场。每年冬汛，华东沿海七省渔民云集于此，真的是"桅樯如林，云帆遮天"，其场面十分壮观，但也有很大的风险。

据传，清朝同治年间，有年冬天，有艘福建渔船在嵊山洋面捕夜带鱼。开始风轻月明，海况甚佳，谁知到了下半夜，突然刮起七八级西北大风，天空还下起了鹅毛大雪。霎时间，雪雾迷洋，海面上漆黑一片。福建渔民慌了，想赶快进岙避风，但因看不清方向，只得像盲人摸象般在夜海里瞎闯。俗话说："屋倒逢着连夜雨"，木帆小船经不起狂风巨浪的打击，头舱进水了，而大风却越来越猛。眼看再不进岙，就有生命之忧。

在此危难之际，福建渔民在万般无奈中只得祷告妈祖。奇迹出现了，在漆黑的夜空中，突然闪过一道红光，有一红衣女子身骑一只金色的凤凰，在船首上空飞翔，继而向北飞去。渔民知道这是妈祖娘娘前来领航，赶快紧随其后，驶向北方。时隔不久，红衣女子和凤凰忽而不见了，前方却传来金鸡报晓声。福建渔民知道前面就是个有人居住的岛屿，赶快进

嵊泗金平天后宫（龚忆梦摄）

嵊泗金平天后宫妈祖神像

峚避风,逃过了一劫。事后,福建渔民为感谢妈祖的恩典,就在此地建造了天后宫。为酬谢金鸡,又在门外的墙上阳刻了金鸡奋飞图。在民间的认知中,金鸡与凤凰同为一体,金鸡即凤凰。而这本来无名的山峚,也就命名为金鸡峚。

这就说明舟山的妈祖,虽有相同的信仰内涵,但因舟山群岛幅员辽阔,岛屿众多,又因各地历史和地缘文化之差异,其表现形态各不相同。而金平天后宫的"金鸡奋飞图",则是该庙的特殊标志和印记。

关于金平天后宫的信仰习俗,主要是船神妈祖和娘娘会。其实,嵊泗的船神信仰十分复杂,有供奉关公的,称之"船关老爷";有供奉天后的,称之"娘娘菩萨"。其具体的习俗如下:

船神妈祖。旧时,金平及附近岛上的渔民,除在岛上建天后宫外,还在船上专设一个圣堂舱,供奉天后妈祖,俗称"娘娘菩萨"。目的是为了在妈祖的庇护下,渔丰人安,祈求吉利。而其仪礼:可用"供、请、祭、谢"四字来概括。所谓供,即在新船打造时,先把木雕的妈祖神像供奉在岸上的天后宫内。请,即在新船打造完毕后,敲锣打鼓地把妈祖神像从岸上请到船上来,并安置在圣堂舱的神龛内。祭,每逢妈祖节庆或出海捕上吉祥的鱼,都要到妈祖像前去供祭。谢,鱼汛结束,喜获丰收,或在危难时刻求妈祖保佑而解危的,均要在船上用最隆重的礼仪酬谢妈祖。

娘娘会。农历三月廿三是天后诞辰日,农历九月初九是天后羽升日,每逢这两大节庆,金平天后宫都要举行庙会活动。其中,娘娘会即妈祖出巡最为隆重。金平的娘娘会与沈家门天后诞有所不同,这是因为沈家门的天后诞是在岸上和港口进行的,而金平的娘娘会,则要乘船出海,并要到对面的泗礁岛上去巡行。妈祖出巡时,金平岛要准备一艘特大的神船,而船上的装饰很有讲究。一要船头描金鸡,二要船上遍插金鸡旗,三要桅上高挂凤凰幡,四要船身描凤不描龙。同时,出巡时船上要挂灯结彩,舱面上要铺红地毯,要有高大的龙椅供奉妈祖神像。当娘娘乘船起驾时,金平岛要放36声礼炮,寓意"六六顺利"。而在巡海途中,还要鼓乐齐鸣,要撒五谷和花瓣于大海,以酬劳前来朝圣的海洋水族。到了泗礁岛,对方也要放36声礼炮来接驾。而后,开始在岛上巡行。

泗礁岛是嵊泗第一大岛,面积较大,岛上有菜园、马关、五龙等4个乡镇。巡行时,前有金鸡旗引路,有戴黑色高帽的喝道郎开道,继有凤幡、台阁、龙灯、高跷、鼓船等相随于后,中间是八人抬的妈祖神像,一路上接受岛上信徒的跪拜和祈祷。此时,泗礁岛上不断有其他庙会融入其中,诸如马关岙的关公会,五龙乡的双龙会等等。队伍越聚越多,气氛越来越热,直至绕岛一周,到傍晚时,再乘船把妈祖神像从泗礁岛奉送到金平岛的天后宫内,娘娘会才告结束。

由于金平岛毗邻县城和嵊山渔场,崇信天后的信徒众多。在清光绪及民国时期,每逢风暴天,渔船进港避风,渔民必就近上岸,携带供品去该庙进香,一时香火鼎盛。

舟山嵊泗圣姑礁天后宫

文 金涛

圣姑礁,位于嵊泗大洋山岛附近海域,与中姑礁、前姑礁相依相偎,成一字形排列,总称"三姑礁"。

《嵊泗地名志》记载:"圣姑礁,礁形狭长,长170米,宽40米,面积7平方公里,最高点海拔16.7米,周围水深1.8米至30米。"又记:"礁顶有一小庙,高耸礁上,形似古堡,又如亭阁,黑瓦黄墙,双檐盖顶,内供天后神像,俗称娘娘庙。"

上世纪80年代,笔者曾乘一叶小舟上礁考察,庙内除供奉天后神像外,还有若干刺绣的彩带和"护国佑民"等匾额,并有"绿眉毛"等小木船悬挂墙上。而在宫的东侧,有一个4米高的椭圆形石壁,上有"海宇澄清""群贤毕至"等摩崖石刻,为清光绪十四年(1888)江苏巡洋官吏雷玉春等所题。

由于此庙的建庙年月未有记载,故而说法不一。有人说建于宋元时期,有人说建于明清时期。但有一点是肯定的,在光绪十四年,即1888年雷玉春巡海题字之前,礁上已有此庙。依此判断,此庙至少也有120余年的历史了。

但是,圣姑礁上为何要建天后宫?这天后宫又有什么特殊性?这就要寻根溯源,先从当地的一个民间传说说起。

据传有年夏天,古代有艘崇明岛的渔船在洋山海域捕大黄鱼。夜晚,海上突然刮起东北大风,浪涛汹涌,四周又是大雾遮天,渔船失去了前进的方向,随时有触礁翻船的危险。此时,渔民害怕极了,无奈中赶紧祷告妈祖,祈求妈祖来救助。突然间,祷告声中,夜雾中出现了一盏红灯,一闪一闪地闪着红光前行。渔民知道这是妈祖来领航,赶紧随着红灯前行。船到圣姑礁时,风浪渐息,红灯却突然不见了。渔民抬头前望,顿时欣喜异常,因为前面就是大洋山岛,内有良港,为此赶紧进港避风,从而逢凶化吉。事后,崇明人为了酬谢妈祖的恩德,在此礁上建庙祭祀,这就是传说中圣姑庙的来历。

然而,事情并非如此简单。圣姑庙之建立和信仰之形成,除妈祖灵迹影响外,还有其他众多的原因。

一是洋山海域有个历史悠久的妈祖信仰文化圈。这个海域,不仅礁上有庙,而且岛上也有庙。旧时,大洋岛上有个天后宫,位于该岛的东部,俗称"老宫",始建于清代。原有前后大殿各五间,左右厢房各三间,中设戏台,前殿外设

嵊泗圣姑礁天后宫(龚忆梦摄)

嵊泗圣姑礁天后宫摩崖石刻（龚忆梦摄）

三道墙门，后大殿建筑面积为144平方米，木石结构，殿宇高旷，巨柱鼎立。墙门用大理石条砌成，四柱三洞，古朴典雅，仿佛古之石牌坊。而在小洋岛上，也有个天后宫，为嵊泗七大庙宇之一，始建于南宋绍兴元年（1131），迄今已有880余年历史了。而在该庙未毁之前，笔者曾亲临现场，瞻仰过它的宏伟气势。所以，圣姑庙的建立，并非偶然，也非孤独、单一的行为。

二是洋山海域是宋元时期大黄鱼汛的主渔场。《舟山市志》载："大黄鱼，宋时渔场在洋山海域。"又记："大黄鱼因主产洋山海域，俗称洋山汛。"《职方考镜》中说："洋山淡水门者，产黄鱼之渊薮，每岁孟夏，潮大

嵊泗圣姑礁天后宫（龚忆梦摄）

势悉,则推鱼至涂。渔船于此时出泽捞取,计宁台温大小船以万计,苏松沙船以数百计。小满前后,凡三度,淡旬之间,获利不知几万金。"从中可知,当年的洋山海域为东海渔民的集聚之地,而妈祖的信徒主要是渔民。因此,东海渔民在此海域的大岛小礁上遍建天后宫,实乃便于祭祀之需要。

三是洋山海域是大陆之屏障及沪杭门户的战略要地。尤其是大洋山岛,是舟山群岛毗邻上海的第一大岛和出入东海的必经航道,而圣姑礁则是大洋山岛的咽喉要道。据记载,宋时的圣姑礁海域,就有军队驻扎。《宋·宝庆四明志》记:"三姑礁系北洋冲要之地,凡海舟自山东放洋而南欲趋浙之东西,必自此分道。"又记:"绍兴间置都巡检寨,又于岑港、沥港置两指使子寨,以为犄角。"而在《开庆四明续志》中,则有"烽燧"十二铺之说,三姑礁为"三姑至下干山"的第五铺。该志中说:"三姑礁有人烟,东北取下干山,水路约一十五里,若天气清明,烟旗火号,皆可相应⋯⋯"明代时,三姑礁为浙直水师会哨处。例如:明天启《舟山志》记:"哨总领哨官一员,泊两头洞巡哨洋山圣姑礁一带,与浙西直隶官兵会哨。"直至清朝,三姑礁从浙直巡洋,进一步扩大为江浙水师会哨处,其重要地位在《定海厅志》中多次提及。《定海厅志》记:"敌舟北来抛大洋,至洋山、三姑礁⋯⋯此浙东路海道也。"又说:"嘉定七年,三姑、岑港、沥港等五寨土军,听水军统制节制。"由此可见,作为航海神和护渔神的天后妈祖,此时还有保卫海疆的职责,为巡洋的水师所崇信。光绪十四年,巡洋官吏雷玉春题字于圣姑庙的石壁上,就是一个例证。因此,圣姑庙的建立亦与江浙水师有关。

当然,圣姑庙的最大特点,庙建礁上,造型奇特,并历经数百年的风吹浪打而不倒,实为罕见。而当潮水上涨时,庙基离海平面仅有 5 米左右,为全世界众多的天后宫中,海拔最低的一座天后宫!

舟山普陀塘头村天后宫

文 王文洪

很早以前，舟山渔民对妈祖善观天象、救人济世、降妖除怪、治病救人、拯救海难的功德早有所闻，那么，妈祖神像是怎样从湄洲传入舟山普陀塘头渔村的呢？

在妈祖研究会编印的《妈祖与中华文化》一书中写道：元朝人程端学在《（鄞）灵慈庙记》中记载了宁波妈祖庙的来历：宋绍熙二年（1191），有一位名沈法询的船长，因"经南海遇风，神降于舟以济，遂诣兴化分炉香以归，见红光异香满室，乃舍宅为庙址。"这是妈祖传入宁波的佐证。宁波原包括舟山，南海即南海普陀。所以宁波妈祖庙可能指普陀妈祖庙。这与塘头村关于妈祖慈航塘头的传说有相似之处。

传说800多年前，福建莆田一艘商船北上，途经黄大洋遭遇台风，在上镴峙触礁。船员全部落水，生命垂危。塘头村渔民纷纷到海边救人。经过几小时奋力抢救，8个船员全部获救。渔妇们忙着烧水、煮饭、炖姜汤，取出丈夫的衣裳给他们穿，用烧酒、三矾海蜇等招待他们。待风平浪静，塘头渔民帮他们拖下触礁的商船，请来船匠修好船体，补齐遗失的船具。台风过后，船员准备驾船离去。可船老大整天闷闷不乐，在海边低头寻找东西。原来船老大寻找的是落海的一尊海神妈祖神像。他说妈祖是我们商船的保护神，渔民的护身法宝。我们福建渔民出海都捧着她，她帮我们镇海护航、抢险救灾。说完，老大伤心地哭起来。塘头渔民劝他，妈祖有灵,定能找到。你们安心去吧!如果找到了,我们定会像你们一样供奉。"你们是我们的救命恩人,大恩大德,妈祖定会保佑你们的。"莆田船员三步一回头驾着商船驶离塘头。第二天,塘头几位老渔民在五更天巡潮时,在上塘鹅卵石滩遇到一尊刻着"天后宫圣母娘娘"字样的木雕妈祖神像。他们高兴极了,连忙在麒麟山海滩边垒起石块,割来茅草筑成一座天后宫。此后,每逢渔船出海,渔民总要虔诚地祭祀圣母娘娘,请求妈祖保佑海不扬波,一网扪两船。说也奇怪,自从圣母娘娘坐镇天后宫后,塘头渔民安居乐业,太平无事。

　　过了两年,莆田船员驾船又来到塘头,一来谢恩,二来请回圣母娘娘。塘头老渔民与客人双方在天后宫举行祭祀圣母娘娘仪式之后,将圣母娘娘奉送到商船上。船老大点燃香烛,在船板上磕上三个响头后,商船离开码头,双方挥手告别。可是船驶进莲花洋,整个海面冷雾弥漫,分不清东西南北,在船老大眼里好似遍海朵朵莲花,挡住南下的水路。于

普陀塘头村天后宫

普陀塘头天后宫正门

是，商船只好折回塘头滩涂抛锚。第二天，潮水刚涨，商船又起锚拔篷，可是船还未离开塘头滩涂，眨眼间天空乌云密布，风雨大作，令商船无法启程。等待片刻，风歇雨停，商船刚起锚，忽然间，黄大洋白浪滔滔，商船颠簸不定，像前年遇台风时那样可怕。"莫非妈祖不肯去莆田？"船老大暗想，船员连忙叩拜求答，果然是妈祖想留在塘头不肯去莆田。塘头渔民十分高兴，马上劝说："阿拉塘头翁姓是莆田翁氏后裔，塘头与莆田本是同根同祖。想必妈祖留下来保佑翁家后代了。另外，阿拉这里面朝大海背靠山，日出东方早日见。皇帝金殿一日一次朝拜，此地一日两潮（朝）奉拜。再则，妈祖与南海普陀观世音菩萨为邻，佛光普照、法轮常转，名扬四海，功德无量。莆田妈祖自然普济万代。""翁老大说得有理，既然妈祖不肯回莆田，就留下来保佑塘头翁家百姓吧！"莆田船老大说。从此，莆田海神妈祖神像就留在了塘头,世世代代保佑塘头渔民。

到了清光绪二年(1876),塘头中厂老厂自然村5位柱首自发组建"建宫筹备会",负责建造塘头天后宫。把原来麒麟山简易天后宫迁移到沙里上塘沙脊上。他们先造5间正殿,重塑头戴凤冠、身穿霞帔、腰系玉带、脚踏三寸金莲绣花鞋、两边童男童女侍卫的圣母娘娘——妈祖神像。民国年间,塘头渔民又自发捐款先后造成4间厢房,7间前殿,中间戏台。在戏台石柱上书联:"真富贵要求经济学文上看,大团结须从忠孝节义中来。"正殿内墙两边挂着巡洋船模型和当地大捕船模型。每当气压低,巡洋船肚下"出汗"时,老渔民会高兴地对小孩子说:"昨夜妈祖驾船巡洋去过了,受圣母娘娘保佑,昨晚虽然介坏天气,阿拉塘头捕鱼船还是安全无恙。"孩子们信以为真。

按风俗习惯,塘头天后宫每年有三次大型庙会活动。三月廿三妈祖诞辰日,请越剧戏班做7～9天庙戏;五月初四祭祖日、九月初九妈祖羽升纪念日做佛事。平时每月初一、月半,妇道人家念经。正月初一拜岁外,

普陀塘头天后宫庙会活动

其余只在选船、造屋、结婚时进宫请妈祖。天后宫最热闹的日子要算每年正月初一了。天蒙蒙亮,家家户户有男人去天后宫谒拜圣母娘娘,保佑风调雨顺国泰民安。孩子们也早早起床,吃饱肉汁卤汤年糕,三五成群飞一般往天后宫跑,去天后宫赶庙会。宫里一直没有和尚、尼姑和道士,没有教义教规,没有著书立说。只是人们对她的敬重而自发地为她祈拜和祭祀,求得一种美好的祝愿和向往。

民国时期,渔民海上捕鱼如"三寸板内是娘房,三寸板外见阎王"。由于航海技术低、捕捞能力差、无通讯导航设备,渔民生命没有保障,因此往往寄托海神妈祖保佑。有一年夏汛,老渔民翁老大满载黄鱼而归。中途天气突变,风大雾重,能见度极低,单靠船舵找不准回家的路。无奈只得下跪叩拜求妈祖保佑。忽然,前面有亮光闪烁,好像也是渔船行驶。翁老大想,前船都是后船眼,跟着前船就能闯过浓雾。于是他跟着这个亮点往前驶,直到渔船到滩涂搁浅为止。待浓雾散去,翁老大根本没有发现前方有船只引路。"莫非这是妈祖娘娘指点?"翁老大猛然醒悟,全船伙计叩首跪拜。

新中国成立前后,有识之士将这全乡唯一的众家财产用来办学校,请外地教师培养少年儿童。多年来,塘头也曾几次发生过毁坏妈祖神像的事。每次"运动"来临时,渔婆渔爷半夜三更"偷"走神像,要么藏到半山腰里,要么藏到渔民家里。在"非常时期",虽然神像被毁,庙宇改作他用,可渔民信仰妈祖一直没有中止。

上世纪60年代,为响应上级开辟新渔场号召,塘头渔业村30艘木帆船与其他村一道奔赴江苏吕泗洋捕小黄鱼。大家商量好统一到二月初二大潮汛开船。可是谁也没有料到初二大潮汛时,30艘大捕船全部在泥涂里搁浅,无法开洋。"这是天晓得的事。"老渔民埋怨道,"人活到六七十岁还没碰到过——初二日子抛在塘头泥涂里的船会开不出的事。"没办法,只好等到初三开嘛,结果他们在半路上听到气象台发来气象预报:吕泗洋风浪很大,在那里作业的渔船受灾了,他们只好调转船头回塘头。原来塘头潮水被"借"到吕泗洋去了，因塘头潮水处在低潮位，使渔船搁浅开不出，避免受灾，这是天意，这是妈祖保佑的结果。老渔民高兴地猜测着。

1993年，塘头渔民把妈祖作为神化了的人，属于民间文化范畴加以弘扬，再次募捐70余万元，由7名柱首负责，将天后宫迁址重建。除戏台改为空心、石柱子变成水泥柱子，4间厢房扩建4平2楼外，其余结构基本保留原貌。塘头天后宫占地1100多平方米，成为舟山群岛上规模最大的妈祖庙之一，成为民间文化保留点，吸引众多妈祖信徒前来信奉和文化交流。

（作者系教授、海洋文化学者）

舟山岱山长涂镇天后宫

文 王文洪

天后宫（当地人多称"娘基宫"）坐落于岱山县长涂岛西端，始建于清同治年间，又称妈祖庙、娘娘宫、天后宫，内供妈祖。建筑坐南朝北，依山面海，现有大殿、厢房、戏台等建筑，总占地面积为1694平方米。

大殿共5间，明间用7檩，抬梁托柱，榫卯衔接，梁上刻云纹，柱底饰吊篮，单檐硬山顶，屋面盖青瓦，中宫有"福禄寿"三星浮塑，两边有双龙戏珠雕塑，墙头呈三叠马头墙式。正殿前檐设卷棚顶走廊。两侧厢房均为近年新建，西厢房后又有偏房

岱山长涂镇天后宫

共 7 间,全部木质构件。殿内梁架用七桁,抬梁结构,五架梁上用两月梁承托垂柱,两月梁阳刻云纹,脊垂柱底饰吊篮,其他都是穿斗结构,檐下用牛腿梁承重。整个结构全用榫卯,见不到钉子。

"娘基宫"进南山门内有彩绘装饰的照壁,照壁后为戏台。戏台单檐歇山顶,上有双龙雕刻,四方形柱,内藻井顶,在当时有"出定海北门第一戏台"之称。看外形,小青屋,歇山顶,正吻龙护栋,整个建筑显得古朴而又典雅。整个宫院重建于光绪十三年(1887)九月,除在20世纪80年代戏台被拆以外,其他都是原封不动的,是岱山县境内按原貌保护得最为完好的一座清代庙宇建筑。

凡东海小岛上的宫庙,虽然名称繁杂,但"娘基宫"的名字听上去还是有些另类。"娘"字有女性之意味,"基"字呢?现今其"宫"门横匾上挂的却是"天后宫"。墙门门框上还刻有修建年月,却是倒着的,原因是后来在重修照墙时把这对石条门框给安装反了。

"娘基宫"建宫不过120多年的历史,但关于它的传说却最早可以追溯到北宋。金兵南侵之时,宋高宗赵构带着他的众多皇亲国戚和臣子驾船南渡,避居岱山,驻跸超果寺。其中有一娘娘,天性慈仁,随着王室一路风餐露宿,风浪颠簸,不胜其苦。途经长涂,见此地两岛夹峙,中间海波不生,地处偏静,是个避难歇脚的好地方,遂暂时安居下来。娘娘走后,此地留给一个孔姓的内侍打理。天长日久,那内侍感恩于娘娘的恩德,加之思念有加,遂建宫庙一处,日焚香,夜点烛,遂有"娘基宫"之称谓。几百年过去,孔姓繁衍,也日渐成为娘基宫村最大的一族,在庙门口墙上的捐助者名单里记载着密密麻麻的孔姓名字。

娘基宫村的左侧是孔氏祖堂,长涂岛的非遗资料上图文记载:祖堂已有200多年的历史,堂内有皇帝御赐的家族排行,另有三本古书和16个铜钱作为镇堂之宝,一本从孔夫子开始的孔家家谱,已在"文化大革命"时丢失。正上方"孔氏宗祠"四个大字饱满有力,赫然在目,两侧是一副对联:"金炉不断千年香火,玉盏常明万载财灯。"正梁上垂下一方写

岱山长涂镇天后宫

岱山长涂镇天后宫

着"束玄令"字样的布幡，颇似道家的符咒。右边近门处挂着一块家族排行牌，写着洪武、乾隆、道光三代皇帝赐给孔府的30个行辈，和后来衍圣公孔令贻上报民国政府批准又续的20个行辈。

在娘基宫村，多年来一直传颂着妈祖为民治病、防疫消灾、排难解险、避凶趋吉、救苦救难、保驾护航等与海洋紧密相连的传说。明朝年间，倭寇侵略我国海疆，扰乱我领海疆土。民族英雄戚继光率兵抗倭，曾到过长涂岛。在一个风雨交加的夜晚，倭寇乘机摸黑偷袭。敌船即将靠岸之时，忽见"娘基宫"周围的山头每株松树上点亮盏盏红灯，满山遍野杀气腾腾。倭寇一下子吓破了胆，调转船头逃遁。其实当晚，戚将军没有出兵,这是海神妈祖作法赶走倭寇,保护长涂岛的百姓平安。

此地还流传着三姐妹抗倭的传说,并成为县级非物质文化遗产。明嘉靖三十六年(1557),倭寇残余为戚家军所败,逃至长涂。遇久旱不雨,饮水缺乏,便霸占此潭,不让百姓汲水。当时岛上有一户人家,家人都已过世,只剩下三姐妹,大姐二十岁,二姐十九岁、小妹十七岁。水是海岛生命之源,渔家三姐妹为夺井与倭寇展开了殊死斗争,先是投毒于潭,以灭倭寇;又秘密组织十余名青壮年,趁夜色行刺驻守井边的倭寇。一天夜里,前去行刺的三姐妹被埋伏在井边的倭敌发现,百姓们冒着生命危险掩护三姐妹逃离。当三姐妹跨过长涂江,逃到"娘基宫"附近的山嘴时,波涛汹涌的大海堵住了去路,穷追不舍的敌寇从三面包抄过来,三姐妹望了家乡最后一眼,携手跳进了汹涌的大海。两年后,戚家军挥师入长涂,倭寇被歼,井潭回到百姓手中。又后来,在三姐妹献身的海面上,耸出三块石礁,并首矗立。人们说这是三姐妹的化身,遂称"三姐妹礁"。喝水不忘护井人,长涂人称该水潭为平倭井,又称倭井潭,并立"抗倭碑"以祀。

"娘基宫"首先是个岙,而不是宫庙,或者说,这个岙名后来因为有了这座"娘基宫"而得名。清末至民国期间,这个村的村民大多自己拥有船

岱山长涂镇天后宫

只,从事海运事业,多数人家都较为富裕。由于村民大多在海上作业,需要神灵护佑,他们就在村里建了一座"娘基宫",供奉天后娘娘。从此,村以宫名,一直沿用至今。以一个宫命名一个村落,可见这个宫在当地人心目中的地位。

据推测,当时的"娘基宫"有红色的宫墙、黄色的琉璃瓦,有青布玄衣的姑子、面色暗淡的香客,乃至于袅袅的香火、摩肩接踵的身影。长涂岛作为天然的避风港,港内有数不清的渔船云集于此,而长涂江西端出口处的"娘基宫"也有着云帆蔽日、樯桅如林的景象。渔民们出海回来,携家带口,到这个"娘基宫"里插上一根红烛,点上一炷清香,跪膝叩拜,祈望出入平安,生产丰收。

1916年8月,孙中山先生为圆强国之梦,想建立自己的海军,曾沿海岸线寻找军港。当他乘坐的兵舰徐徐驶入长涂港时,两岸的民众夹道欢迎,非常惊讶。当孙中山登上大长涂岛踏勘时,许多民众不知孙中山为何许人也。只有岛上的"娘基宫"住持才感觉到站在眼前的人十分非凡,毕恭毕敬地介绍长涂港和他的"娘基宫"。孙中山到"娘基宫"小憩,人群一下子围了上来,像是天后娘娘的节日。过后,当人们得知光临视察长涂港的是中华民国临时大总统,他们想着长涂港不知要怎么样了?变成军港?商港?还是渔港?他们期盼着。在孙中山其后的《建国方略》中,长涂港被列为渔业大港的规划。

20世纪40年代后期,村里富户大多外迁。由于地处偏远、交通不便,这个村子渐渐冷落,也因此逃过了一次次人为的劫难,使得这座庙宇得以被完好保存。加上宫庙沿山朝北而建,又在山腰上,湿润的南风与潮气很少侵袭,而所用木料上乘,故100多年来,经历风雨,这木构架很少有虫蛀、霉烂的。

现今的"娘基宫"又重修过一次,2006年香火一度旺盛。而今的"娘基宫"却门庭冷落,不见香火,不见香客,连管门的也没有,只看到捐助建宫的"功德碑",让人回想起长涂岛人与"娘基宫"人的善念与慈悲。

舟山地区天后宫分布图志

⊗ 孙和军

古今舟山各地天后宫的分布

清康熙《定海县志·祠庙》中记载,康熙三十三年(1694)时,定海(今舟山)本岛就有供奉天后的宫庙36座。根据民国版《定海县志》记载,民国十二年(1923),定海境内所属的21个区有名望的天后宫达到83座。笔者又翻阅了光绪版《定海厅志》,结合平时自己走访各岛屿、查访各类资料所获知的有关舟山天后宫的分布情况,分述如下。

一、嵊泗的天后宫分布

嵊泗境内至少有14座天后宫或者供奉天后的庙。金涛先生《舟山群岛天后宫与妈祖信仰》一文中多有介绍:

◎小洋山天后宫建于南宋绍兴元年(1131),是嵊泗县最早的天后宫。笔者2000年曾踏访此宫。据《小洋乡志》载:"宋高宗南渡,建都临安。北方受异族统治,巨商大贾纷纷南来。时江、浙、闽、粤海运频繁,大商船贾从南北上,常至本岛下碇。为海运之方便,船商首户在本岛设库建仓为海运之中转站。闽、粤船户信奉天后,船船有神龛供奉,为求航行之平安,祀求天后保佑,由周、陈两巨商船户发起,在本岛建造天后宫,供奉天后娘娘,日后南北船户至本岛,必上岸供祭,一时香火鼎盛,名播海

外。"以此说明天后信仰的形成与海运或漕运有关。

◎大洋岛附近的圣姑礁上供奉的也是天后妈祖。庙宇建于三座小礁之上,潮涨时,仅离海平面5米左右,金涛先生称之为世界上海拔最低、离地平线最近的天后宫。(见图①)

◎嵊山岛箱子岙沙滩右上方陈钱山脚的天后宫,规模最大;20世纪90年代笔者曾经两次走上该天后宫。其中大玉湾临海山坡平地上,还建有天后宫小庙1座。据金涛先生介绍,直至20世纪80年代后期,还能见到年代久远的,用几块大石块垒墙,一块石板盖顶的小庙,渔民称之为"天后宫"。供奉观世音菩萨"大佛"为主的福泉庵,也辟出一室,供奉天后娘娘。

◎壁下岛,建有天后宫1座,该岛原是以宁波籍渔民为主,信仰天后娘娘;安基岛是温州籍渔民为主,既信仰陈太阴圣母娘娘,也信仰天后娘

娘。所以安基岗南面有个太阴宫，安基岗北面有个将军庙，除了供奉三国时期桃园结义刘关张外，还供有一尊妈祖。安基岛与壁下岛1964年起就连为一岛了。2010年10月笔者登岛驻访时，太阴宫与天后宫都曾已修葺。（见图②）

◎黄龙乡北部峙岙村有天后宫1座。（见图③）

◎金平岛金鸡岙天后宫，建于清同治元年（1862），1949年《奋进中的嵊泗列岛》载："金鸡澳内天后宫庙，殿宇极大，全山共建。"现尚存前殿，是该县仅存的古建筑。前殿分正堂、左右两偏殿。殿宇整肃，装饰古朴，正门洞壁上方，左右各镌有一幅宗教题材的浮雕。门外左右墙上，各镌刻一幅金鸡奋飞图案，有一定艺术性。2005年和2010年笔者两次到访该宫。

◎花鸟岛，在灯塔村和花鸟村各有天后宫1座。笔者2000年、2009年、2010年三次上岛探访过。（见图④）

◎绿华岛,分东绿华和西绿华,笔者2010年10月与文友上岛时曾经发现三座天后宫。据民间传说其一供奉华山圣母娘娘。(见图⑤)

◎枸杞岛,有天后宫1座。笔者曾于2000年8月和2010年10月两次上岛踏访。(见图⑥)

◎清光绪年间,地处东海最外端,仅有30多户渔家、百来口人居住的弹丸小岛浪岗山,当时也建有一座小天后宫,后演变为浪岗兄弟庙。因海盗多侵扰该岛,居民后来都散去。新中国成立后成为部队的营哨,

⑤

⑥

后撤去。现无常住人口,附近岛屿的岛民季节性地在该岛进行螺旋桨加工和海钓。2005年笔者上岛时,此小宫尚在。

二、岱山的天后宫分布

岱山旧名蓬莱乡,据光绪《定海厅志》记载,有大小天后宫19座。岱山本岛就有11座;其中《定海厅志》岱山图中标注的有8座,民国《定海县志》记载的有10座,结合汪益德先生《清代蓬莱乡海洋渔业与妈祖文化关系探讨》(下简称汪文)一文介绍,笔者手头资料显示共有38座:

◎司基虎山天妃宫,相传建于元代。汪文说"明初昌国县废,迁蓬莱乡居民入内地,天妃宫倾圮。康熙二十七年(1688),展复蓬莱乡后在旧址草创建之。乾隆初,有僧人伟哉慈溪人,募资重修,改名天后宫。"乾隆四年(1739),定海镇标右营游击胡御珂撰《兴修超果寺记》中有记述,称其"巍峨壮丽"。或许,此天妃宫是舟山历史上最早祭祀妈祖的宫宇。

◎高亭蛇山天后宫,汪文说,建于嘉庆二十三年(1818),同治年间重修,有大殿7楹,左右厢房各5间,正门3间,院子中央戏台1座。是当时蓬莱乡内最大的天后宫。年久在天后宫前面形成街市,热闹非凡,街名宫前(今高亭镇清泰路),现尚存旧址。笔者走访邵承德先生,他告知该宫1943年为定海县警察局保二中队一分队驻地,新中国成立后为岱山县粮食局粮仓,后拆掉,建沙涂社区居委会办公用房和社区老年活动中心,1998年在护龙山高显庙正殿西厢建天后宫。

◎岱山岛北部的新道头渡和栲门港旁,即现在后沙洋东西两头,附近各有1座天后宫。新道头渡那座于嘉庆年间刘传锦捐建于山巅,道光二十三年(1843)刘运际迁建于山麓。栲门港那座建于乾隆年间。

◎燕窝山有天后宫1座。

◎岱山岛南部中段的冷坑岙有1座天后宫,嘉庆年间造;大高亭岙以东、竹屿港以北一东一西(《定海县志》记载,外南峰山和里南峰山)各有1座天后宫;岱山东部泥屿岙(泥峙郎吟支山麓)东北侧有1座天后宫。

◎《定海县志》还记载，蒲门江南、江北各有1座天后宫。

◎根据陶和平先生提供的线索，笔者到两头洞（岱西双合山）寻访，见有天后宫1座。内有舟山老领导王家恒题匾"福佑群生""护国庇民"。（见图⑦）

大小长涂岛6～7座，其中：

◎《定海厅志》长途山图标明，小长涂参府庙西侧倭井潭有天后宫，闽人建造。"文化大革命"时迁到山上，2001年与倭井潭其他庙宇合并。

◎《定海县志》记载：东小岙，清乾隆年间建，同治年间又拓展五间；娘基宫，咸丰年间重修；老港后；东剑；达滚，清光绪年间建。《定海厅志》无达滚记载。娘基宫内供奉的是妈祖等海神三姐妹，而据陶和平考证，娘基宫供奉的是太平天国名将李秀成的妹妹（李秀珠）。另牛头山有小娘基宫一座，2001年重修。

衢山岛及其附近小岛14～15座：

◎《定海厅志》衢山图标2处，岛中部南端龙潭岙和渔耕畹两处有天后宫，在当地很具规模。

◎《定海县志》说有6座。岛斗小岙、冷水潭、狗头颈、渔耕畹、冷池（今凉峙）、马足。打水村天后宫毁于"文化大革命"，2001年重建。

◎另外衢山西部南陀岙有宋朝宫，始建宋朝，清光绪重建，供奉的是寇承御（寇珠），寇承御和妈祖一样，成为舟山各地天后宫里的两尊海神娘娘——天后。

◎小衢山岛南澳门有1座。黄泽岛有1座，鼠浪湖岛南湖有1座。鼠浪湖岛南湖有1座，2009年因拆迁并入岛斗三圣殿。

◎1995年黄沙村新建1座，2003年太平村新建1座。

秀山岛3座：

◎《定海厅志》兰秀山图标明，岛东端的秀山大蚶岙有天后宫。《定海县志》说是大蚶岙内有内外二宫。外宫供人祭拜，内宫是妈祖行宫。2008年北浦四旋庙迁入，合并建四寺庙。石弄堂有1座，因项目用地需要选新址搬迁；2003年，三礁村新建天后宫1座。

大鱼山岛3座。

◎南水、武装头、大西各1座。2010年12月9日笔者曾上岛探访。现该岛整岛正在建设绿色石化基地，天后宫是否保留，未详。

三、普陀的天后宫分布

普陀各岛大小天后宫不下20座。所述各天后宫，笔者都曾游玩踏访。

◎《定海厅志》舵岙庄图标明，沈家门天后宫，旧称圣母庙，在宫墩之上。

据舟山市普陀区史志办邬永昌先生《沈家门天后宫与妈祖信仰》文介绍说，此宫传建于500年前，有15亩面积大小。前为山门，后为正殿，中间明堂筑有戏台，东西两侧有东岳殿、观音殿等大小宫殿60余间。在正殿的两边，悬挂着当地渔民送来的"绿眉毛""红头对"等大型神船。而在山门前，竖着两根高达20余米的幡竿，分别绣着"沈门艺萃千家竞技，海港波平万舸争航"两行大字，迎风吹拂，煞是威风。有人称为古之

定海规模最大的天后宫。可惜迄今已毁。

◎今鲁家峙有天后宫，位于该岛的海峡突兀处。

◎《定海厅志》大展庄图标明，塘头有天后宫，光绪二年重建，占地面积1000多平方米。最初是在麒麟山大沙田一个简陋小庙里，供奉的是一尊木雕天后娘娘。后乡民出资，把大沙田小庙里的娘娘搬到沙里，重建天后宫。后又经多次重修和迁移，最后于1999年建造在塘头村。塘头今属东港街道。

◎《定海厅志》桃花山图标明，岛东南米鱼洋畔老埠头有天后宫。今天的宫前村，过去也是因此地有天后宫得名。

◎《定海厅志》六横山图标明，岛西南大枝峜有圣母宫，民国《定海县志》列岛分图三标为"天后宫"；民国定海县志记载有三处天后宫，其中下庄龙头跳俗称娘娘宫，东窑、戏文山。今台门和苍洞三坑都有天后宫，其中三坑供奉的是寇承御。六横某些区域曾经是闽人活动的地方，至今有"闽人胜迹"摩崖石刻。（见图⑧）

◎登步岛有石弄塘天后宫1座。

◎今蚂蚁岛仙人洞峜有天后宫（娘娘庙）1座。（见图⑨）

◎东极庙子湖岛达极村（今废）有天后宫；2009年下半年笔者曾去该村，村里已无一人，但小小的天后宫还在。礁石丛中的垃圾堆里面，笔者发现一块刻于光绪癸卯年（1903）的天后宫匾，此匾由当时定海知名的书法家陈一贯题写，但黑漆已经褪掉。青浜岛有天后宫，1942年10月里斯本丸沉船事件中被东极渔民救起的300余名英军战俘，有一部分就被安置在这个天后宫内；叶子山也有娘娘庙。据东极镇黄兴岛黄阿毛介绍，过去有一福建渔船，在叶子山北面触礁，当时风浪很大，触礁后却不知什么原因，突然岸边风平浪静了。船上渔民都安全上岸，无一人伤亡。渔民突然看见一位女菩萨冉冉升到空中。原来是女菩萨救了他们。后来为了感谢和纪念女菩萨，福建渔民在叶子山山上的一个双背峰下面的洞里造了1座小庙。称叶子山娘娘庙，后人都称叶子山娘娘菩萨。此娘娘据传也是妈祖。

◎葫芦岛上有天后宫（今属东港街道）。根据笔者田野调查，该岛还没有住人时就有天后宫1座，约有二百年历史，原是普陀山和尚建造的"天后宫庙"中堂，塑有圣母娘娘神像。每年农历三月廿三日，要为圣母娘娘做戏祝寿，圣母娘娘两旁还塑有"千里眼""顺风耳""财神爷""弥勒佛""药王菩萨"等等。葫芦岛群众每年到十二月三十夜去"天后宫庙"通宵坐夜，到正月初一早上不论男女老少都去"天后宫庙"向菩萨拜年，个个点香插烛，烧化纸钱。葫芦岛渔民每年正月初二上午还要在"天后

宫庙"举行尺(分)捕捞海域"行地"仪式。(见图⑩)

◎梁横岛上有2座天后宫（今属展茅街道）。(见图⑪)

◎朱家尖后门山（情人岛附近）有天后宫，西岙村有2座天后宫。

◎民国《定海县志》普陀山全图标明，白华山西侧，福泉庵旁边是天后宫。

◎白沙岛有天后宫1座。白沙乡所辖柴山岛也有天后宫1座，石门柱上所刻助者（境下弟子胡文豹）的落款是民国三十年（1941），而宫内香炉（台州信士捐）上的题刻则是"民国九年"。（见图⑫）

四、定海的天后宫分布

定海共有13座天后宫。

◎有志可查的当时的宁波地区由本地人建造的第一座天后宫，建于明万历年间（1573～1619），位于舟山定海（时属宁波）县治南的"天妃圣母祠"。

◎光绪《定海厅志》图标明，甬东庄图在道头震远城（东岳宫山上）西侧有天后宫，康熙年间由原籍福建的定海总兵蓝理创建。据《舟山历史名人谱》载："康熙二十二年夏，诏命施琅率领水师攻打澎湖，蓝理率先冲入敌阵，杀敌80余人……几经奋战，终于攻克澎湖，最后统一台湾。"而蓝理在此战役中，"因祷告天后，得以大胜，后封参将加左都督。"因此，为感谢妈祖的助战之恩，创建了定海天后宫。当时的定海知县缪燧也参与了对天后宫的捐建。

◎《定海厅志》干览庄图标明有天后宫，《定海县志》称在金钵盂山，今西码头附近。

◎《定海厅志》小沙庄图标明有天后宫（今浙江金鹰集团公司内）。《定海县志》称在小江尖有天后宫，清康熙三十八年建。已毁。

◎今小沙镇毛峙村有天后宫。该宫始建于清光绪十年（1884），距今已有120余年历史，占地面积542平方米，建筑面积355.5平方米。为定

海区文物保护点。（见图⑬）

⑬

◎岑梃庄图标明，岑港司前街有天后宫。

◎盐仓庄图标明，螺头台下有天后宫。《定海县志》说在文公庙东。

◎金塘山图标明，岛南蛤蜊岙、岛北沥港街各有1座天后宫。定海县志只记载沥港1座。

◎册子山图标明，岛北有天后宫。《定海县志》说在大沙湾岭。

◎北蝉庄图中没有标天后宫，但是该地的钓山岛上至今仍有1座天后宫。

◎民国版《定海县志》列岛分图一中马目岛（与舟山本岛围拢前）西南淡水坑南侧有天后宫。今犹存。

《定海厅志》吴榭庄图、芦浦庄图、马岙庄图均未注有天后宫，跟这些庄百姓的生产劳作方式以农耕而不是以渔业为主有关。

马岙号称"林半岙"，林姓人氏渊源于福建莆田双桂堂（唐九牧之林蕴、林藻兄弟俩登科折桂），妈祖林默娘也是林蕴之后，双桂堂之后。马岙却没有1座是妈祖庙，定海县志中似乎也无有记载，费人思量。

其实，除了两区两县，历史上定海县曾经管辖过的地方还包括象山、玉环等岛屿，康熙年间定海知县缪燧曾经巡海捕盗到过这些小岛，今天象山的开渔节祭拜的乃是妈祖。所以，该地也不乏天后宫或者妈祖庙。

（作者系舟山各地人文类书籍编著，并著有《走读千岛》系列海洋历史文化散文集等）

三门境内的妈祖信仰与天后宫

文 林海极

　　三门县海岸线绵长，长达227公里，拥有猫头洋、蛇盘洋、三沙洋等大小渔场，有旗门港、海游港、健跳港、浦坝港、洞港五大港口。丰富的渔业资源、众多的海湾港口、南来北往的舟楫，为三门带来了大量外姓人口，也带来了各种文化，其中就有妈祖信仰。

　　据宗谱记载，在三门沿海，自宋以来就有众多供奉妈祖的庙宇。北宋熙宁八年（1075），浦坝港仙岩村石笋山上，人们就在仙岩洞的东面洞窟石壁上悬雕妈祖神像，祭拜妈祖；现今位于田湾岛西面的田湾天后宫，始建于南宋建炎四年（1130）；泗淋下道头圣母殿初建于景定四年（1263）……明清时期，沿海村落兴建的

三门湾（陈兴长摄）

妈祖庙庵众多。尽管历经风雨沧桑，旧庙都已倾圮毁废，通过历代的重建复修，迄今还保留40多座。

其中规模最大的数海游天后宫，为县级文物保护单位，占地10余亩，初建于清道光二十五年（1845），在2000年按原貌移建于城东下山碧岩山坡，由著名书法家封友文手书的"天后宫"石牌坊立于山脚。正殿踞于坡端，前厅从山麓上升三层，顶层与大殿正对，两边厢房，院中建戏台，构成传统口字型寺庙格局。正殿雕梁画栋柱头花，精雕细刻，仿古宫殿式。海游天后宫鹤立秀山，面向沧海，气象宏大，是三门道教活动场所，也是登临赏景、修身养性的胜地。

沿海群众对妈祖的信仰历代不衰，关于妈祖显灵的事迹流传下来的也很多。浦坝港镇沿江村牛头门南宋时就建有妈祖庙，当地村民一直笃信妈祖。传说有一次海盗欲登陆抢劫沿江村，盗船抵岸时，盗贼用撑杆往岩石一戳，其撑杆立即起火烧毁，船只无法靠岸，海盗惊恐而退，人们都说是妈祖显灵才保住了沿江村的平安。健跳镇眠床头山嘴，南宋时就建有娘娘庙，90年代时重建，重塑妈祖金身。

千百年来,渔民一直坚守信仰妈祖的传统,除了船上供奉妈祖神像,每逢出海,他们必先带上猪肉、豆腐与麻糍等祭品去庙宫顶礼膜拜,祈求妈祖保佑一帆风顺。

随着社会经济的发展变化,妈祖文化也升华发展,在三门信众眼中,妈祖不仅仅是海上平安的守护神,还是灵护万方的地方保护神。他们信奉妈祖,祈求她恩赐福禄寿喜。每逢传统佳节,尤其是农历三月廿三,全县各地妈祖庙香火鼎盛,信众纷纷前往祭拜,表达人们对美好生活的祈求和向往。

也是机缘巧合,三门历史上曾经为宁波所辖,1912年象山县南部析出南田县。1940年析出宁海县、临海县各一部分和南田县合并设置三门县,隶属台州行政督察区。1954年5月22日,三门县划归宁波管辖。1957年7月,三门县恢复归台州。

出生于三门的林永国先生定居宁波多年,当闻知要结集出版《大爱妈祖:妈祖信仰在宁波》一书时,甚是欢喜。为传播妈祖信仰文化,弘扬妈祖大爱精神,林永国先生即刻与时任三门县委宣传部副部长(三门林氏文化研究会顾问)的林森蓬取得联系,并经多次沟通,三门林氏后裔才有了与该书主创人员的叨缘幸会。在林咸省、林宝寿、林日斌等协会有关人员的共同努力和有识之士的关心帮助下,在原有资料的基础上,进行补充拍摄和文稿撰写,所谓事有机缘,求仁得仁是也。

(作者系三门人,《献给神祇的诗歌》编著者)

三门林氏与妈祖文化的传承

文 林荣凌

据县志与宗谱记载,林勋为台州林氏始祖,祖籍福建莆田,是闽林始祖林禄的后裔,其父林蒙,是九牧林中的七房,林勋为其次子。与妈祖林默娘同为九牧林之后。由此说,妈祖与三门林氏同宗,渊源极深,都尊其为太祖姑。

唐大和六年(832),林勋任黄岩场盐铁大使,任止贬资回乡中,遂居于温岭半山。咸通年间,其子孙迁居至椒头(今椒江岩屿路)。唐末至五代时期,林氏族人四处避难。此期间至宋初,有林氏宗道、宗迪兄弟俩的后裔避居三门各地,另一个兄弟林宗迢后裔则避难迁居于南田。至明嘉靖年间,为倭寇来犯,海禁政策之下,南田林氏族人又四处迁散,有迁居三门各地的、象山鸡鸣与昌国的、宁海方前凤潭及东岙等地。三门林氏与宁波这些地区的林氏血脉相通。

三门、宁海、象山与奉化部分地区的林氏同出一祖,大多居住于沿海一带。迁居之初以渔业为生。沿海渔业资源丰富,也是福建渔船必来捕捞的渔场。自宋以来,福建渔民把妈祖信仰带入了宁波与三门沿海各地。沿海渔民除了船上供奉妈祖,还在海湾港口边兴建妈祖庙,妈祖显灵护佑百姓的佳话故事在民间流传很多。

三门林姓现有八千多户,近四万人,占三门县总人口十分之一左右。三门林姓对妈祖信仰笃诚,三门现有妈祖庙43座,坐落于林姓人居住为

主的村庄中的有11座。有些村中的妈祖庙直接称太婆娘娘庙。如浦坝港镇坝头马永保殿天后宫，坝头马村中无人居住前就建有天后宫，又称太婆娘娘庙。据传为福建林姓渔民在三沙洋捕鱼时所供奉，因为妈祖姓林，故称太婆娘娘。

林姓村落兴建妈祖庙源远流长。据宗谱载，自明年间，沙柳街道的华山村与上岙村林氏从莆田入住以来就建庙供奉妈祖，现名为八仙宫娘娘殿，建筑面积80平方米，近年来香火兴旺，当地信众计划集资扩建。

浦坝港镇沿江村的福增堂圣母娘娘庙，沿江村为林姓人口居多的大村，村前原本汪洋一片，村东高山环绕，是避风泊船优良的港湾，据传说，在南宋时就建有简易平房，内塑妈祖神像。历经沧桑，1994年林氏族胞集资重建，但于2008年又遭火灾。2010年，林氏族人又集资重修，重塑圣母神像，现有专人管理，香火不灭。

浦坝港镇里浦红殿妈祖娘娘宫，据其康熙三十三年匾额考证，始建明末清初。当地村民大多为林姓。在倭寇入侵频繁时，林氏祖先为了祈求妈祖护境佑民，赴福建莆田妈祖祖庙祷求并分灵圣母神像，后终得平安。当地曾有龙山大捷、大败倭寇的事迹。此后，常年香火旺盛，信众渐多。但因旧庙破损较多，遂于2000年，当地信众筹集巨资重修，现建筑面积815平方米，整体建筑古色古香，颇为壮观。

花桥镇关头娘娘宫，位于林氏聚居的关头村凤山庙内，原址坐落于村口入海陡门头，初建于明代，塑有石雕妈祖像，当地林姓信众称积德堂太婆娘娘。2000年，林氏族人与当地他姓村民集资重建。另外，在花桥镇两头门与寺前村间有座铁场庙，初建于公元前179年，内置天后宫建于明代。两村居民大多为林姓族人，他们笃信妈祖神威，香火一直旺盛。

健跳镇巡检司山妈祖庙，于明嘉靖三十四年，戚继光奉诏驻兵浙江东南沿海抗倭，巡检司山为三门湾水陆要塞，戚家军在此建城墙、筑工事抗击倭寇。百姓为保一方平安，遂在山上建立妈祖庙与城隍庙。2001年，由附近林姓聚居的大村庄小莆村民领头，携同周边七个村善男信女，重建妈祖庙,工程历时二年。整个工程占地面积3600多平方米。妈祖庙坐北朝南,正殿五开间,四面翼角翻翘,庙顶两龙戏珠,庙宇气象宏大。还有,健跳镇尖坑山村为林氏聚居地,当地向来都有妈祖信仰的传统,2001年,村民纷纷出资重修,现今的天后宫位于村东面山嘴,金碧辉煌。

千百年来,妈祖庙宇几度重修复建,三门妈祖信仰历久不衰,三门信众为重建妈祖庙都乐于解囊尽心尽力。浦坝港镇顶山脚村陡门头的圣母娘娘宫在破四旧时被毁,村民林荣凌等一直想重修此庙,为此操心了数十年,终于在2012年完成了心愿。

健跳镇地处沿海前哨,是本县最大港口。历史上,渔业与商贸十分繁荣,也是妈祖文化传入较早之地。据传两宋间,就建有颇具规模的妈祖庙,尽管历代多有修葺,但因年代久远而湮没。健跳林氏族人一直在找寻太姑庙旧址。上世纪90年代,他们重建了太姑庙,使妈祖信仰得以传承。村民林辉强等在多次修复健跳妈祖庙中,日夜操劳,经常夜间睡在妈祖神像旁。

诸如此类信众好事佳话在三门林氏中不一而足,充分体现了林氏后人对太祖姑妈祖的敬仰与虔诚。

每逢农历三月廿三妈祖诞辰之日,三门林氏村庄所在的太姑婆娘娘庙与全县其他妈祖庙一样,香火萦绕,信众络绎不绝,虔诚礼拜。

三门林氏族人,深感太姑婆的行善至德大爱的精神在三门信众中的深远影响,作为林氏后裔深感荣幸。2012年,历时半年多时间,三门县林氏文化研究会对全县妈祖信仰状况作了一次全面的调研,走访了全县各地的妈祖庙,走村串巷去了解信众情况,采集相关资料。通过研究分析,编写了《三门妈祖》刊物,然后由林氏族人集资印发,希望三门妈祖信仰文化能够得以进一步发扬光大。

(作者系三门人,《草根回忆录》作者)

三门境内部分天后宫图志

文 林宝寿、林日斌、牟同德等 **图** 林咸省、林宝寿

目前已知三门境内天后宫有43座，因篇幅有限，本书只引用其中的17座天后宫，并以图志的形式予以发表。林英奏、林辉达、林海寿、林辉强、林海梅、陈仙宝等参与了本章节图志文字简介部分的撰稿。

三门县海游街道天后宫简介：

三门县海游天后宫，位于三门县城，地处三门湾畔，清道光二十五年（1845）创建于南郊坝头。至2000年搬迁修建，时选址城东下山碧岩山坡，占地10余亩。重建后的天后宫基本保留原样，其正殿位于坡端，可南望江流入海，属县级文物保护单位。

浦坝港镇丁三脚陡门头天后宫简介：

  天后宫原坐落在高山头山尾巴老陡门北侧，内奉妈祖神像，始建年代无考。此处原为三沙洋中之岛屿，宋、元、明、清各代，来自福建、广东等地的渔船常来此停泊避风。已知1927年曾重塑娘娘金身，1955年后被毁。2012年春，三门林氏文化研究会在全县范围内发掘妈祖文化时，林宝寿等发起重建，得到乡亲支持，遂移址至迴龙庙东侧建造。

浦坝港镇北斗宫妈祖娘娘殿简介：

北斗宫位于仙岩村南边，建筑面积0.4亩，始建于南宋，时此地乃三沙洋中的一条港湾，并与健跳港相通和花桥港相接。北斗宫年代久远，历经数次重修，2012年重建，砖木结构，宫前有围墙，环境既清静、独特而自然，香火亦鼎盛。

浦坝港镇下道头圣母殿简介：

　　据下道头村方立祖谱籍记载，下道头圣母殿始建于南宋景定四年（1263）。圣母殿地处村闸门头，乃船只避风停靠之处，妈祖信仰因此而来。当地渔民在出海捕捞和出门经商之前，都要到殿内祭祀礼拜，祈求圣母保佑平安。20世纪60年代末至70年代初，古庙被毁，至1986年才恢复香火。1990年和2002年新绘和重塑圣母等神像。

浦坝港佳岙堂圣母娘娘殿简介：

　　佳岙堂圣母娘娘殿坐落在佳岙山南麓，占地面积600多平方米，据传始建于明代。传说中圣母娘娘乃乘坐石槽自大海至此，故人们就在此处建造圣母殿。该石槽至今仍在，被安放在殿前右侧。圣母殿在"文化大革命"期间被毁，后在信众和村民的资助下，于1984年和2009年进行过两次重建，方成今日规模。

浦坝镇福增堂圣母娘娘庙简介：

  福增堂圣母娘娘庙址在沿江村祠堂内。据传南宋时就建有简易平房，内奉圣母娘娘。沿江村前原是一片汪洋大海，村东有高山环绕，乃避风泊船之优良港湾，亦是大洋进入内海的第一站点，因而妈祖信仰的传入比其他地区早。此庙新中国成立后被误毁。1994年和2010年在林氏族胞等人的倡导下集资重修。今香火旺盛，信众络绎不绝。

大爱妈祖

妈祖信仰在宁波

浦坝港镇牛头门妈祖庙简介：

　　牛头门妈祖庙处在坐北朝南的狮子山口半山腰中，占地约5亩。其东面是碧波万顷的猫头洋，古时是东海进入三沙洋的东入海处，据传建于南宋。新中国成立后误毁。20世纪50年代当地信众和村民筹资重建，后又被当作"四旧"砸毁。幸有村民暗中把神像藏于深山，直至1978年方请回庙堂。2008年，信众们再次集资重建。

浦坝港镇小岭下太姑婆宫简介：

  小岭下村地处牛头门北面，古时前面是大海渔场，因紧靠山脚，方成为泊船之处，亦是早期传播妈祖信仰的重要地区之一。太姑婆宫就位于小岭下村南永庆堂内，初建于明代，庙宇由小变大，几经兴废。2003年的重修，使妈祖庙重放异彩。宫庙前有门清代古炮，炮口朝向海洋，意在祈求与妈祖娘娘一同保家卫国，击败外侵之敌。

浦坝港镇红殿妈祖娘娘宫简介：

  据康熙三十三年（1694）的匾额考证，浬浦红殿（妈祖殿），始建于明末清初。在倭寇入侵频繁时，浬浦林氏祖先为祈求妈祖护境驱寇，佑民庇安，赴福建莆田湄洲妈祖祖庙祷求分灵神像，因而香火日旺，信众渐多。由于历史变迁，庙宇时有破损，亦经几度修缮。1986年和2000年，经信众集资、献物、助工等齐心协力，一殿多神的红殿宫庙终于在2004年建成，并举行了隆重的开光仪式。

浦坝港镇渔西虎门孔村圣母娘娘宫简介：

  虎门孔村圣母娘娘宫，位于原涅浦镇虎门孔村南面山岩中，坐北朝南，据传始建于宋代。宫前有碧波荡漾的东海，后有巨大的岩石，右边是一条如巨龙般的大坝，左边则是怪石嶙峋的海礁，福建渔民曾在此落脚。新中国成立初，宫庙被毁，数年后村民集资重建，1988年扩建。

花桥镇关头娘娘宫简介：

  关头村地处海陆交通要道，古时是停靠船只的主要码头之一，林氏始祖林必傅自宋咸淳年间迁入，距今750余年。据说关头村林姓者与妈祖同属九牧林一祖，故人们称妈祖为太婆娘娘。关头娘娘宫20世纪50年代初被毁，信众们于2012年和2016年两次发起重建，方成如今建筑规模。

花桥镇寺前天后宫简介：

　　花桥镇寺前天后宫，位于"九牧林"后裔聚居的两头门村和寺前村之间的铁场庙内。铁场庙地处花桥港上游，始建于五代梁时，历经多次修缮，福建船只常有往来。庙内设置的天后宫始于明代，至康熙九年又重构庙宇。乾隆三十六年大修时，重塑《九州神主》神像并建有后宫，四周墙宇塑有妈祖娘娘十余尊。20世纪80年代，后宫毁于火灾，现存建筑建于20世纪90年代初。

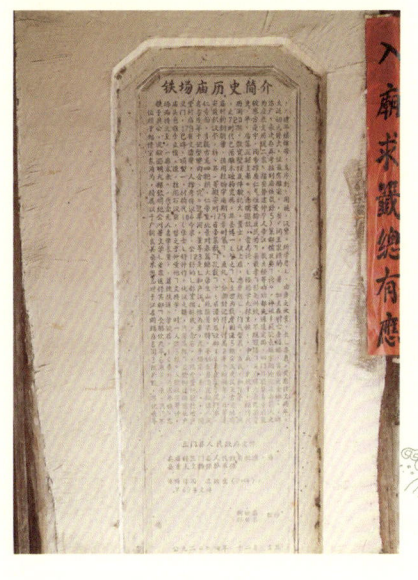

健跳镇赤头天后宫简介：

  赤头天后宫原建在赤头山嘴，古时称"福建山嘴"。其面朝猫头洋、蛇蟠洋。据传乃福建渔民于明末清初时所建，早先塑的是水母娘娘像，此后改称妈祖娘娘。后因国家建设需要让地，村民们就自发筹资，在原妈祖庙南边的山坡上动土平基，于2003年9月开工，至次年3月竣工，并在农历三月廿三妈祖诞辰之日举行隆重的落成开光典礼，时演戏三天，八方信众，人如潮涌。

健跳镇东殿寺天后宫简介：

  东殿寺始建于乾隆年间，原名为台州府宁海县健康塘新镇里东殿庙，位于上街村西侧九龙山下，坐北朝南。原建有上下两堂，上堂有白鹤大帝、圣母娘娘、文武百官、四将等之神位；下堂是七间楼房，内有大小金佛数十尊，历来香火兴旺，长年钟鼓常鸣。该处山清水秀，景色迷人，且有田地供专住僧尼日常生活所需。该寺在"文化大革命"时被毁，后虽有当地信众自发重建，却不料于1997年3月因失火而毁，次月复建。2004年又新建妈祖娘娘庙，并于农历三月廿三隆重举行开光典礼。

健跳镇尖坑山天后宫简介：

　　尖坑山村是林氏后裔聚居村之一，素有妈祖信仰遗风。然不知何故，该村并未发现有妈祖古庙。为此，林氏族人于2010年集资新建了一座面积约100平方米的天后宫，坐落于村东面的山嘴头上。从此，尖坑山村有了自己的妈祖庙，传承着妈祖信仰文化。

健跳镇将军殿妈祖娘娘庙简介：

  健跳地处沿海前哨，健跳港是三门最大的进出港口，又是浙东最大的渔港之一。过去每逢鱼汛，来自包括福建、广东等的上千对渔船从猫头洋捕捞回来，在此停泊交易，妈祖信仰亦得以早期传播。相传最早的娘娘庙建于南宋时期，后圮倾。20世纪90年代，林氏后人在眠床头山嘴重建小庙并塑金身。2006年，信众又在原址重建三间大庙，并重塑圣母娘娘金身与喝浪将军同祀。

健跳镇毛叶天妃宫简介：

　　天妃宫位于毛叶村五龙山脚，紧傍村庄。宫前有条长年流水不息的溪坑，其上面则有一座古石拱桥。对面则是一片古枫香树群，风景特别幽雅秀丽。毛叶天妃宫乃该村村民叶老四等集资所建，于2012年10月完工，建筑面积约60平方米，占地面积约120平方米。

妈祖信俗在宁波述略

妈祖信俗也称为娘妈信俗、天妃信俗、天后信俗、天上圣母信俗,是以崇奉和颂扬妈祖的立德、行善、大爱精神为核心,以妈祖宫庙为主要活动场所,以庙会、习俗和传说等为表现形式的民俗文化。妈祖信俗是我国历史悠久的非物质文化遗产之一。2009 年 9 月 30 日,经联合国教科文组织政府间保护非物质文化遗产委员会第四次会议审议,决定将《妈祖信俗》列入世界非物质文化遗产,这也是中国首个信俗类世界遗产。

一、妈祖信俗的源起:航海活动频繁的产物

我国独有的妈祖信仰起源于宋代航海业发展的鼎盛时期,是海上丝绸之路不断发展、航海活动频繁的必然产物。发达的造船技术和对指南针的应用,大大提高了宋代的航海技术,与海外各国的贸易往来也不断增多。其时与南宋通商的国家有五十多个,南宋商人出海贸易的国家也有二十多个,九个口岸被朝廷指定从事外贸活动,并为此成立了"市舶司"。海上活动的频繁,产生了船民对海神的特殊要求。据宋代史料记载,大约距今一千年以前,地处台湾海峡中部的福建莆田湄洲屿,有一位姓林的女子,一出生则不哭不闹,因而取名为默,小名默娘。自幼聪颖灵悟,平素乐善好施,成人后懂天文、地理、通医术,生前能"乘席渡海",云游岛屿救人于海难之中,受到人们的敬重。当她为救助海难而捐躯之后,便羽化升天,人们在岛屿上给她修了一座

庙宇奉祀。从此以后,出海的人们纷纷传说在狂风恶浪中,常见到有位红衣女子闪现在桅杆上导航,直到化险为夷。于是,人们就视她为"通灵神女,护海之神",这就是关于海上保护神妈祖传说的最初形态。

二、妈祖信俗的传入:宁波海上丝路的开拓

宁波作为海上丝绸之路的始发港,在开拓、发展海上丝绸之路的同时,妈祖信仰随之传入。在宋妈祖晋升为"妃"的第二年,宁波就建立了天妃宫。元朝人程端学在《(鄞)灵慈庙记》中记载了宁波妈祖庙的来历:宋绍熙二年(1191),有一名沈法询的船长,因"往南海遇风,神降于舟以济,遂诣兴化分炉香以归,见红光异香满室,乃舍宅为庙址"。这是宁波第一座天妃宫,位于现在的东渡路与江厦街交叉处,已于20世纪40年代毁于战火。宋代此址为航运码头,是船商活动的中心。至元,朝廷对保护漕运安全的天妃特别崇敬。宁波是元代漕粮海运航线上的重要港口。天历二年(1329),皇帝遣使祭庆元天妃庙。此时宁波已建有妈祖庙数座。清代"开禁"后,宁波港口贸易得到了很大发展,宁波海上丝路持续发展,这也推动妈祖信仰的传播达到鼎盛,宁波在此时期共创建了大大小小的妈祖庙四十余座,如甬东天后宫(庆安会馆)、安澜会馆、福建会馆天后宫、慈溪观城天妃宫、慈溪胜山娘娘庙、象山东门岛天后宫等。随着妈祖庙的不断建立,妈祖信仰在宁波得以进一步传播和发展。

三、妈祖信俗的转折:首次官方册封与宁波有关

妈祖从一个僻处海隅的地方神祇,经历代封诰擢升,至于举国共仰、统御四海的"天后"尊位,历代朝廷的褒封起到了至关重要的推动作用。而妈祖首次获封,成为官定航海保护神,与宁

波有着密不可分的渊源。北宋宣和年间,由徐兢撰写的《宣和奉使高丽图经》中载,宣和五年(1123),给事中路允迪等奉使高丽。回来时途经黄水洋,突遇狂风巨浪,舵折船覆。危急时刻,路允迪等人求助于妈祖,五昼夜后终于顺利抵达定海(今镇海)。事闻于朝,宋徽宗下诏封林默为"湄洲神女",赐庙额为"顺济"。这是官方首次对妈祖褒扬和倡导,妈祖由此从民间区域性的神祇,晋升为全国性海神,开始受到官方重视,并首次获得封号,不仅大大提高了妈祖在人们心中的地位,将妈祖信仰的发展推向了一个新的阶段,也极大增强了人们航海的信心,推动了海上丝路的进一步发展。随后的南宋朝廷偏安江南,海上贸易成为其重要的经济命脉,对妈祖更是一再加封。从此,妈祖的名号便传扬开来,成为官定的中国海上保护神。妈祖信仰寄宁波而得到朝廷的认可,成为百姓世代供奉的航海保护神。由此可说,宁波是官方首次对妈祖褒扬和倡导的重要之地,是妈祖由民间区域性的海神晋升为全国性海神的转折点。

宁波不仅与妈祖首次获封密切相关,同时也是妈祖信仰不断传播和弘扬的福地。元代宁波属于庆元路,庆元港一方面作为我国对日本和高丽贸易的主要港口,另一方面在元代漕粮海运中发挥着重要作用。也正由于宁波在海外贸易和国内漕运中重要的交通地位,宁波的妈祖(天妃)信仰在元代受到特别重视。元代宁波有关妈祖(天妃)庙的文献都表明这一点,如《元天历二年九月壬申祭庆元天妃庙文》有相关记载,元代宁波人程端学在《灵济庙事迹记》中亦写道:"若海之有护国庇民广济福惠明著天妃是已。"妈祖信仰在人们尚未有能力控制海洋,对海洋的变幻莫测深感恐惧的时代,是人们寻求心理安慰的需要。海路运输和海事活动的频繁,大力助推了妈祖信俗的传播。从元代开始,天妃的封号发生了质的变化。宋代,天妃的封号不管是夫人还是妃,都不外乎"灵惠昭应崇福善利""助顺嘉应英烈灵惠显济嘉应善庆"等字眼,并未上升到利国护民的地位。而元代,

从元世祖至元年间的"护国明著天妃"到顺帝至正十四年"辅国护圣庇民广济福惠明著天妃",都有了"护国庇民"的赞誉,官方对妈祖从一般的"崇福善利"的揄扬到了"护国庇民"的褒赞,使妈祖信仰的传播"进入了一个空前繁荣的拓展期"。清朝妈祖信仰的传播与发展,更超过了宋元明三个朝代,尤其在清康熙开海禁之后,海上丝绸之路的重新复兴,给了妈祖信仰再次广泛传播的生机,整个清代,妈祖先后被褒封了16次。其次数之多、规格之高、封号字数之长,都是空前绝后的。

至清代中晚期,妈祖信俗已深入宁波的乡村、海岛,各地纷纷立庙祭祀,天后宫几遍宁波,主要集中在镇海、象山、宁海等靠海地域。随着航海事业的发展,宁波地区的航海风俗也日臻丰富。妈祖信仰的流入,与宁波当地的乡俗俚规相结合,形成了具有宁波地域特色的海事民俗文化。清初宁波人包燮《江干竹枝词》写道:"天妃宫里鼓声多,时见游人逐队过。试问黄姑和谢女,春风秋月恨如何?"其时宁波的妈祖信俗可见一斑。据文献记载,宁波舶商在出海前,往往到天后宫烧香祈祷,并将香灰带上船。出海后,如遇风浪,便将香灰撒出去,祈求平息风浪。在拔锚起航前,船工、舶商都会默念"顺风得利转出去,一本万利转屋落(家里)",希望妈祖能带来平安和好运。每当有新船下水前,必将船模供奉于妈祖神像之前,意为常得妈祖庇佑。

四、妈祖信俗的传承:遍布四明大地

据不完全统计,在原宁波辖区内(包括原为宁波所辖的舟山群岛和曾辖的三门县),共有大小妈祖庙有200多座,其中宁波城区3座、镇海11座、慈溪7座、余姚3座、奉化2座、宁海26座、象山28座、舟山66座、三门43座。(另附表)

根据文献记载,宁波第一座天妃宫建于南宋绍熙二年(1191),其址位于今江厦街与东渡路交接处,系福建人舶舟长

沈法询从莆田的妈祖祖庙分灵到宁波，舍宅为庙而建，沈氏及其后人也成为该庙的主要管理人员。清雍正五年（1727）敕号"天后"，改称"天后宫"。1949年，毁于战火。1982年，对天后宫遗址进行了考古发掘，发现了放生池、戏台、前殿、正殿、厢房等建筑基址。

此后，经历元、明、清各代，宁波各地的妈祖庙如雨后春笋，蓬勃而起。据查，明代之前的妈祖庙，均为闽商所建，而建于明万历年间（1573～1619）的舟山定海县治南的"天妃圣母祠"，是由宁波本地舶商所建的第一座天后宫。重建于清雍正十二年（1734）的镇海南薰门外的镇海天后宫，为闽甬两地舶商联合共建的天后宫。现存规模最大、最为著名的天后宫，是甬籍舶商于清咸丰三年（1853）所建的"甬东天后宫"（又称庆安会馆），与闽商所建的第一座天妃宫隔江相望。

妈祖宫庙在宁波地域分布广、数量多，妈祖信俗对宁波舶商、渔民影响大、历时长。妈祖宫庙和妈祖信俗在四明大地的落地、生根、发芽、繁荣，有力推进了妈祖文化的研究和妈祖精神的传播。

（黄浙苏，宁波市文物保护管理所副所长、庆安会馆馆长、研究馆员；丁洁雯，宁波市文物保护管理所副研究馆员）

附表：原宁波辖区妈祖庙与天后宫分布一览表

序号	名称	年代	地址	备注
宁波城区				
1	天妃宫	南宋绍熙二年（1191）	城东二里东渡门外（今东渡路与江厦街交叉处）	雍正《宁波府志》卷十
2	天后宫	清道光三十年（1850）	现江东北路156号	
3	天后宫（老会馆）	清咸丰五年（1855）	江东后塘街东侧	民国《鄞县通志》
镇 海				
1	天后宫	元至正十六年（1356）建，清雍正十二年（1734）重建于南薰门外基地	城外招宝山下	民国《镇海县志》卷十三；雍正《宁波府志》卷十
2		清道光二十四年（1844）重修	灵绪乡西门外	
3		清光绪三十二年（1897）重建	崇邱乡港口笠山下	
4			泰邱乡新矸头	
5			海晏乡下岸福建厂跟	
6			郭巨乡北门村	
7			郭巨乡中宅村	
8	娘娘宫	清道光年间	泰邱乡小山	
9	天妃宫		城外陈山	
10			城外石湫	
11			城外解浦	
慈 溪				
1	天妃宫	清	天妃宫路8-22号	
2	圣母祠（胜山娘娘庙）		慈溪市胜山	

续表

序号	名称	年代	地址	备注
3	天后宫	清乾隆年间	县治南二里	光绪《慈溪县志》卷十四
4			县西北六十里	光绪《慈溪县志》卷十五
5	天后宫	清乾隆年间	县治南二里	光绪《慈溪县志》
6			县西北六十里,洋浦东	
7		清	观海卫镇天妃宫村中部	
余 姚				
1	天后宫	清同治十年(1871)复建	旧址为忠襄祠,后移建于大黄山南	乾隆《绍兴府志》卷三十六;光绪《余姚府志》卷十一
2	酱园街天妃宫大殿	清	酱园街社区酱园街307西侧	
3	天妃宫	明洪武年间	临山	
奉 化				
1	天后宫		松岙湖头渡村南老鼠山	元皇庆元年建,几经兴废,现为2008年于旧址重建
2		不详	松岙海沿村东南屿田山	
宁 海				
1	天后宫	清康熙	定海南门外	
2		清代	长街大湖村	
3		清代	宫塘周村	
4		清代	前岙村	
5		清代	上港村	
6		清代	平岩头村	
7		清代	长街伍山外塘村	
8	娘娘宫		娘娘宫村	清乾隆十年(1745)建,"文化大革命"时被毁,后于旧址重建,现名"镇灵宫"
9		清代	力洋镇石碾村	
10		清代	龙浦村	
11		明末清初	田湾岛(已毁)	
12		清代	胡陈港口钓鱼礁	
13		清代	大麦塘亭头	

续表

序号	名称	年代	地址	备注
14	娘娘庙		长街伍山后洋	
15			长街伍山下湾塘水牛相舩	
16			力洋外山村	
17			力洋红岩洞	
18			力洋下张庙山头	
19			东南溪前墙头	2009年重建
20	护龙娘娘庙		力洋斗门头埠头边	清道光六年(1826)建,分别于1942、1992、2015年重修
21	娘娘殿		长街五福村	
22			一市官塘周护龙宫	
23	天后宫娘娘庙	清代	长街伍山月兰村	
24	水母娘娘庙		长街伍山外塘道士岩东山洞	
25	平安庙	清代	龙浦横洞村	
26	天妃宫		跃龙街道雪坡村瀛岩	2008年重建
象　山				
1	娘娘庙	近现代	涂茨镇长沙村东北	
2		近现代	石浦镇渔山村南端山脚	现为重建
3		近现代	鹤浦镇大岙村中	三开间,七架梁
4		清	石浦镇湖礁湾村中部	保存一般,保存原貌
5		清代	石浦镇北渔山岛大岙	1956年废,1989~1990年重建,占地面积300多平方米
6	天后宫娘娘庙	近现代	涂茨镇毛湾村东段	该庙从毛湾村东南端毛头嘴迁于上马石59号
7		光绪三十三年(1898)	晓塘乡渔丰路29号	保存较好
8	娘娘官庙	清道光年间(1821~1850)	涂茨镇屿岙村千门江附近	1950年前后遭毁,1986年重建
9	天妃宫遗址	清	石浦镇天妃宫19号西侧	福建渔民投资所建,规模与城隍庙相同,1958年拆

续表

序号	名称	年代	地址	备注
10	东门天后宫	清	石浦镇天妃宫西路11号东侧	文保单位
11	慧云庵	民国	石浦镇庙前弄1-2号	正殿保持原貌,余改建
12	妈祖堂	清	石浦镇天宫弄2号	20世纪90年代重建
13	天母娘娘庙	清晚期	鹤浦镇犁头塸49号	保存较好
14		清	石浦镇蒲湾58号	五开间,歇山顶
15		清	石浦镇苟头村口	保存一间,五架,格局完整
16	尊王宫	明	石浦镇吉城路47-4	现存正殿与南首楼房,民国建筑
17	保生庙	清	石浦镇东关路72号	保存完好
18	沙塘湾王爷庙	清	石浦镇村西北部	沙塘湾王爷庙老庙三开间,占地约70平方米。供奉的王爷与妈祖、如意娘娘、广泽尊王、保生大帝为兄弟姐妹
19	妈祖庙	宋代		占地约2000平方米
20		不详	鹤浦镇峙湾村	保存较差
21	天妃宫	清	鹤浦镇金七门村	重建
22		不详	鹤浦镇和平湾村北	所建年代可能是民国,后重建,水泥结构一间,供奉天妃娘娘
23	兴隆庙	清	东陈乡村东部	格局完整,局部梁架改动,面朝东南
24	天后宫	近现代	涂茨镇干门港码头西侧	该庙始建于清道光六年(1826),历经几次重修
25			人山县东北五十里	民国《象山县志》卷十五;雍正《宁波府志》卷十
26			长江县东北五十里	
27			治口县东北五十里	
28			毛口县北四十五里	
舟 山				
1	天妃圣母祠	明万历年间(1573~1620)	定海县治南	
2	圣母院		普陀六横山大枝岙	
3	天后宫(娘娘庙)		普陀蚂蚁岛仙人洞	

续表

序号	名称	年代	地址	备注
4	娘娘庙		普陀叶子山	
5	小洋山天后宫	南宋绍兴六年（1131）	嵊泗县	
6	圣姑庙		嵊泗大洋岛圣姑礁	
7	天后宫（圣母庙）	清康熙	沈家门宫墩	
8	天妃宫	元代	岱山岛司基虎山	
9	天后宫	清康熙年间	定海衢头震远城	光绪《定海厅志》卷二十七
10		清光绪十年（1875）	定海毛峙村	
11			定海钓山岛	
12			岱山、衢山岛、水岙、冷水潭、狗头颈、渔羹畹、冷池、马足舆	
13		清光绪二年（1867）	普陀塘头	
14			普陀桃花岛米鱼洋畔	
15			普陀葫芦岛（分属东港街道）	
16			普陀梁横岛（分属展茅街道）	
17			普陀朱家尖后门山	
18			嵊泗山岛箱子岙海滩陈钱山	
19			嵊泗壁下岛	
20			嵊泗黄龙乡峙岙村	
21		清同治元年（1862）	嵊泗金平岛金鸡岙	
22			嵊泗大洋山、嵊泗泗礁山、嵊泗绿华岛、嵊泗枸杞岛	
23		清光绪年间	嵊泗浪岗山	
24		清嘉庆年间	岱山岛北部新道头渡	
25		乾隆年间	岱山岛北部栲门港	
26			岱山燕窝山	
27		清嘉庆年间	岱山岛南部冷坑岙	
28		清嘉庆年间	岱山岛大高亭岙	

续表

序号	名称	年代	地址	备注
29	天后宫	清嘉庆	岱山岛竹屿港	
30		清嘉庆	岱山岛东部泥屿岙	
31		嘉庆二十三年(1818)	岱山蓬莱乡高亭坨山	
32		清光绪	岱山秀山大蚶岙	
33		清乾隆	岱山长深娘基宫	
34		清乾隆	衢山渔耕碗	
35		清乾隆	衢山龙潭岙	
36			沈家门舵岙	光绪《定海厅志》卷二十七;民国《定海县志》之营缮祠庙
37		清康熙	舵岙南门外东山麓	光绪《定海厅志》卷二十七;民国《定海县志》之营缮祠庙
38			桃花山老埠头	光绪《定海厅志》卷二十七;民国《定海县志》之营缮祠庙
39		清光绪二年(1867)重建	大展庄塘头嘴	光绪《定海厅志》卷二十七;民国《定海县志》之营缮祠庙
40			大展庄金钵盂山	
41		清康熙三十八年(1699)	舟山市小沙岙	
42			岑港岙老宕司前	
43			岑港岙马目山	
44			舟山市盐仓岙文公庙东	
45			金塘山沥港	
46			六横山下庄龙头跳	
47			六横山东窟	
48			六横山戏文山	
49		清乾隆间重建	岱山虎山麓	
50		清道光十七年(1837)	岱山泥峙朗吟支出麓	
51			岱山外南峰山	
52		清嘉庆年间	岱山新街头山巅(民国定海县志营缮祠庙中作"新道头山麓")	
53		清乾隆年间	岱山栲门	
54			岱山燕窝山	

续表

序号	名称	年代	地址	备注
55	天后宫	清嘉庆年间	岱山冷坑岙	
56			岱山蒲门江北	
57			岱山蒲门江南	
58		清乾隆年间	长涂东小岙	
59		清咸丰年间	长涂娘宫基	未重建
60			长涂老巷后（民国定海县志营缮祠庙中作"老港后"）	
61			长涂东剑	
62			长涂倭井潭	
63		清光绪年间		
64			兰秀山大蚶岙	
65			无于山大沙湾岭	
66		清光绪二十九年（1894）	大榭山外湾张西岙前	自太平庵右迁建
三 门				
1	天后宫	清道光二十五年（1845）	城东下山碧岩山坡	2000年搬迁修建
2		明代	花桥镇寺前村	20世纪90年代，重建
3			浦坝港镇丁三脚陡门	1927年，重塑娘娘金身，1955年，毁。2012年，重建
4		明末清初	健跳镇赤头村	2003年，重建
5		明清时期	浦坝港镇上洋村东	1998年，重建
6		乾隆年间	健跳镇东殿寺	2004年，重建
7		民国	海游街道下谢村当今殿	
8		2010年	健跳镇尖坑山村	
9		年代不详	浦坝港镇坝头马永保殿	2010年，重建
10	天妃宫	2012年	健跳镇毛叶村	
11	北斗宫	南宋	浦坝港镇仙岩村南边	2012年，重建
12	圣母殿	南宁景定四年（1263）	浦坝港镇道头村	20世纪60年代末70年代初，毁。1986年，恢复香火。1990年和2002年新绘和重塑圣母等神像

续表

序号	名称	年代	地址	备注
13	佳呑堂圣母娘娘	明代	浦坝港镇佳呑山南麓	"文化大革命"期间,毁。1984年和2009年,重建两次
14	福增堂圣母娘娘		浦坝港镇沿江村祠堂内	1994年和2010年,重修
15	妈祖庙	南宋	浦坝港镇牛头门	2008年,重建
16	妈祖娘娘		健跳镇将军殿	2006年,重建
17	太姑婆宫	明代	浦坝港镇小岭下村南永庆堂内	2003年,重建
18	妈祖娘娘宫	明末清初	浦坝港镇红殿	2004年,重建
19	娘娘庙	宋代	浦坝港镇渔西虎门孔村	新中国成立后,重建、扩建
20	娘娘宫		花桥镇关头村	2012年和2016年,重建
21	十方禅寺	清同治四年(1865)	海润街道潺呑渡口	1982年重修
22	葛呑王家庵	清代	海润街道葛呑王家村	2001年重修
23	圣母宫	宋嘉熙三年	海游街道玉城寺	1992年重建
24	娘娘殿	年代不详	海润街道下屿山晏站下屿庵	2009年重建
25	娘娘殿	年代不详(明清)	海润街道潺呑渡口	
26	娘娘殿	年代不详	海润街道晏战村后门山半岭头	20世纪50年代重修
27	妈祖庙	明嘉靖三十四年	健跳镇六敖巡检司山	2001年重建
28	天后宫	建炎四年(1130)	田湾岛西面	2013年重建
29	娘娘宫	当代	洋市塗南面、廿四箩村东面	
30	圣母娘娘宫	明末清初	平岩村后山	1995年、2007年作过修整
31	娘娘堂	清嘉庆二十一年(1816)	浦坝港镇下庄村	2010年动工,拆去原建筑,在原址上建造新庙堂,2011年3月主体落成

续表

序号	名称	年代	地址	备注
32	娘娘宫	北宋熙宁八年	浦坝港镇仙岩村	
33	太阴洞妈祖娘娘	年代不详	浦坝港镇下岙堂村	1978年重建
34	娘娘宫	年代不详	浦坝港镇高岭龙山庙内	1984年重建后又遭火灾,2006年重建
35	妈祖庙	2000年	浦坝港镇丁山脚老佛堂	
36	娘娘宫	年代不详	台州名洞仙岩洞东侧	
37	娘娘堂	年代不详	涅浦镇小湾村	
38	娘娘宫	宋代	浦坝港镇武曲下船礁	
39	娘娘堂	清嘉靖庆间	浦坝港镇大井头村	1986年重塑妈祖神像
40	洪沛堂地母娘娘	明末清初	浦坝港镇	2006年重建
41	上旺娘娘殿	年代不详	花桥镇	1980年、2010年重塑娘娘神像
42	八仙宫娘娘殿	北宋	沙柳大桥南端、华山村西边	
43	南山娘娘庙	明清年间	浦坝港镇涅浦六村	20世纪50年代初扩建

妈祖圣迹故事

鲁樵 绘

鲁樵，山东人，1975年出生，著名职业画家。

大爱妈祖

妈祖信仰在宁波

342

梦观音赐丸送子

妈祖为福建莆田湄洲屿人,姓林,名默,祖上有福建"九牧林"之称。其父林愿(一曰惟悫)官至都巡检,为人朴实敦厚,好善乐施。妻王氏,持斋礼佛,夫妇俩育有一男五女。时海难频繁,恐有失,王氏日夜祷告于观音菩萨,求多赐一儿。某夜,王氏梦见观音菩萨出示一丸并对她说:"你家累世功德,上天当庇佑你家,吞食此丸,可得一孩,济度天下苍生。"王氏梦醒,身感有孕,夫妇惊讶不已!

(注:本章节部分故事内容参考湄洲妈祖祖庙董事会编印的《妈祖故事》一书)

诞龙女天辉地香

常人怀胎十月，王氏怀胎十四个月。宋建隆元年（960）三月廿三傍晚时分，忽见一颗流星从天而降，照得湄洲屿异常明亮，林家更是红光冲天，乡人以为失火赶来救援，发现林家不但无火，而且异香氤氲，王氏刚诞下一女，众人惊异不已。女婴诞下之后，依然室浮异香，且整月不散。因女婴满月不哭，故取名林默，后面加个"娘"字，则是爱称。林氏夫妇知此应观音送神女之梦，甚是疼爱。林默，即妈祖。妈祖其名，是后人对她的尊称。

寒窗苦读

林默自幼聪颖且勤奋好学,五岁时,就跟母亲学习刺绣和织布;六岁多时,便跟哥哥一起听先生讲学。起初,大家看她年纪小,以为她只是觉得好玩而已,可时间一长,先生就发现,每次上课,林默都听得非常认真,课后一考她,才知她不仅能听懂,而且还理解得很深。放学之后,她也会经常拿起书本,释文解义,惜时读书,令大家刮目相看。

大爱妈祖

妈祖信仰在宁波

林默观海

林默自幼与小伙伴们在海边玩耍,特别喜欢倾听浪潮拍打海岸发出的声音,于是时常站在岸边,观察大海与天气变化的情况。时间长了,她甚至能预先闻到海风的气息,能提前预测何时起风以及风力的大小和海浪的高低。她还能根据天上云彩和海水颜色的变化,判断出天空与大海深处的发展与变幻。

古井赐符

林默伶俐聪明，自小谙熟水性且胆识过人，五岁时，就敢随父亲出海，八岁便入私塾读书，十岁起诵经礼佛，十三岁得遇道人授法。尤其是在十六岁的时候，某日与众姐妹照妆井中，忽见一仙人手持一对铜符自井底冉冉而上，众皆惊跑，独林默就地跪拜仙人。仙人即以手中铜符相赠，并授以仙法。林默自此身无畏惧，神通广大，不断为人治病、除疫去瘟、驱鬼辟邪、呼风唤雨、解旱止潦、游巡岛屿，抢救海难等等，深受百姓爱戴。

草席为帆

福建地处东南沿海,平时无风三尺浪,若刮起风来更是波翻浪滚。一日,林默搭乘船只过海,船至中途,忽然疾风骤至,恶浪大作,船不能行,吓坏艄公。林默却心雄万夫,若无其事地对众人说:"切莫惊慌!"并随手将刚买来的草席挂于桅上,以席作帆。艄公看了,哭笑不得,草席焉能作帆?然顷刻之间,风鼓草席,竟如满帆,船行如箭,如履平地,直至到达彼岸,见者无不称奇。

驰神大海救父兄

一日,父亲和兄长驾舟出海,林默与母亲在家中织布。忽然林默伏于织机之上,双手紧握织梭,神情惊异,大汗淋漓。其母见状,将其推醒。林默如从梦中惊醒,织梭坠地,哭泣哀恸,悲痛不已,说"父兄出海,遭遇台风,父得保全,兄已殁了!"不久果有人报讯,当时大风骤至,惊涛如山,将倾之际,林默驰神海上,双手各把父兄舟上之舵,助其脱险,可惜母亲不知缘故将其推醒,使织梭脱手,以致兄长所驾之舟为浪所噬。

大爱妈祖 妈祖信仰在宁波

镇海怪祭符抛杯

莆田西北方海域有二怪，一曰千里目，一叫顺风耳，时常扰民作祟，渔民向林默求助，林默遂扮作渔家追寻二怪，不日相遇，林默调来神兵，把二怪团团围住，祭起法器，并抛出两个铁砂筶杯，化作两座小山镇住了二怪。据说这两座小山，就是现在莆田埭头黄岐村北海上的两个小岛，叫东筶杯岛和西筶杯岛。林默收伏二怪后，教之导之，遂成大器，此后助林默观天文，察地理，拯救四方遇难渔民。

高里施法

在收伏"二嘉"之魔后,高里乡又出现鬼怪传染百病,使人不得其治,村民一起到林默家中求治。林默取符咒贴病者床头,遂听到屋瓦响处,一物如鸟拼飞而去,林默循迹扫巢清穴,该物变一小鸟匿于树梢。但见林端腾起一团黑烟,林默追而擒之,将符水一洒,鸟从空坠,仅存一撮枯发。举火焚之,方现原形,乃一小鬼也,其向林默叩拜,愿改恶从善,永不复造。林默收之,化鬼为尊。

乞鼎砂

有一天,村子里来了位铸鼎师傅,可不知为何,铸出的鼎都有砂眼,急得满头大汗。这时林默对师傅说:"我来帮您好吗?"师傅看是个孩子,让她走开。林默并不生气,依然微笑着对师傅说:"请您给我一些融化了的鼎砂!"师傅看她认真的样子,就问她拿什么盛放鼎砂?林默让师傅把融化了的鼎砂倒在她的手中。师傅骇异,不敢造次,但在林默的坚持下,火红的鼎砂还是倒进了林默的手里。奇怪的是,鼎砂一触其手,顷刻变冷,并化成两块月牙形铁块。师傅看着新铸的鼎没有砂眼,啧啧称奇。

战晏公投绳缚妖

晏公本为水神,其面如黑漆,浓眉横髯,被林默收服的千里目与顺风耳即其手下。晏公心怀不忿,常浮海为怪,兴风作浪,破船沉舟,为害商渔,林默自然不会放过。她驾轻舟巡游东海,找寻晏公,并与之大战一场。晏公不敌,败下阵来,但仍不服,又化作神龙,再来相犯。林默投下神绳,牢固难解,晏公这才惧而伏罪。此后,晏公被林默收为部下,命为总管,统领水族诸班,救民于危厄。

353

默娘巡海

东海历来水怪众多,时常胡作非为和兴风作浪,过往渔民商贾深受其害。林默自十六岁起就时常巡游海上,不断降妖伏魔,靖清海域。一日,她与当地官员巡行海上之际,突命驻舟中流,原来四海龙王正率领水族们毕恭毕敬地向林默请罪问安,林默以善良济世之心免其罪过,并令其以后要庇护渔商百姓,不得兴风作浪。此后每年的天后诞辰,仍可见到水族集结前来庆祝,渔民见之亦未敢下网捕捞。

吹草成木救商船

湄洲岛与门夹乡（今文甲村）之间海面，怪石林立，暗礁错杂，水流湍急，旋涡处处，人临惊心，船过憧憧。一日，浙江商船经此入港，恰逢刮起大风，顿时浪高如山，商船撞向礁石，船坏水进，商人呼救。因风浪太大，岸上人也束手无策。正在众人无计可施之时，只见林默在岸边拔起一把青草对海一吹，顷刻化作许多大杉木漂向商船，犹如浮筏拱护四周，及至登岸，询问乡人，方知是林默化草附舟才得以脱险，众人感激不尽，也惊叹不已！

焚祖屋导航番船

北宋年间,有一天,万里晴空,有番船准备回国。林默知有风暴将临,即前往劝导,番人不听,下令启航。是夜子时三刻,果然风起,恶浪滔天,全然不辨方向。林默急将红灯挂于屋顶,并用柴薪点火,为番船导航。可是风雨交加,豆大的火光无济于事。为了番船上数十条生命,林默毅然把祖屋点燃,化作冲天大火,番舶急忙调转船头向火光方向驶来,终于回到湄洲岛。番人感激不尽,要为林默重建祖屋,被其婉拒。

祈雨救民

林默二十一岁那年，莆田地区大旱，为解全县旱灾，县令不惜纡尊降贵，冒着烈火骄阳，穿洋过海，来到湄洲，请林默为全县百姓祈雨。为解百姓苦困，林默答应县令设坛祈雨。祈雨完毕，林默告诉县令，壬子日申时，将普降喜雨。然而到了壬子日未时，却依然烈日如火。大家正在狐疑，总算盼到申时，万里晴空突然乌云翻滚，电闪雷鸣，大雨如根根银箭疾射而下，旱情骤解，万民欢呼，皆颂林默"通灵神女"。

施灵符莆令疗疫

有一天，莆田县令全家患了瘟疫，延医救治无果。时林默已是闻名遐迩的神女。县令作为地方长官，往常都是召之唤也，谁敢不从，如今全家得了瘟疫，他知道林默既有神通法力，又不趋炎附势，故诚心斋戒之后，亲赴湄洲岛，恳请林默为其一家疗疾。林默告诫县令说："此乃天灾，何敢随便干涉？但念你为官尚算清廉，故今破例为你忏悔。"说完，就用九节菖蒲书写符帖，县令一家煎汤饮之，不久痊愈。自此林默神法，传遍寰中。

踏祥云升天成仙

宋雍熙四年（987），时林默二十八岁。九月初八那天，她收拾好物品，对家人说："明日重阳，我欲登高，暂离喧扰尘世。"翌日，她盛装与家人及乡亲道别。众人难舍难分，意欲前往送行，被她婉拒，然后依依离别，登上湄峰。众人遥遥相送，忽闻空中丝竹管乐，八音齐奏，仰见銮舆翠盖，仪仗幢幡，纷至沓来，五彩祥云降于湄峰，林默登云而上，冉冉上升，众人无不唏嘘惊异。不久，彩云布合，不复见矣！

大爱妈祖 妈祖信仰在宁波

同托梦建祠刻像

妈祖升天后,百姓非常怀念。一天晚上,湄洲百姓都做同一个梦,梦见她说,为了帮助大家排忧解难,可在她升天之处建立祠庙,供奉香火,有事只要在庙中祈祷,即可得到她的庇佑和帮助。次日,无须动员,各家各户都搬来砖瓦泥木,不几天就把庙盖好了,名"通贤灵女祠"。至宋元祐元年(1086),莆田之东的宁海桥头,海面忽然漂来一根巨木,其状古怪,昼夜发光,异常沉重,无法捞起,却也不随潮漂走,后经乡人得梦,方知是妈祖送来修刻金身的,湄洲人于是具礼迎木,刻为神像。

发异光圣墩建庙

莆田宁海有一大土墩，宋元祐元年（1086），墩上常于夜间发光，有人疑为异宝，发现却是一根枯木，就把它抬回家中。但次日枯木又自回原处。再次抬回家中，枯木又再次自回原处。某夜，墩旁所有的人都同发一梦，梦见妈祖说："枯槎为我所凭附，宜在墩上盖庙，我当为你们赐福。"众人感到奇异，向制翰李公报告，李公说："此神所栖了，我听说湄洲有神女事迹已久，今灵光乍现，乃一方之福，神灵之庇，就在这里了。"遂发动大家募捐集资，兴建庙宇，此庙就是著名的"圣墩庙"。

大爱妈祖 妈祖信仰在宁波

助起碇三宝扩殿

妈祖升天后不久,湄洲百姓为她所立的祠庙十分灵验,每天参拜的人络绎不绝,但建筑规模仅只"落落数椽"。有一天,外地商人三宝的货船停泊于湄洲,次日起碇开航,却绞着不动。派人察看,见一怪物坐于碇上,大家十分惊慌。三宝打听本地何神最灵?渔民告知是"通贤灵女"。三宝立即登山入祠,诚恳祈祷:"如神灵保佑,驱走怪物,当捐资扩建庙宇。"三宝祈毕,回至船上,果然顺利起碇启航,并获大财。三宝履践诺言,捐巨金扩建祖庙,遂成后来规模。

浮铜炉枫亭朝圣

宋哲宗元符元年（1098），在莆田的仙游地区，有个叫枫亭的地方，其溪通海，系南北通道。有一天，海水涨潮时，有只铜炉逆流而上。铜炉能浮在水面已是奇事，还能逆流而上更是奇上加奇了，于是有人把铜炉从水中捞起收藏。是夜，枫亭人都同时梦见有位美丽少女说："我乃湄洲之神，要为你们乡村造福！"第二天，大家都诉说同一个梦，觉得非常诧异，因此一齐敬备香花，奉铜炉至锦屏山下，并建起了简单的庙宇供奉。后因有求必应，里人林文可率先献地，与善男信女募捐扩建其庙宇。

护允迪高丽通使

宋宣和五年（1123），给事中路允迪出使高丽，突遇大风，八船覆七，唯余一船。路允迪匍匐船上，求神救庇。忽见一女神现于桅顶，朱衣端坐，玉手一挥，立时风平浪静。莆田籍保义郎李振及福建水手告知是妈祖施救，路允迪涕泪交加，千叩万谢道："世间只有生我者恩大无极，我等漂泊大海，身濒于死，虽父母爱之至深，然遇此等事故爱莫能助，而神女呼吸可通，此实再生之赐也。"于是归程后立即奏明皇上，皇帝当即下诏赐"顺济"匾额。

封合家誉满天下

宋庆元六年（1200），大奚寇作乱。大奚，据说是今香港大屿山。为平乱，朝廷征讨出击。由于贼兵人数众多，其势甚锐，官兵恐慌，只好向妈祖求祷。祷神刚毕，马上浓雾四散，风向调旋，水流相反。官军顺风乘雾，大举出击，大败贼军，擒其贼王，扫荡无遗，奏凯而归。领军将领具奏妈祖神佑破敌之功，皇帝下旨颁布诏书追封妈祖父母及其兄姐，妈祖合家荣膺封赐，誉满天下。

唤妈祖粮军逃劫

元至顺元年（1330），漕运粮船又发生了一件妈祖护航脱险的故事。那年春天，漕运官船满载粮食，放洋出海。刚出海时，顺风扬帆。可天气说变就变，突然阴风怒号，浊浪排空，全体官兵狂呼"妈祖救我！"哀求之际，忽然祥云瑞霭，只见空中朱衣拥盖，灯光垂下，继而风平浪息，漕船复趋妥稳，众官兵无不朝天而谢。此事奏明朝廷后，皇帝下旨，赐额"灵慈"。

木自至周座建阁

明洪武七年（1374），泉州卫指挥周座领战船哨捕遇风搁浅，舟人哭救。忽见神火接踵而至，巨浪荡浮舟直送回港。为此，周座在泉州立庙报恩。周座在泉州立庙后，又意欲重建湄洲祖庙，于是购买了大量的杉木准备运往湄洲。杉木下水之后尚未付运，忽然所有的杉木都自行往湄洲方向漂移，且杉木都被刻上"天妃"二字，见者无不称奇。周座用这些自行漂来的木料，在湄洲重修寝殿、香亭、鼓楼、山门，复塑圣像，加建朝天阁等，使湄洲祖庙更具规模和更加宏伟。

妃立云神助郑和

明永乐三年（1405），郑和第一次下西洋，船队云帆高悬，浩浩荡荡，至广州大星洋时，突然大风骤起，浪涛如山，巨舶如叶，船之将覆，舟工请郑和向天妃祈祷。祈毕，忽闻鼓乐之声，但见天妃飒飒飘至，立于桅端，旋即风平浪静，转危为安。后郑和船队在航行中又遇海寇，也得天妃神助剿灭海寇。郑和回国后奏明皇帝，朝廷封妈祖为"护国庇民妙灵昭应弘仁普济天妃"，下旨修建南京天妃宫，又命福建守官重修泉州天妃宫，并规定以后所有出国使者，必先到天妃宫祭祀祈佑，方可启程。

占上风反败为胜

永乐七年到永乐九年（1409～1411），郑和第三次下西洋。时船队在西洋碰到海盗，因处于下风，海盗乘风而攻，水师被动挨打。情急之下，船队指挥等人赶忙祷告天妃，祈求天妃神助。说时迟，那时快，大风突然反向，猛吹贼船，郑和水军成了上风，只见大风把贼船吹得东歪西倒，郑军乘势攻击，穷追贼寇，擒贼擒王，大获全胜。郑和歼灭海贼之后，继续率舟师前往各国，道经锡兰山国时，其王亚烈苦奈儿倨傲不恭，谋害舟师，幸亏妈祖显灵，方有警惕，遂生擒其王，至永乐九年（1409）归献。

化螺女阻登鳌山

宣德六年至宣德九年（1431～1434），郑和第七次下西洋。郑和于出发前，先修刘家港天妃宫，刻石立碑，并按官例先在妈祖庙中祭祀，之后启程。时有太监杨洪同行，涉阿丹、暹罗、爪哇、满剌加、苏门答腊、木骨都束、东卜剌哇及竹步八国。一天，突见大洋之中有座大山横亘。因舟行多日，众人见有一岛，自是雀跃，正欲登岛之际，见有女子提筐采螺。杨洪恐众人放肆，大声喝止。女子忽然不见，大屿已没，方知欲登之屿乃巨鳌浮现，欲诱众人上钩。其女子乃天妃化身，特来此救众生性命。

飘红灯陈询脱险

明成化年间（1465～1487），朝廷派遣陈询出使日本。陈询按朝廷规例，在出航之前于天妃宫中虔诚祷告，祈求天妃庇佑，然后择日启航。开始一路顺风，行了十数日，来至大洋之中，忽然风雨大作，水进船倾，危急万状。陈询急忙向天祷告，忽见有红灯两盏自天而降，随见几只渔船漂至，救陈询一行上船，并渡至岸边。陈询千叩万谢，要渔民留下姓名，待日后报答，渔民回答说是天妃派来的，随后消失于茫茫大海中。

大爱妈祖 妈祖信仰在宁波

纪丰功长乐铭碑

郑和无疑为我国开辟海上丝绸之路，为人类征服海洋做出了巨大贡献。但郑和每次归航后，并不把功劳往自己身上堆。每次他都奏报朝廷，说他常在大海的如山巨浪中死里逃生，或在与敌国、与海盗的战斗中反败为胜，几乎都是在生死关头祈求天妃，因此他不敢窃功私据，每次归航都要奏报朝廷，或诏封天妃，或修祠建庙，南京的龙江天妃宫及福建长乐天妃宫等，都是郑和奏请朝廷后兴建的。在长乐天妃宫中，郑和立碑记录了七下西洋时天妃神佑之功。

医吕德好梦授丹

兴化在福建东海沿岸，常有海盗出没，守卫官吕德责任重大，却不幸得了重病，卧床不起，求祷于妈祖。此后，吕德夜发一梦，梦见一女神，命侍儿持一丸药，让其吞下。待其醒来，顿觉精神倍增，随后吐出两块混浊之物，遂宿疾皆除，恢复如常。吕德痊愈后，又梦见女神告诉他："我是奉观音大士的指示来救你的，日后你理当敬奉观音！"为此，吕德捐金在湄洲祖庙兴建观音堂，以谢观音菩萨救命之恩。

治严嵩忠臣得梦

明嘉靖元年（1522），奸臣严嵩，专权朝政，为害朝野，纵容贪污，百姓怨声鼎沸。御史林润，为人正直，忠贞清廉，不忍严嵩贪污腐败，意欲弹劾严嵩，但又担心其势力浩大，若圣上不准，必受加害。不决之际，林润夜得一梦，梦见妈祖告之："公信忠诚，弹劾严嵩，奏本一上，必得批准。"皆因严嵩积恶，人神共愤，林润梦醒后，大胆上疏，果得皇上准奏，为国除奸，为民除害，天下称庆。朝廷知此乃妈祖神示，也为妈祖建庙于涵江，四时祭祀，以谢妈祖惩恶除奸之恩。

惩草寇神前悔过

明崇祯元年（1628），莲符草寇李魁奇率众作乱，常出没于东南沿海一带，为害州郡，杀戮百姓。后又窜到贤良港，企图抢掠。贤良港百姓拥神像于江边，告示此乃天妃故乡，不得侵扰。之后妈祖也托梦警告李魁奇："你焚掠吉蓼城，今又欲扰我父母之邦，若不速退，将歼灭之。"李魁奇仍啸聚不散，不久果然有狂风巨浪，荡散了他的船队，李魁奇这才害怕起来，经悔罪和乞求宽宥，风浪才平静下来。于是，李魁奇率船出港，备牲礼香花，到湄洲拜伏神前，决心改过。

大爱妈祖 妈祖信仰在宁波

点书生殿试中榜

福建漳浦书生林士章入京应试,经惠安九曲村妈祖庙,入庙祈佑,于庙前遇红衣女子请教上联,士章却对不上其"鞋头梅花朝朝踏露花难开"句,始知学问不足,于是日行夜读,最终中了进士。殿试时,皇帝手摇纸扇出题曰:"扇中柳枝日日摇风枝不动",林士章想到红衣女子的那句下联正好配对,于是抢先作答,被皇帝钦点为"探花"。为此林士章特地到九曲村拜谢妈祖和感谢红衣女子,入庙时却大吃一惊,原来那妈祖神像与红衣女子的容貌竟然一模一样,方知乃妈祖点化,即恭请妈祖回漳浦供奉。

护使航朝廷祭祀

清康熙五十八年（1719），清皇朝册封琉球国，派出使者海宝和徐葆光等人出使琉球。使者海宝和徐葆光等人依例于行前到天后宫祈祷，以保航程平安，然后启程。一路之上，清朝使者船队，不断得到妈祖指示，避过风险，顺利到达琉球国，册封了琉球国王。完成使命之后，在回程途中，遇到风暴，又得到妈祖的救护，转危为安。回朝复命时，众人不敢怠慢，奏报妈祖护佑之功，为此朝廷下令，举行春秋祭祀大典。

大爱妈祖 妈祖信仰在宁波

警乾隆进香祖庙

乾隆皇帝曾秘赴湄洲妈祖祖庙进香，他在渡口等待良久却不见一船，因而嗔道："我朝多次封诰，今日来访，何不派船来接，她不灵！"话音刚落，忽见漂来一船，摆渡的是老翁和红衣女子。乾隆上船，至半路，风浪大作，小舟颠簸，乾隆呕吐不止。艄公安慰道："客官勿惊，小船有神保佑，遇难呈祥。"不一会儿，果然风平浪静。乾隆上岸后到庙进香，见船上渔女竟像妈祖，问旁人，无人知有老翁父女在此摆渡，知是妈祖显灵，自觉教训失当，回京后立即御笔题写"德孚广济"匾额并赐楹联！

《大爱妈祖：妈祖信仰在宁波》结集付梓题贺

大爱妈祖辛波定海一千年以中华民族海洋文明之信仰优秀文化之精华真实不虚历劫不移播於寰球福泽人类者广大圆满无上甚深巨册也众作者历经千载破卷止车钺而不舍广搜博考於四明之妈祖文化鉴往瞻来在此继绝志道弘毅发扬光大用佐社会主义核心价值观用新中华民族盛世新纪元亦共善美文史资料富赡之亦更配以鲁樵画师妈祖造像暨妈祖圣迹故事系列组画以华情墨妙作窈眇极态庶使妈祖盛德之丰昵往之踪可歌可颂宜襃宜扬者一一备乎形容图可鉴义存劝戒是亦左图右史之制耳欢喜赞叹因为之跋云

丁酉初夏步凤堂建融拾海上邮虞精舍之述圣文房中

徐建融（上海大学美术学院教授，著名美术史论家，书画鉴定家，书画家）

后记

《大爱妈祖：妈祖信仰在宁波》一书，终于结集付梓了。此言于我有千斤重，十多年的光阴，内心充溢着对妈祖文化传承的热爱与焦虑。从20世纪80年代初寓居宁波，如今已三十多年过去了。每次回家乡，都会接触到与妈祖有关的人和事，尤其是八十年代初湄洲妈祖祖庙开始修复和恢复活动，深厚的家乡情结，更成了剪不断的脐带。尔后的数十年间，因为从事群众文化和文史资料等方面的工作，搜集整理宁波地区妈祖资料的念头越发坚定，几乎成为我业余时间的重要功课，一有时间就埋头故纸堆，一有机会就寻访妈祖庙。其间，作为《甬城街巷》《甬城老字号》《甬城藏书楼》等系列图书的执行主编，有更多接触旧闻故影的机会，于是在感叹日渐湮没的时光往事、不断消失的民俗风貌、不可再生的古代建筑的同时，也见证了宁波的城市变化和发展。

现在我可以舒缓一口气了，终于将宁波地区妈祖信奉的相关留存史料、尚存遗迹现存考证过半，虽难言囊尽所有，但所漏不多。本书在采编过程中，得到了福建省莆田湄洲妈祖祖庙，中华妈祖文化交流协会，中华妈祖文化研究院，宁波出版社以及许多专家、学者、有识之士、热心人士、广大信众、全体主创人员

的大力支持,其嘉言善行之道,种学绩文之深,于时于世,无不利焉,可谓大爱无疆,功德无量,在此再次表示谢忱!

集中有识之士编写本书,主要是为了盘点妈祖信仰在宁波的历史文化遗存遗迹,抢救历史文化资料,宣传爱护、维护、保护传统历史文化及其遗产的人和事,介绍妈祖信仰文化的相关知识,倡导和弘扬妈祖立德、行善、大爱精神,交流探讨保护历史文化资源的做法和经验,反映当前现状与处境,指出存在的问题和不足,呼吁要更好地保护好现有的文化资源,希望能引起有关各方的重视与关怀,进而更好地传承妈祖文化,弘扬大爱精神。

本书按收集文章的先后时间进行区域编排,即编排的顺序为先宁波市城区,再到历史上宁波所辖的包括镇海、北仑、余姚、慈溪、奉化、宁海、象山、定海(今为舟山)等区域,目录亦然。个别区域文章有雷同,亦因不舍而留存。三门县由宁波原南田县、宁海县等地的部分乡镇合并而建,曾为宁波所辖,故将三门一带的部分妈祖庙,以图志等形式选录其中。

妈祖从天妃加封到天后,有说是在清康熙二十三年(1684),有说是在清乾隆二年(1737)等。为尊重人们的称呼习惯,本书对文章的不同提法不作统一。

本书从搜集资料到成书,历时十载,剪碎易,凑成难。全体创编人员,亦非无缘无故相遇,而皆善缘,以及自觉与责任。大家克服了诸如资料少、址不详、年代远、知者寥等困难,恰如沧海求珠,只好取其易知。如今回过头来,彩云易散,短辞易穷,等到花开,方知春迟。

已知宁波地区历史上建有妈祖宫庙200多座,若能全面普查可能还远不止这些。本书之所以只编入近百个与妈祖宫庙直接相关的文章与图片,主要是因为有些区域的妈祖宫庙,在编辑采访过程中,或因了解不多,或因地址不详,或因遗迹难寻,或因

未找到相关人员和未查到相关史料,最后只能放弃。另外,有些区域尤其是一些较为偏僻的海岛和边远地区,因条件有限,未能全部到访。当然,也不排除因为能力有限,没有深入调查研究或未能得见有关专家、学者、知情者和有力者,至今乃成憾事。

为了更好地再现妈祖宫庙的当今现状和本来面目,我们特意创作、拍摄、收录了许多图画和照片,并以图文并茂的形式,深入解析源远流长的妈祖文化历史和辉煌的今天,并竭力注重史料性和可读性,尽可能贴近历史和激发阅读兴趣,以期引起共鸣,并把一切美好留给未来,以相契共融,炳辉发力。

本书作者如同为一人或同为一组,一般只作一次简介。本书所有照片除署名外,均为作者提供。陈佩秋先生、高式熊先生、魏明伦先生、徐建融先生、道生长老等,分别为本书题词写句,可珍可宝。

著名职业画家鲁樵先生,为本书绘制大量的妈祖神迹图画,可歌可咏。

宁波市文物保护管理所作为本书的支持单位,对本书的成功编纂和出版,做了大量的工作,并与各县(市)区文管办、文保所等,派员全程参与了普查、调研等工作,及撰写了相关文章,

可颂可誉。

一些政协委员和人大代表,也真切地关注宁波区域的妈祖文化遗迹和遗存。通过不懈努力,经笔者发起和提供资料,由市政协委员徐卫民提交的"关于设立东渡路与江厦街交叉口的宋天妃宫(俗称福建老会馆)遗址碑"的提案,已被宁波市政协立案,并安排海曙区文保所负责实施,有望于近期完成,以告慰先人和启发来者。

由于历史等的原因,加上时间跨度太大,部分曾经璀璨的妈祖宫庙已经失传、失存或濒临失传、失存,有的则早已荡然无存,现存部分也现状堪忧,着实令人遗憾。随着社会文化的发展与变化,个别宫庙背离了信仰,迷失了初心,此念不净,亦是损害。若能组建相关职能机构,加上众人之力,使之服务有心、管理有序、保障有力、年有所入,以供保护、祀侍、修缮等,如此既留一地人情,又存一方胜慨,则当矣。

尽管如此,我们也走不出大爱妈祖的包容与照耀,更不能再让千年厚重的妈祖信仰文化,在我辈手中断送,后人亦应有所担当,有所建树,这也是厚植中华优秀传统文化自信之所需,亦是择善而取和美人之美之大爱。

因编者水平有限,本书难免存在纰漏、错误之处,贡拙于世,尚祈指正。

编　者

2017年冬

图书在版编目（CIP）数据

大爱妈祖：妈祖信仰在宁波 / 王国宝主编. 一宁波：宁波出版社，2017.11

ISBN 978-7-5526-2909-5

Ⅰ. ①大… Ⅱ. ①王… Ⅲ. ①神－信仰－研究－宁波 Ⅳ. ① B933

中国版本图书馆 CIP 数据核字（2017）第 108277 号

大爱妈祖：妈祖信仰在宁波

王国宝　主编

出版发行	宁波出版社
地　　址	宁波市甬江大道1号宁波书城8号楼6楼
邮　　编	315040
联系电话	0574-87842506
网　　址	http://www.nbcbs.com
封面绘画	鲁　樵
责任编辑	王晓君
装帧设计	马　力
责任校对	尤佳敏　刘佳佳
印　　刷	浙江新华数码印务有限公司
开　　本	710 毫米×1000 毫米　1/16
印　　张	26.75
字　　数	350 千
版　　次	2017 年 11 月第 1 版
印　　次	2017 年 11 月第 1 次印刷
标准书号	ISBN 978-7-5526-2909-5
定　　价	78.00 元

本书若有倒装缺页影响阅读，请与出版社联系调换，电话：0574-87248279